CONTRA O ABORTO

CONTRA O ABORTO

FRANCISCO RAZZO

6ª edição

EDITORA RECORD
RIO DE JANEIRO • SÃO PAULO
2022

CIP-BRASIL. CATALOGAÇÃO NA PUBLICAÇÃO
SINDICATO NACIONAL DOS EDITORES DE LIVROS, RJ

R219c
6ª ed.

Razzo, Francisco
    Contra o aborto / Francisco Razzo. – 6ª ed. – Rio de Janeiro: Record, 2022.

    ISBN 978-85-01-11021-3

    1. Aborto – Filosofia. 2. Aborto – Aspectos políticos. 3. Aborto – Legislação. 4. Direito das mulheres. 5. Aborto – Aspectos morais e éticos. I. Título.

17-43968

CDD: 363.46
CDU: 173.4

Copyright © Francisco Razzo, 2017

Todos os direitos reservados. Proibida a reprodução, armazenamento ou transmissão de partes deste livro, através de quaisquer meios, sem prévia autorização por escrito.

Texto revisado segundo o novo Acordo Ortográfico da Língua Portuguesa.

Direitos exclusivos desta edição reservados pela
EDITORA RECORD LTDA.
Rua Argentina, 171 – Rio de Janeiro, RJ – 20921-380 – Tel.: (21) 2585-2000.

Impresso no Brasil

ISBN 978-85-01-11021-3

Seja um leitor preferencial Record.
Cadastre-se em www.record.com.br e receba informações sobre nossos lançamentos e nossas promoções.

Atendimento e venda direta ao leitor:
sac@record.com.br

Para minha mãe, esposa e filhos.

— Não sei bem o que o senhor entende por "glória" — disse Alice.

Humpty Dumpty sorriu com desdém. — Claro que você não sabe, até eu lhe dizer. O que quero dizer é: "Eis aí um argumento arrasador para você."

— Mas "glória" não significa "um argumento arrasador" — objetou Alice.

— Quando uso uma palavra — disse Humpty Dumpty em tom escarninho —, ela significa exatamente aquilo que eu quero que signifique... nem mais, nem menos.

— A questão — ponderou Alice — é saber se o senhor pode fazer as palavras dizerem coisas diferentes.

— A questão — replicou Humpty Dumpty — é saber quem é que manda. É só isso.

Alice através do espelho, de Lewis Carroll.

Sumário

Apresentação, *por Gustavo Nogy*   11

Prefácio   15

Introdução   19

1. Como o aborto deve ser debatido — e combatido   37

2. Primeiro precisamos falar destas coisas: filosofia, retórica, democracia e violência   69

3. Imposturas intelectuais e políticas: a propaganda pró-aborto   109

4. Contra o aborto   181

Notas   255

Apresentação

por Gustavo Nogy

No dia 12 de abril de 2012, o Supremo Tribunal Federal decidiu, por oito votos a dois, julgar procedente a Arguição de Descumprimento de Preceito Fundamental 54 (ADPF 54) e autorizar a interrupção "terapêutica" da gravidez de fetos anencéfalos. Desde então, as gestantes que optarem pelo aborto e os médicos que porventura fizerem a cirurgia abortiva não cometerão crime.

Que o aborto — e especialmente o aborto do anencéfalo, com todas as controversas sugestões eugênicas mais ou menos implícitas — tenha sido tratado não por meio de vagarosas (e necessariamente vagarosas) discussões éticas e legislativas, com a gravidade e a minúcia técnica que problema de tal natureza demanda, mas, ao contrário, na câmara muitas vezes obscura dos tribunais, ainda que supremos, da pátria, deveria causar espanto; contudo, não espantou a ninguém.

Porque já ninguém mais se espanta, nesses tempos em que o poder de deixar viver e de fazer morrer é tratado com a ligeireza da opinião popular ou com a arbitrariedade da opinião judicial. Questão de tal ordem, no entanto, não poderia ter sido decidida assim, em lugar indiscernível entre o asfalto e a toga.

Isso porque questões de tal ordem, como é a do aborto, são antes de tudo filosóficas, antropológicas, éticas, civilizacionais. Definem ou circunscrevem as fronteiras do que chamamos de humano, de humanidade, de vida e de morte, ainda que admitidas todas as discussões sobre conceitos sempre tão complexos e equívocos.

Não é possível deixar de considerar a decisão do Supremo Tribunal Federal, num longínquo e já esquecido abril de 2012, como ponta de lança, no país, de aceitação mais ampla, de riscos mais insidiosos, que envolvem muitos interessados — aparentemente mais nos efeitos que nas causas. De um lado, grupos de pressão — feministas, progressistas, politicamente corretos — que dão por provado o que se pretenderia provar; de outro lado, liberais que só veem no aborto o exercício da liberdade individual. No meio, o Estado que trata como problema de saúde pública — ou de segurança nacional — tudo aquilo sobre o que intenta pesar sua mão forte.

Pois arrisco dizer o seguinte: nem uma coisa nem outra. O aborto não é nem problema de saúde pública, nem exercício de liberdade privada. O aborto não deve ser decidido pelo Estado, nem deve ser decidido unicamente pela mãe. É o tipo de ato eticamente irredutível. É o tipo de fenômeno que não se converte em um ou outro enquadramento ideológico.

Não é problema de saúde pública porque não é doença, nem epidemia, nem fome, nem contágio: é o nascimento ou a interrupção do nascimento de uma vida. Suas consequências sociais ou sociológicas, demográficas ou econômicas, morais ou antropológicas — para deixar de lado, propositalmente, as religiosas — são graves demais para que burocratas, togados ou eleitos, tenham a última palavra.

Também não é questão privada que só compete à mãe, como se se tratasse do exercício de uma liberdade, de um direito, de um "preceito fundamental", numa espécie de latifúndio axiológico improdutivo à espera de ocupação. É incorreto hoje em dia dizer, mas é preciso que seja dito: o apelo aos direitos das autoproclamadas minorias, reais ou supostas, não vale como medida para que tudo se resolva como num abracadabra identitário.

Se o aborto é questão-limite, dessas questões que extrapolam o próprio direito e que estão mesmo à margem do ordenamento jurídico, então a resposta deverá sondar os limites — até o limite. Só há direito, pátrio ou internacional, porque há grupos humanos; só existem leis e normas porque há humanos vivos que as editam, que as aplicam, que as padecem. Noutras e mais diretas palavras, parafraseando o texto bíblico: o homem não foi feito para o direito; o direito foi feito para o homem.

Mas alto lá! Essa sentença não significa que o direito é massa de modelar de grupos ou de indivíduos, sejam quais forem; significa, isto sim, que o direito deve proteger o homem, promover a vida, resguardá-la tanto quanto possível de apressadas considerações que, dados os seus desdobramentos lógicos, terminarão por ameaçá-la e extingui-la.

A possibilidade de que o aborto seja um atentado — dos mais graves — à vida humana em seu nascedouro deveria afastar ideólogos de um lado e de outro. O problema deve ser cuidado com profundidade filosófica, com amplitude de visão, com apurado sentido ético, com informada metodologia científica — com inescapável compaixão, enfim. Compaixão pelas mães, certamente, que sofrem das dores do parto; mas também pelos frutos dessas dores, todos aqueles que, sem saber de choro e ranger de dentes, estão ansiosos por nascer.

É disso que trata este livro — mais que investigação: apelo a uma tomada de consciência — do filósofo Francisco de Assis Razzo.

Boa leitura!

Prefácio

Talvez o leitor não familiarizado com filosofia possa estranhar a princípio alguns termos específicos dessa área. Como tais reflexões não pretendem ficar restritas a especialistas, me esforcei para evitar jargões filosóficos. É difícil substituir conceitos técnicos que ofereçam precisão ao entendimento. Mas, sendo o aborto um tema de grande interesse público e ao mesmo tempo filosófico, foi inevitável recorrer a alguns. Tentei ao máximo traduzi-los para uma linguagem natural. Caso o leitor sinta dificuldades, gostaria de encorajá-lo a não abandonar a leitura por esse motivo. Para torná-la mais fluida, ao adotar um conceito diferente do valor que possa ter na linguagem comum, procuro dar a definição que estou usando na própria sequência da frase. Por exemplo, "moral" e "ética". No dia a dia as pessoas tendem a tratar esses termos como se significassem coisas distintas; aqui trato-os como sinônimos. Na maioria dos casos optei pelo termo "moral", que sempre se refere à estrutura da conduta humana como realização autônoma de um dever e nunca como um sistema específico de crenças tais como "moral cristã", "moral secular", "ética médica", "ética política" etc.

A respeito de alguns termos frequentemente ligados ao aborto, gostaria de ressaltar o seguinte: para fazer referência à vida no útero, nunca uso só uma palavra. Ao sentido amplo de um ser humano em gestação antes de nascer, utilizo os termos "nascituro", "vida não nascida" ou "vida por nascer", e dou a todos o mesmo significado: refere-se a alguém. Para identificar estágios específicos de um processo de formação, raramente uso "zigoto" ou "pré-embrião"; quando recorro a "embrião", refiro-me à vida do nascituro do momento da concepção até mais ou menos as onze primeiras semanas. Às vezes adoto o não usual "recém-concebido" para fazer referência ao nascituro e não ao processo de surgimento de uma nova vida. Quando uso feto é sempre para estágios mais avançados da gestação.

Por que essas distinções? Porque, para muita gente, não está claro que abortar nas primeiras quatro semanas é o mesmo que abortar no oitavo mês de gravidez. Assim, ao argumentar que, nos estágios iniciais de gravidez, o aborto deve ser considerado ilícito, decorre que em estágios mais avançados também.

No contexto deste livro, para todos os efeitos, aborto será sempre definido como decisão consciente e voluntária de uma mulher de interromper a gravidez em qualquer estágio e cuja consequência, reconhecida por ela e por todos que colaboram com o ato, levará à morte de uma pessoa. Essa demarcação conceitual é importante para registrar que não discutirei casos de aborto espontâneo, involuntário e raríssimas exceções. Abortos espontâneo ou involuntário não entram no escopo moral; raríssimas exceções não podem servir como parâmetro à moralidade. E estou interessado justamente em discutir parâmetros a partir dos quais seja possível julgar o aborto como um ato objetivamente imoral. Portanto, ser contra o aborto significa não encontrar razões suficientes para aceitar a decisão voluntária de uma mulher de interromper a gravidez.

Vale registrar que um texto crítico, de teor filosófico, tem por objetivo analisar ideias, porém não as há soltas — são indivíduos que pensam, divulgam e respondem por elas. Assim, quando cito alguém, é para analisar seu pensamento público, e não julgar a pessoa.

Este livro é fruto de alguns anos de reflexão. Há muito tempo sou perseguido pela ideia de escrever um livro sobre o aborto sob uma perspectiva filosófica. Tive muitos colaboradores e críticos com os quais pude trocar ideias e rever opiniões a respeito de tão exigente assunto. Agradeço a todos. Não poderia deixar de mencionar as inspiradoras conversas que mantive ao longo dos últimos quatorze anos com meu amigo Gabriel Ferreira, que colaborou para ampliar minha visão de filosofia e reconhecer a importância da antropologia filosófica; a incalculável generosidade do amigo Dionisius Amendola, que me ajudou a estruturar a ideia central do livro e disponibilizou alguns excelentes títulos de sua biblioteca; Paulo Junio de Oliveira, que contribuiu para melhorar o meu entendimento e a exposição da filosofia de Wittgenstein; e as sempre perspicazes sugestões de Joel Pinheiro da Fonseca e Horácio Neiva. Eu tenho eterna dívida de gratidão com o escritor Gustavo Nogy, pelo inestimável apoio, críticas e amizade; ele foi um dos primeiros a ler a versão final do livro. Também agradeço a gentileza de sua esposa Ana Maria Peregrino por ter me ajudado com as traduções das referências em inglês. Meus amigos Nikolas Diniz e Augusto Gaidukas, que sempre estiveram dispostos a ler os primeiros esboços dos meus argumentos, precisam ser lembrados. Agradeço a Martim Vasques da Cunha pelas indicações, apoio e amizade. E a sempre generosa ajuda de Sergio Zeraib e Maria Vanilde, que, mais do que minha família, são meus amigos. Por fim, faço um agradecimento muito especial pela confiança e estímulo que tenho recebido do meu editor Carlos Andreazza. Sem deixar de registrar minha dívida de gratidão a toda excelente equipe da Record, principalmente Duda Costa e Thaís Lima, que fazem um trabalho impecável de edição.

Introdução

Não faz diferença o hambúrguer ser de carne

Opiniões têm consequências. Algumas podem demorar e até passar despercebidas, outras têm efeitos imediatos. Difícil é avaliar a veracidade, ainda mais quando um conjunto de opiniões inspira escolhas e justifica atitudes.

Uma opinião pode nascer e morrer no mundo mental sem produzir grandes efeitos. Por séculos se acreditou que a Terra fosse o centro do Universo. Mais tarde o Sol assumiu esse lugar. Hoje, sabe-se que o Cosmos não tem centro. Além de não corresponderem mais aos fatos — embora correspondam às impressões que as pessoas têm dos fatos —, essas opiniões variam com o tempo e com o avanço das ciências, mas seus efeitos éticos demoram a ser sentidos; isso se produzirem tais efeitos. Eu mesmo já ouvi falar de gente com firme convicção de que a Terra é plana e, até onde sei, essas pessoas continuam seguindo suas vidas numa boa. Vivem como se a Terra fosse plana, o que não afeta em nada o dia a dia delas — e, para falar a verdade, o de ninguém. Talvez envergonhem os outros, já que elas mesmas sequer chegam a sentir vergonha diante de todas as evidências científicas que contrariam essa opinião. Por que se envergonhariam se estão piamente convencidas disso?

Nos anos 1990, uma pesquisa nos Estados Unidos revelou que um quinto dos consumidores de hambúrgueres não sabia que um dos produtos mais consumidos no país era feito de carne. Para essa parcela da população não faz diferença o hambúrguer ser de carne. Uma pesquisa recente mostrou que cerca de 17 milhões de norte-americanos acreditam que o achocolatado vem de vacas marrons.[1] Como se o sorvete sabor flocos fosse produto de vacas malhadas. Opiniões como essas não alteram a vida cotidiana — no máximo, depõem contra a inteligência dos consumidores. Desde o momento em que não há mais a necessidade de caçar, quem se importa em saber de onde vem a comida?

Por outro lado, há opiniões com efeitos imediatos e devastadores na vida das pessoas. O filósofo Jean-Jacques Rousseau acreditava — seguindo uma longa tradição de filósofos — que mulheres deveriam ser excluídas da vida política. Para ele, a desigualdade entre homens e mulheres "não é uma instituição humana ou, pelo menos, obra do preconceito, e sim da razão". Segundo Rousseau, "uma vez demonstrado que o homem e a mulher não devem ser constituídos da mesma maneira, nem de caráter nem de temperamento, segue-se que não devem receber a mesma educação". Em termos que hoje ninguém se atreveria a pronunciar: mulher cuida da vida doméstica; homem, da vida política.

Não dá para viver a vida como se as mulheres fossem inferiores aos homens sem que isso afete as relações sociais entre homens e mulheres. Esse tipo de opinião, verdadeira ou falsa, tem efeitos decisivos no mundo cotidiano. Se Rousseau estiver errado — e acredito que ele esteja em muitas coisas, incluindo essa —, um sistema político inteiro de discriminação contra as mulheres foi justificado a partir de uma opinião errada. Não dá para calcular os custos sociais de certas crenças. As ideias de Rousseau foram influentes. Não se trata só de um misógino amargurado. Seu livro *Emílio* foi um importante tratado sobre educação, e as ideias desenvolvidas ali marcaram a concepção moderna de pedagogia e sociedade.

Já John Stuart Mill escreveu, em 1869, uma obra para reverter essa ideia de que mulheres são inferiores a homens. Seu livro *A sujeição das mulheres* contestou a arbitrária submissão feminina. A obra é um marco na defesa da igualdade de gênero e dos direitos civis das mulheres. Em um dos capítulos, Stuart Mill mostra como as leis do casamento faziam das mulheres verdadeiras escravas dos maridos, a última forma de escravidão aceitável. Para se ter uma ideia, até 1916, no Art. 242, o Código do Direito Civil brasileiro determinava que a mulher não podia, "sem o consentimento do marido", entre outras coisas, "exercer profissão". Detalhe: nessa lei não havia possibilidade de divórcio, condição que só mudou no Brasil a partir de 1977, com a Lei do Divórcio, mais de um século após a publicação da obra de Mill.

Outro exemplo marcante foi a eugenia, palavra que hoje muita gente evita devido às consequências nefastas associadas a ela. Em 1883, Francis Galton, primo de Charles Darwin, criou o termo "eugenia" ao se referir à ciência cujo objetivo era a procriação dos "bem-nascidos". Se Darwin explicava a diferença entre espécies por meio de um processo conhecido como "seleção natural", Galton pretendia acelerar o aperfeiçoamento da civilização aplicando os conhecimentos da biologia no controle da sociedade. Segundo ele, era possível melhorar a sociedade melhorando características biológicas humanas a partir de soluções simples: homens talentosos devem se casar com mulheres talentosas. O produto seria uma raça de alto nível. Afinal, pessoas notáveis têm filhos notáveis; os degenerados, filhos degenerados. A ideia era fazer "seleção artificial" dos seres humanos. Alega Galton: "A eugenia colabora com o trabalho da natureza, assegurando que a humanidade seja representada pelas raças mais bem-adaptadas", pois "o que a natureza faz às cegas, lenta e impiedosamente, o homem pode fazer de modo oportuno, rápido e gentil".[2] Por que viver entre feios, doentes, criminosos, degenerados e incapacitados se é possível criar de maneira oportuna, rápida e gentil uma sociedade inteira de pessoas bonitas, dispostas, saudáveis, justas e capacitadas?

Cinquenta anos depois, Adolf Hitler, ao ser eleito na Alemanha, promulgou leis de esterilização para deficientes mentais e físicos como parte do programa de aperfeiçoamento e pureza da raça. Foi um importante passo para o processo de homicídio em massa e genocídio como projeto de poder. Não foi o único nem o primeiro — embora seja o mais conhecido. Em 1927, a Suprema Corte dos Estados Unidos já havia defendido a constitucionalidade de leis de esterilização compulsória para os "intelectualmente incapacitados", em uma decisão jurídica conhecida como *Buck versus Bell*.[3] Na ocasião, o juiz Oliver Wendell Holmes Jr., que escreveu o parecer final, deu veredito positivo para os eugenistas: "Será melhor para o mundo inteiro se, em vez de esperar para executar por crime a prole dos degenerados, ou deixar que morram de fome por causa de sua imbecilidade, a sociedade impedir que as pessoas manifestadamente inadequadas continuem a se reproduzir."[4] Resumindo: os interesses dos indivíduos defeituosos não poderiam superar o bem-estar público. Nesse caso notório, o único juiz dissidente foi Pierce Butler, um católico romano fervoroso. Oliver Wendell Holmes Jr. fez a seguinte observação: "Butler sabe que essa é uma boa lei, e eu me pergunto se ele terá a coragem de votar conosco apesar de sua religião." Contrariando as expectativas do juiz, Pierce Butler não votou com seus colegas. Certas opiniões têm consequências e influenciam escolhas.

Como explica o filósofo Michael J. Sandel, autor do livro *Contra a perfeição*, no qual apresenta como a eugenia adotou novas "faces" no mundo contemporâneo: "A sombra da eugenia paira sobre todos os debates da atualidade acerca da engenheira genética e do melhoramento genético." Acrescento: por que não do aborto? Enfim, não se vive uma vida como se fosse possível, para o desenvolvimento da civilização, aperfeiçoar a raça humana contra os degenerados sem pagar o preço dessas opiniões.

O filme *The Discovery* [A descoberta], de 2017, do diretor Charlie McDowell e estrelado pelo ator Robert Redford, traz uma trama explicativa para o que pretendo dizer sobre a influência das opiniões na vida cotidiana: um cientista comprova a existência da vida após a morte. Essa "descoberta" provoca um surto imediato de suicídios em massa. As pessoas começam a se matar para chegar "do outro lado" de uma vez por todas. Se tivéssemos a certeza científica de que a morte é só uma passagem dessa vida para uma melhor, suicidar-se seria literalmente o meio mais rápido de transporte. Para que esperar? A tensão da trama do filme na verdade está no ceticismo do filho do cientista, que começa a duvidar dos experimentos do pai. Será que ele está certo quanto à sua descoberta? Sem dar *spoiler*, difícil saber com certeza absoluta. A ciência também tem seus limites, e a morte sempre será *a* musa inspiradora — já dirão os filósofos. O fato é que crenças acerca do *fim* da vida mudam a maneira como se vive.

Ninguém erra voluntariamente

No caso do aborto, opiniões têm efeitos imediatos. Assim como a morte inspira a reflexão dos filósofos, o *início* da vida também inspira grandes perguntas. As esperanças acerca do fim da vida não diferem das esperanças acerca do começo. Opiniões referentes a esses dois momentos decisivos mudam o modo como conduzimos a vida *aqui e agora*.

Quem defende a interrupção voluntária da gravidez traz consigo um conjunto de opiniões específico a respeito do início da vida, da liberdade da mulher e dos limites da coerção do Estado na vida do indivíduo. Quem se opõe ao aborto, pelo contrário, fundamenta seu juízo em opiniões distintas e divergentes. Certo ou errado, o custo moral a ser pago para rever opiniões relacionadas à morte da vida por nascer será sempre alto, e é difícil dizer com precisão quantas pessoas conseguem superar os traumas psicológicos e existenciais gerados por esses erros.

Hoje você pode ser a favor do aborto. Essa crença, considerada verdadeira neste momento de sua vida, justifica eliminar um amontoado de células e garante à mulher o direito de exercer a liberdade sobre o próprio corpo. Mas e se amanhã, depois de examinar com mais cuidado as opiniões relacionadas tanto à vida do embrião quanto aos limites da liberdade da mulher, você concluir que estava errado? Matar pessoas inocentes não é um passo que alguém decide dar por puro capricho. Não tenho dúvidas de que a escolha de interromper a gravidez, na imensa maioria dos casos, é movida mais por erros do que por instinto assassino.

Na história de pessoas que decidiram abortar, não são incomuns depoimentos sinceros de mulheres arrependidas com escolhas que fizeram. Preço a se pagar mais à consciência do que à justiça. No entanto, quando a pessoa toma a iniciativa de interromper a gravidez, acredita estar eliminando um amontoado de células cujo valor precisa ser menor do que o valor da liberdade que ela exerce sobre o próprio corpo. Não é uma equação simples, mas tampouco deixa de ser cálculo. Matar o filho não gera arrependimentos que se resolvem mergulhando as angústias em uma caixa de bombons.

O exemplo mais famoso no mundo de arrependimento relacionado ao aborto é o de Norma L. McCorvey, do caso *Roe versus Wade*, de 1973, quando a Suprema Corte dos Estados Unidos julgou legítimo que a mulher tivesse poder de decisão sobre a gravidez. Curiosidade: McCorvey não abortou a filha porque os juízes não concluíram o julgamento a tempo, mas se arrependeu por ter influenciado a liberação da prática nos Estados Unidos e por seu caso ter gerado todo o debate atual a respeito. Um dia ícone da liberação do aborto, hoje símbolo de defesa da vida não nascida. Voltarei a este assunto no capítulo 3.

A cantora Elba Ramalho também se tornou exemplo de quem se arrependeu profundamente dos erros de ter praticado um aborto, e hoje é considerada uma das vozes mais simbólicas dos movimentos pró-vida no país. Após se converter ao catolicismo, ela relata: "Passei por experiências difíceis e delicadas com drogas, com loucura, com abortos, com repúdio... exaltando sempre a minha liberdade e meus direitos [...]. Hoje eu sou uma católica, eu posso dizer, com essa consciência: tenho horror ao pecado, embora seja uma grande pecadora. Porque foi pela misericórdia de Jesus, pelo amor de Nossa Senhora que eu fui resgatada do peso de ter feito o aborto [...]. Por isso eu me juntei ao Movimento Pró-Vida, e aqui estou, defendendo vidas da forma que está ao meu alcance."[5]

Pessoas que vivem suas crenças como se o embrião fosse só um amontoado de células, ou como se os degenerados fossem uma raça inferior que precisa ser exterminada em nome dos "bem-nascidos", agirão de maneira bem diferente de pessoas que vivem suas crenças como se a Terra fosse plana, ou o achocolatado, produto de vacas marrons. O filósofo Sócrates dizia uma coisa verdadeira a respeito da vida moral: "Ninguém erra voluntariamente." No caso do aborto, a tese socrática faz ainda mais sentido. Não consigo acreditar em uma mulher decidindo pôr fim à gravidez por puro sadismo. Há um elemento implícito de ignorância nessa escolha, e minha intenção é apontar para o fato de que, por mais que propagandas aleguem o contrário, abortar será sempre matar uma pessoa.

Erros mentais sem grandes efeitos na vida prática se corrigem; erros argumentativos com desastrosas consequências morais, não. Se não estou satisfeito com o estilo da frase que escrevi acima, na próxima edição do livro poderei corrigi-la. Se uma mulher decidir interromper a gravidez motivada por crenças equivocadas, não terá edição que conserte. Há uma diferença enorme entre descobrir de repente que o hambúrguer é feito de carne, ou o achocolatado, de chocolate, e descobrir que o embrião não era bem um parasita biológico abusando da boa vontade de uma mulher. Daí a necessidade de investigar os erros argumentativos a fim de buscar corrigi-los ou minimizar seus efeitos.

Para argumentos envolvendo a vida, não se trata apenas de corrigi-los como mero exercício mental. Uma vida ceifada pelo aborto é irreversível para todos os casos. Analisar argumentos relacionados a esse tema resulta também num problema para a filosofia. Mulheres matam e, às vezes, morrem ao praticar aborto. Não faz sentido a ideia de matar mais ou menos uma pessoa, assim como a de uma mulher morrer mais ou menos.

Por inúmeras razões, muita gente se deixa influenciar por raciocínios que não passariam pelo primeiro exame crítico, e é lamentável que poucos filósofos prestem atenção a esse tema — pelo menos no Brasil.

Espero que este livro contribua para mudar pelo menos um pouco esse cenário.

O tempo da reflexão e o tempo da escolha

Levando tudo isso em consideração, ofereço um recurso crítico para quem deseja entrar em um debate sobre o aborto — seja para defender ou para ser contra, o leitor encontrará material suficiente para rever algumas opiniões ou até reforçá-las. Suficiente não significa necessário e infalível. Mas é um convite sincero à reflexão. Tudo o que foi aqui exposto foi animado pelo desejo paciente de esclarecimento teórico.

Uma pessoa favorável ao aborto poderá fazer uso deste ensaio a fim de conhecer falhas objetivas de seus argumentos, rever a validade de suas premissas, e, portanto, fazer o possível para aperfeiçoá-los ou abandoná-los. Não analisarei argumento por argumento, mas investigarei os princípios a partir dos quais a maioria da argumentação mais comum se sustenta. Vale o esforço. Falo por experiência própria. Já fui a favor do aborto e sei o quanto me custou a revisão dos meus erros.

Se você preza por rigor, coerência, clareza de ideias e objetividade, não voltará a usar os argumentos aqui analisados; a não ser, claro, que o único interesse seja o de vencer um debate pelo prazer de vencê-lo e fazer o falso se passar por verdadeiro e vice-versa, com o único objetivo de divulgar, a todo custo, suas próprias crenças. Acredito que pessoas interessadas em ler um texto crítico sobre o aborto sejam honestas, queiram aferir a forma como pensam e discutir um assunto tão delicado.

Vale destacar: este ensaio não deve ter utilidade para quem vive o drama do dilema moral do aborto. A pessoa mergulhada em conflitos morais precisa de abraço, atenção e cuidado. Uma mulher prestes a interromper a gravidez não precisa de argumentos filosóficos. Ela precisa do apoio de sua família, de seus amigos, pais, enfim, do generoso acolhimento de sua comunidade.

Este livro, pelo contrário, destina-se a todas aquelas pessoas que de alguma forma influenciam outras a tomar decisões morais ruins — em qualquer nível considerável de influência. Há aqui uma relação entre verdade e liberdade. Sem a procura de esclarecimento das próprias crenças, o universo da liberdade está em perigo. Só há liberdade na verdade. Por esta razão, não se pode perder de vista que a vivência do tempo lógico da reflexão filosófica de quem discute ideias é diferente da vivência do tempo moral de quem precisa fazer escolhas morais difíceis. Participar de conversas polêmicas exige um tempo distinto do vivido por quem atravessa as águas turbulentas de uma decisão moral, sobretudo a que envolve a morte de um filho e coloca a própria consciência e a vida em risco.

A despeito do que muita gente pensa, o debate relacionado a temas morais também deve ser permeado por argumentação e raciocínio, mesmo quando reconhecemos a impotência da razão diante da confusão gerada pelos desejos. Nenhuma decisão moral acontece no vazio. Por isso a necessidade de considerar algumas regras argumentativas. O exercício filosófico impõe o tempo da reflexão. E cedo ou tarde terá influência nas decisões morais. Não que as pessoas precisem de filosofia para agir moralmente. A reflexão filosófica apenas presta auxílio diante das dificuldades de se fundamentar e justificar certas escolhas. Para muita gente, decisões morais só dependem de preferências pessoais e liberdade. Não é bem assim. Como demonstrarei ao longo deste ensaio, trata-se de um erro grosseiro. Típico de gente arrogante e dogmática. Como se a liberdade de uma decisão não fosse guiada por nada a não ser pela própria liberdade de decisão — um disparate.

A liberdade não gira em torno do próprio eixo ou patina no vazio de pretensões vazias. Se liberdade implica responsabilidade, então responsabilidade se define antes pelo exercício humano de dar respostas seguras e impor limites às próprias decisões — boas ou ruins. Decisões precisam de justificativas, porque são orientadas por e para um complexo horizonte de valores que as legitimam. Valores morais estão inseridos em um quadro referencial mais amplo de crenças.

Isso posto, crenças exigem justificativas e, em consequência, uma teoria da argumentação. Caso contrário, se não fosse assim, todo debate moral, incluindo o aborto, estaria encerrado ou pelo relativismo ou pelo dogmatismo. Ser capaz de oferecer justificativas racionais para uma decisão, dar respostas seguras e sensatas para o que se faz ou se pretende fazer significa ser capaz de colocar as escolhas à luz da própria capacidade de avaliar com racionalidade e bom senso o conjunto de crenças que inspira o agir.

Por "racionalidade", não estou pensando em nenhum princípio abstrato semidivino reservado para os gênios, e sim naquela capacidade típica de pessoas que acordam de manhã, preparam o café, saem para trabalhar, torcem para um time de futebol, enfim, avaliam a própria conduta antes de tomar decisões e sabem de suas responsabilidades, por mais difíceis que elas sejam. Por "bom senso", entendo aquele sentimento básico de que nesta vida nem tudo é possível simplesmente porque eu desejo. Bom senso é como um senso humano de realidade e limite.

A dosagem entre racionalidade e bom senso confere aos humanos o poder de superar os impulsos orientados pela força cega de desejos, de apetites, e pela violência subjacente aos impulsos naturais. Relativismo e dogmatismo são duas faces da mesma moeda. São formas de anular todo e qualquer valor e esforço da disposição humana responsável por avaliar nossa conduta, e são responsáveis também por destruir todo senso de realidade e limite.

A força do melhor argumento

Todo debate, por mais polêmico que seja o assunto, precisa preservar as regras básicas da argumentação. Em disputas filosóficas, vence quem consegue apresentar e sustentar o melhor argumento. O melhor argumento depende de uma estrutura ou, para ser mais preciso, de um modo coerente de articular ideias. Em tiranias, vence quem é capaz de berrar mais forte ou quem domina os instrumentos de poder e persuasão. Um bom argumento, pelo contrário, tende a frear esses impulsos. Ditadores odeiam argumentos. A racionalidade é o único chão comum seguro, terreno fértil para as pessoas conseguirem resolver suas diferenças sem apelar ao uso da violência. Tiranos não pisam em chão seguro e terreno fértil.

No contexto filosófico, racionalidade deve ser entendida como a forma privilegiada de as pessoas autoanalisarem o que presumem ser o verdadeiro e o melhor para elas, assim como acreditam ser o melhor para os seus semelhantes, sem incorrer no relativismo e na imposição de verdades pela força. Não vence um debate quem convence a maioria por meio de apelos emotivos e retóricos. A vitória emotiva, retórica e psicológica leva muita vantagem, mas não lida com verdades objetivas.

Conclusões não surgem no vácuo do pensamento ou a partir de sentimentos pessoais. Conclusões são *inferidas* e sustentadas por um conjunto de certezas anteriores. Dentro de um raciocínio, as sentenças que antecedem a conclusão são chamadas de premissas. Premissa é o nome de uma certeza elementar expressa no interior de um argumento. E é uma parte fundamental de todo raciocínio, sua matéria-prima.

Todo raciocínio é o encadeamento de premissas. A melhor relação entre premissas produz a melhor conclusão. Isso significa que o encadeamento mais coerente e rigoroso entre as partes de um raciocínio sustentará boas conclusões. Essas são questões objetivas e independem da qualidade psicológica dos envolvidos, isto é, não importa o que eles sentem com relação à conclusão de um argumento. Pode ser frustrante descobrir que certas crenças pressupostas que nos davam alguma segurança emocional não eram verdadeiras. Como explica Marcus Sacrini a respeito da estrutura básica dos argumentos: "As premissas e a conclusão são sentenças, isto é, conjuntos ordenados de palavras reprodutíveis, grafáveis e, assim, perceptíveis concretamente. Já a inferência não é algo concreto no mesmo sentido, que se acrescentaria *ao lado* das sentenças para a elaboração dos argumentos." Ou seja, as premissas e a conclusão nós podemos "ver", já a inferência, não. Pois "a inferência é o próprio processo de conectar, pela leitura ou enunciação, as premissas e a conclusão". Nesse sentido, conclui, "ela não é um dado material tal como as sentenças; ela não exibe imediatamente como algo percebido no mesmo nível. É preciso *realizar a passagem entre as sentenças* para produzir" a inferência [os destaques são meus].[6] Por isso a grande tarefa da análise de argumentos consiste em investigar e avaliar a inferência.

De todo modo, mesmo que haja muitas premissas pressupostas e não declaradas diretamente para a análise, a regra elementar de todo argumento é: *toda conclusão verdadeira deriva necessariamente de premissas verdadeiras*. E outra regra muito importante é: *elementos estranhos ao próprio encadeamento de premissas podem produzir falsas conclusões*. Uma das tarefas primordiais de quem se dispõe analisar o modo como pessoas argumentam é "tornar explícito o movimento inferencial que constitui o argumento". Pois um argumento ruim traz elementos adicionais para dentro de um raciocínio como se esses fossem partes essenciais do próprio argumento. Trata-se de um truque, caso seja intencional; ou de um erro, em caso de ignorância. Eis o problema: argumentos ruins podem se passar por bons. Quanto mais se rastreiam os pressupostos não declarados, mais fácil é encontrar os elementos estranhos e assim checar a coerência e a consistência dos argumentos.

Entretanto, é possível esconder como se chegou a uma conclusão falsificando o encadeamento das premissas. Basta inserir elementos estranhos como se fossem as partes essenciais dessa articulação inferencial. Alguns argumentos bons, na verdade, são argumentos ruins mascarados. Não é difícil inserir elementos adicionais ao argumento e causar boa impressão ao interlocutor. Basta mascará-los com termos imprecisos, difusos ou ambíguos que no discurso público têm forte apelo emocional, ainda mais quando se trata de emoções capazes de confirmar as preferências das pessoas com relação a suas crenças mais vitais. Ser convencido de uma ideia é um processo que envolve muito mais o apelo emocional do que a capacidade de articular racionalmente um conjunto de ideias. E ninguém pode duvidar de como o tema do aborto desperta grandes emoções. Por isso a necessidade de rastrear com paciência a origem e o desenvolvimento de algumas expressões no debate público.

Como é agradável estar certo e encontrar argumentos que fortaleçam nossas certezas, sobretudo quando estão envolvidos consciência moral, senso de dever e... aborto. Porém, reconhecer o erro de uma opinião ruim não tem a ver apenas com efeitos da emoção e alívio psíquico. Tem a ver, pelo contrário, com a vida que colocamos em risco — a nossa e a dos outros. Por essa razão, mudar de ideia diz respeito, antes de tudo, ao reconhecimento das falhas de nossos raciocínios, de como chegamos a certas conclusões. Mas não só isso, diz respeito também do quanto estamos dispostos a rever nossos erros e até a mudar de opinião.

Trata-se de uma operação moral custosa reconhecer os próprios limites e erros. Quem defende a tese segundo a qual uma mulher pode tomar a decisão sobre o seu próprio corpo e escolher matar o filho precisa levar a sério o conjunto de crenças responsável por justificar escolhas como essas. Só que, em debates polêmicos, as emoções — medo, ressentimento, raiva, vergonha — se sobrepõem o tempo todo à razão. A vitória da razão determina a conduta sensata, mas é fácil ser insensato e fazer vitorioso o medo, o ressentimento, a raiva e a vergonha.

Suspender hábitos irrefletidos consiste também em ter de colocar de lado uma porção de crenças prontas para exercer enorme influência na consciência. Acredito que quem procura um texto crítico para repensar os próprios argumentos já conseguiu, de uma forma ou de outra, superar parte significativa dessa carga de emoção e está sujeito ao exame das próprias crenças. Caso contrário, não estaria disposto a conhecer o que poderá lhe fazer mudar de ideia. Para alguém que já está plenamente satisfeito com as próprias opiniões e não pensa em mudar de ideia, ler um ensaio crítico pode ser uma excelente oportunidade para conhecer os argumentos de quem pensa diferente. E eu espero ser um interlocutor crítico. A quem não está disposto a uma discussão desse tipo, sugiro panfletos, manifestos, palavras de ordem e *memes*.

Meu objetivo não é atacar as pessoas. Apresentarei uma análise crítica e impessoal sobre alguns argumentos e investigarei a retórica pró-aborto. Não obstante possa haver a predisposição psicológica para não se aceitar uma crítica, já que é difícil lidar com emoções, o objetivo teórico consiste apenas em analisar os argumentos e não analisar os indivíduos. Esta última é parte do trabalho da psicologia. Parte do trabalho dos filósofos é lidar com análise de argumentos, investigar suas premissas, checar a consistência e os "furos" lógicos, a fim de questionar o que se apresenta e se conclui como verdade. No caso deste livro, a exposição crítica teórica não julga as pessoas e menos ainda determina como deveriam viver. Não faz parte do escopo dessas análises apontar como se deve agir. Apenas me coloco na obrigação de apontar que os argumentos analisados não são suficientes para justificar o aborto.

O exercício filosófico é de generosidade e caridade com quem está errado, mas não deve ser generoso e caridoso com o erro. Debates filosóficos são de natureza teórica mesmo quando envolvem tema moral, ligado a valores com amplo interesse social. Este livro trata do exame crítico de crenças que motivam escolhas morais e não do julgamento moral das escolhas — embora, devido à natureza polêmica do tema, possa dar a impressão de que eu esteja julgando moralmente pessoas. O fato é que estou julgando a consistência teórica da expressão *"é verdade* que o aborto deva ser permitido, pois *é verdade* que a mulher tem o direito ao próprio corpo e *é verdade* que o embrião não é uma pessoa". E para este julgamento teórico estou oferecendo um contraponto, igualmente teórico, do tipo *"não é verdade* que o aborto deva ser permitido, pois essas razões não são teoricamente convincentes". No fundo, é reconhecer e satisfazer as exigências da ética do discurso, que, para falar como o filósofo Jürgen Habermas, leva em consideração o pluralismo irrestrito das opiniões e visa a validade universal de um agir comunicativo em meio a tantas controvérsias contemporâneas.

Reconhecimento seja feito: argumentos são sempre provisórios. Por causa da fragilidade da razão humana, todos os argumentos estão sujeitos a revisões e abertos a novas críticas. Essa é a propriedade de toda certeza com pretensões filosóficas: serem falíveis sem se renderem ao relativismo. Falibilidade diz respeito a estruturas intrínsecas da capacidade de se elaborarem razões para uma crença. É reconhecimento indispensável da condição humana e freio de impulsos dogmáticos. Aliás, como demonstrarei ao longo do livro, uma das minhas principais razões para ser contra o aborto diz respeito justamente ao reconhecimento da condição de falibilidade e insuficiência da nossa razão.

Para mim não faz o menor sentido apresentar um livro contra o aborto contendo os maus argumentos e apelar de forma dogmática para verdades absolutas e inquestionáveis. Defendo verdades absolutas sobre o *status* pessoal e moral do nascituro. Mas espero oferecer as melhores razões para defendê-las. Se o nascituro é uma pessoa, e não pode ser abortado por isso, devo esclarecer e dar boas razões teóricas para garantir a veracidade das minhas crenças.

Quem diz o contrário, quem diz que o aborto deve ser permitido, é moralmente obrigado a fornecer razões melhores do que as minhas ou de qualquer outro crítico do aborto. Dessa maneira, constrói-se uma comunidade de diálogo como rota para a verdade em vez de atalhos que conduzam sempre à arena de gladiadores, onde a vitória consiste em aniquilar o adversário — para filosofia, nem todos os caminhos levam ao Coliseu. Verdades podem ser absolutas, mas nossa capacidade de defendê-las está bem longe de possuir essa propriedade. Por isso a verdade é difícil, e filosofar, acima de tudo, um grande exercício de humildade.

No Brasil, a pobreza do atual debate sobre o aborto, acadêmico e público, tende a desprezar essa importante tarefa da filosofia: a de dar razões rigorosas e minuciosas para as nossas crenças — tanto teóricas quanto morais — e levar em consideração o aspecto essencialmente falível do conhecimento.

Também há consideráveis argumentos ruins adotados pelo lado de cá da discussão. São argumentos mascarados por emoções com o único objetivo de produzir efeitos psicológicos no adversário. Como estratégia, podem até ser úteis. Apelar para retórica, às vezes, é a única saída emergencial para convencer alguém a mudar de ideia. No âmbito teórico, porém, todo argumento fundamentado em efeitos psicológicos e apelos emocionais tem vida curta. Não deveria servir para o ativista. Se você, contudo, precisa dissuadir uma mulher prestes a praticar o aborto e o último recurso é o apelo psicológico, considero uma obrigação moral fazê-lo. Para o debate público, não. Meu objetivo é convidar o defensor do aborto, que participa do debate público, a rever alguns de seus argumentos antes que produzam efeitos práticos e induzam uma pessoa a interromper a gravidez como se estivesse apenas exercendo sua liberdade e eliminando um amontoado de células. Também quero convidar aqueles que não estão muito seguros sobre o assunto a pelo menos saber como alguém contrário ao aborto pensa o problema pelo viés filosófico — óbvio, dentro dos meus limites intelectuais e daquilo que entendo por filosofia.

Quando as pessoas discutem aborto, muitas entram em debates com apelos emotivos sem qualquer rigor intelectual. Pretendem apenas convencer o interlocutor pelo poder da força retórica e física. Existem razões mais do que suficientes para abandonar esse tipo de postura. A principal delas é que todo tipo de apelo à emoção não passa de relativismo — e por que não dogmatismo? — mal disfarçado. No caso do aborto, isso é mais grave em virtude de um debate cujos resultados decidirão sobre vida de pessoas inocentes. Um debate precisa superar esse piso escorregadio das emoções e encontrar o terreno seguro da razoabilidade, sobretudo quando reconhece os frágeis limites da condição humana. Não há nada mais ilusório do que discutir sobre a vida humana e esquecer que também somos mortais.

1. Como o aborto deve ser debatido — e combatido

"Deste Logos sendo sempre..."

Devido ao alto índice de mortes decorrentes de abortos clandestinos, sobretudo de mulheres que não têm condições de pagar por um procedimento seguro, defensores do aborto consideram inaceitável sobrepor a vida do embrião à integridade física, psicológica, moral e social da mulher. Para eles, embriões não têm direito à vida, pois não passam de um minúsculo amontoado de células sem consciência. Por isso, não podem ser considerados sujeitos de direito. Matar um embrião não é matar um de nós. O aborto deve ser tratado como sério problema de saúde pública. A vida sexual e a saúde reprodutiva das mulheres dizem respeito só a elas. Ainda que o embrião merecesse respeito moral e proteção legal, abortar continuaria sendo ato legítimo por se tratar de uma decisão de foro íntimo. Cada mulher é dona do próprio corpo e ninguém tem o direito de se intrometer em suas decisões.

Por outro lado, quem combate o aborto considera o embrião uma pessoa como qualquer outra. Assim como é inaceitável o homicídio, também não se pode aceitar que uma mulher, ao decidir interromper a gravidez, mate o próprio filho. Se pessoas decidem abortar, trata-se de escolha ilícita, objetivamente imoral. Nesse caso, não seria problema de saúde, mas de segurança pública. Algumas pessoas contrárias ao aborto fundamentam suas convicções a partir da perspectiva de que a vida é sagrada e precisa ser protegida desde o momento da concepção. Recorrem, ao defender a vida do embrião, à fé religiosa. Como se acredita que o país é de maioria cristã e que a vida é um "dom" de Deus, o aborto deve ser proibido, e a vida em gestação, como a vida de qualquer outro ser humano, protegida pelo Estado. Independentemente de como essas crenças se sustentem, a liberdade não pode estar acima do direito à vida. Se a mulher aborta, comete crime.

Sou contra o aborto. Ao longo deste livro lidarei com critérios que não apelam para a fé religiosa. Considero a abordagem baseada apenas em dados da fé inadequada para o atual debate sobre o aborto. A melhor abordagem enfrenta esse tema pela filosofia, a qual deve ser neutra do ponto de vista religioso — pelo menos em um primeiro momento. A filosofia pretende objetividade e universalidade, por difíceis que sejam, e usa a razão. A fé, sobretudo a cristã, também pretende objetividade e universalidade, mas parte da Revelação. Como diz Hegel, nas *Lições de História da Filosofia*: "Na religião cristã, desenvolveu-se a doutrina segundo a qual todos os homens são iguais perante Deus, porque Cristo os chamou para a liberdade." Razão e fé não são excludentes, a despeito do que o secularismo antirreligioso divulga. Acredito, porém, que a filosofia em um primeiro momento leva a vantagem de examinar com minúcia e paciência os pressupostos de todas as crenças, inclusive religiosa, e não aceita qualquer autoridade que não tenha passado pelo crivo sincero da dúvida — o que não significa ser contrária à fé, e pode até confirmá-la.

Meu primeiro objetivo será investigar quais os riscos de reduzir o aborto a um problema de saúde pública a partir da análise dos discursos pró-aborto. Aborto não é doença, mas decisão. Ninguém "pega gravidez" e resolve abortar como se estivesse a combater um câncer. A despeito de não estar claro para muita gente, a consequência desse ato deliberado da vontade desordenada é a inevitável morte de alguém. O aborto é, antes de tudo, uma decisão moral — e uma decisão moral com desdobramentos jurídicos.

Não enfrentarei questões jurídicas, contudo. Elas são relevantes para um segundo plano. O desafio consiste em argumentar que essa decisão mata uma pessoa e não apenas expulsa uma coisa do corpo da mulher grávida. Aliás, gravidez tampouco significa doença contagiosa que se pega por "contato"; gravidez é fruto de uma decisão inspirada por inúmeros motivos e com sérias consequências. Aborto não pode ser usado como "tratamento arriscado" por uma mulher que, ao não passar "repelente", acabou ficando grávida como alguém fica doente.

No caso do aborto, todas as discussões dependem, primeiro, da resposta consistente a esse desafio: quais critérios objetivos determinam o *status* pessoal e moral do embrião como um *fato* antropológico no *mundo*? Antes de avançar, é preciso entender o valor dos termos *status*, *fato* antropológico e *mundo* no contexto deste livro; eles são importantes. *Status* é maneira abreviada para referir-se a *estado de coisas*. Segundo o filósofo Wittgenstein, um estado de coisas não se refere a um inventário de coisas "soltas por aí": vidro, janela, parede, sala, casa etc. Antes, diz respeito à *forma* como se *inter*conectam, isto é, como as coisas se configuram em uma relação estrutural com significado: o vidro *na* janela *e* a janela *na* parede *e* a parede *na* sala *e* a sala *na* casa etc. É a ligação interna e constituinte dos objetos, seu arranjo possível, que forma o *status*. Já os *fatos* são mais complexos e devem ser entendidos como a existência de uma pluralidade de estados de coisas. Os *fatos* não podem ser pensados sob a ideia usual de "aquilo que é dado à percepção de alguém". Por exemplo, "é um fato que o Sol nasce e se põe". Geralmente, "fato" está associado ao que nós percebemos com os cinco sentidos. Se apenas a nossa percepção determinasse os fatos, entretanto, a expressão "é um fato que o Sol se movimenta e a Terra está parada" seria verdadeira.

A figura a seguir foi usada por Ludwig Wittgenstein para mostrar os limites objetivos da percepção. Trata-se de uma Ilusão de Jastrow. É possível vê-la como cabeça de coelho *ou* como cabeça de pato, dependendo da experiência sensorial daquele que a percebe. Interpretamos a imagem em virtude daquilo que percebemos; qual é a interpretação objetivamente verdadeira?

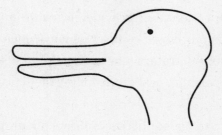

O pato-coelho de Wittgenstein.

Impossível dizer. É verdade que um "fato" não se trata de "algo" ou "evento" ou "aquilo" que simplesmente ocorre para a percepção subjetiva de alguém. Em um primeiro momento, poderíamos dizer que cada um interpreta a imagem conforme suas crenças pessoais, o que confirmaria o caráter relativista das nossas interpretações. Se dissermos, no entanto, que todo o conhecimento é dado pela percepção, é o que cada pessoa acredita perceber, a consequência é não haver possibilidade objetiva de uma opinião estar errada. Mas há opinião errada, e nossas crenças podem ser frustradas. Verdade ou falsidade não é uma mera propriedade do conteúdo das minhas percepções, mas da relação objetiva entre *fatos*. Quando expressamos opiniões, temos expectativas de que sejam verdadeiras, mas, para que realmente sejam, elas precisam falar de como as coisas *são* e não apenas fazer referência ao conteúdo de nossas *impressões* sobre as coisas.

A maneira como utilizo *fato* neste livro tem muito mais a conotação, formulada por um filósofo alemão do início do século XX, Gottlob Frege, de "conteúdo de um pensamento que é verdadeiro", e não de uma interpretação puramente baseada na percepção sensória. Para Frege, o ato de captar o pensamento é psíquico e subjetivo, enquanto o conteúdo captado é objetivo e tem valor em si independentemente de quem o capte. Nesse sentido, um "*fato* físico" tem a ver com o conteúdo objetivo próprio do pensamento científico formulado pelos físicos; um "*fato* biológico", com o conteúdo objetivo próprio do pensamento científico formulado pelos biólogos, e por aí vai. Por isso, um dos primeiros trabalhos da filosofia é depurar o valor das crenças e checar o quanto correspondem a *fatos* e não só ao mero conteúdo de uma percepção pessoal.

O *mundo* é a totalidade dos *fatos* no sentido de ser a totalidade dessas estruturas objetivas, que correspondem muito mais ao pensamento do que ao conteúdo oferecido pela percepção. O mundo tem uma estrutura essencial e fundamentos absolutos que podem ser conhecidos mediante análise da estrutura basilar da linguagem. Embora tudo isso gere muitos problemas para a filosofia, que nós não podemos enfrentar aqui, perguntar pelos critérios objetivos mediante os quais se fundamenta o *status* de um *fato* no *mundo* significa perguntar pelas estruturas objetivas das coisas no *mundo* — e também, por se tratar do pensamento, dos *mundos possíveis* e não só do conjunto de dados empíricos. Cabe à filosofia clarificar os mal-entendidos gerados por opiniões e crenças não fundamentadas ou apenas baseadas em impressões pessoais.

Nesse sentido, o mundo humano é a totalidade dos *fatos* antropológicos e não apenas dos fatos biológicos, como muitos defensores do aborto procuram reduzir por ignorar o debate filosófico mais acirrado a respeito de como nossas crenças se sustentam. No debate sobre o aborto, porém, busca-se sempre o caráter de objetividade, necessidade e universalidade fornecido pelo conhecimento filosófico. Por isso é verdade que, se seres humanos são pessoas e têm relevância moral, são pessoas e têm relevância moral *neste* ou em qualquer outro mundo logicamente possível.

O jogo Lego, aquele de montar estruturas complexas com bloquinhos coloridos, pode ajudar mais um pouco com essas reflexões sobre a configuração de estruturas que compõem os fatos no mundo. Lego é um jogo formado por inúmeras peças que podem se encaixar em uma imensa variedade de combinações e formar, assim, os mais diferentes tipos de coisas. Enquanto "peças soltas, coloridas e amontoadas" em cima de uma mesa, elas não significam nada. São pequenos "bloquinhos" que têm potencial de se conectar uns com os outros, mas que, por eles mesmos, não se conectariam. Contudo, podem ser modelados *conforme* a imaginação das crianças em "carros", "casas", "aviões", "barcos", "pedras", "rochedos", "árvores", "animais", "seres humanos", "super-heróis", "extraterrestres", "deuses de outro mundo" etc. e dar sentido para todas elas, com base no repertório da imaginação e no horizonte de expectativas.

Quando se fala em um *status*, não se está perguntando pelas "peças soltas ali na mesa", mas por aquilo que lhes dá a "unidade organizada". O *status* é a "razão" mediante a qual as pequenas peças do jogo são estruturadas em uma unidade de significado — no caso, o significado dado por uma criança brincando. Hoje, o jogo Minecraft traz o mesmo princípio, porém em um mundo virtual.

Curiosamente, a palavra *lego* — não sei se os criadores tiveram essa intenção — remete-nos ao verbo grego *legein*, que deu origem à palavra "razão". No sentido grego, *logos* (razão) não significa apenas uma operação mental de pensar, raciocinar, falar coisas certas; mais do que isso, *logos* significa também o princípio ordenador e princípio de inteligibilidade que dá "forma" e condição de "entendimento" a alguma coisa que, sem *logos*, permaneceria disforme e incompreensível. Sem o *logos* imaginativo de uma criança, as peças de Lego só seriam peças soltas em cima de uma mesa ou espalhadas no chão. Mas o jogo é mais do que "peças soltas"; sua ideia fundamental é justamente oferecer para as crianças o desenvolvimento das capacidades de identificar, recolher, contar, classificar, enumerar, escolher, separar e ordenar segundo uma "ideia configuradora", fruto de sua imaginação, que imprimirá forma ou estrutura ao desordenado. Dar "sentido" ao que até então era "caótico". Não basta conectar aleatoriamente uma peça na outra. Construir "mundos possíveis", que são mundos que respeitam um mínimo de ordenamento e significado, requer o *logos*, esse importante princípio ordenador.

No caso do Lego, o princípio ordenador das peças não está nas próprias peças — que não têm vida própria. Elas só contam com a possibilidade intrínseca de receber uma forma de um agente externo — isto é, podem se conectar a outras peças por meio de um sistema simples de encaixe —, mas dependem de alguém para fazer isso, pois não possuem autonomia de ordenamento nem planejamento prévio. No caso do jogo, esse agente ordenador é a criança capaz de imprimir estrutura e, assim, fazer emergir do amontoado de peças soltas uma "casa", um "carro", uma "árvore" etc. A partir desse potencial de imprimir estruturas objetivas às peças, a criança faz surgir um mundo cheio de significados. Para entender esse "mundo" não basta que um cientista bem-intencionado analise os componentes químicos das peças de plástico, que um físico examine a resistência do material dos "bloquinhos" e dos "encaixes". O químico não seria capaz de "ver" o significado de "carro" — criado por uma criança, no jogo — levando ao laboratório amostras de peças. É preciso perguntar, antes, pelo princípio ordenador que imprime sentido inicial e final àquele objeto em um universo cheio de significados.

A pergunta pelo *agente ordenador* do mundo sempre foi motivo de muitas e acaloradas discussões filosóficas. Que tipo de *razão* há na realidade capaz de oferecer coesão estruturada e ordem à realidade das coisas? Não precisamos ir tão longe.

Analogamente a esse jogo em que os objetos possuem um tipo de potencial para se estruturar em diversos mundos possíveis, a "vida" também tem "peças". Essas peças são *células* — obviamente muito mais complexas do que um bloquinho colorido de Lego. Entretanto, a diferença crucial não é a complexidade; é que, no caso da vida, as peças têm potencial ativo de se auto-organizar e não dependem, à primeira vista, de um princípio ordenador extrínseco. A *razão* de um organismo vivo lhe é intrínseca. Por isso não há nada mais estranho do que a expressão "apenas um amontoado de células" para justificar o aborto. Essa expressão, além de minimizar os efeitos das consequências morais do aborto, anula a ideia de ordenamento e significado entre as "peças" que compõem os organismos vivos e permitem a inteligibilidade do mundo.

O horizonte de reflexão filosófica não deve silenciar em face da pura descrição de mecanismos físicos ou biológicos por meio da qual se pretenda explicar a ordenação do fenômeno vida. Cabe à filosofia investigar também o agente ordenador, a *razão inicial*, da vida para além do intento descritivo de físicos e biólogos. E mais do que isso: no caso da vida humana, sobretudo, perguntar pela *razão final* e valor objetivo. São essas as questões filosóficas fundamentais.

A pergunta filosófica pelos critérios objetivos está disposta em dois níveis básicos de reflexão: o teórico e o prático. O primeiro investiga a *realidade* da vida por nascer; o segundo, seu *valor* intrínseco. O mundo humano está estruturado conforme a relação entre realidade e valor em uma unidade fundamental. Não se trata só de um problema prático, reservado à moralidade ou à justiça.

Como a realidade em questão é a humana, o problema do aborto diz respeito à concepção de ser humano. A discussão séria em torno do aborto envolve dois problemas básicos. Primeiro: *o que é isto — o ser humano?* Segundo: *como decorre o valor da vida humana?* Esses temas, a despeito do que defensores do aborto alegam, não diminuem o valor da vida da mulher; pelo contrário, garantem. O valor da mulher não decorre de sua situação social empírica (por exemplo, ser brasileira, ter 22 anos, morar no interior do Rio de Janeiro etc.), mas do *fato* antropológico de ser pessoa e valer para este ou qualquer mundo possível.

Com isso, afasto o argumento de que, se na maioria dos países civilizados o aborto é permitido, por que não seguir seus exemplos? Simplesmente porque o *status* pessoal e a relevância moral de uma mulher não aumentarão em razão daqueles países serem mais civilizados, assim como não diminuem o *status* pessoal e a relevância moral do embrião. A liberação do aborto não é uma condição necessária de civilizações empoderadas. Muito pelo contrário, pode indicar o início de seu processo de colapso. Liberar o aborto aqui não nos fará uma grande nação. E, mesmo se vivêssemos em um mundo materialmente farto, socialmente rico, culturalmente civilizado, no qual mulheres não morrem mais em decorrência de abortos clandestinos, não se anula o fato de o aborto ser objetivamente imoral. Porque, se é objetivamente imoral, assim o é para todos os mundos.

Reduzir o aborto a um problema de saúde pública — como parte dos ativistas em defesa dos direitos sexuais e reprodutivos das mulheres faz — compreende a estratégia retórica que eu pretendo denunciar e combater. Aborto é um problema de interesse público com potencial de envolver muitos outros temas. Em vista disso, dedicarei um capítulo inteiro à tarefa de distinguir filosofia de retórica. A filosofia trabalha com um tipo especial de argumentação; a retórica, com um tipo sofisticado de proselitismo. Mostrarei os riscos inerentes a essa forma de ativismo retórico.

Religião, ciência e útero

Dois esclarecimentos: um, sobre as influências da religião e da ciência, outro, sobre o aborto ser visto como um problema reservado a mulheres.

Primeiro: as difundidas crenças na sacralidade da vida e de quando a alma se instala no embrião, como alegam alguns, são irrelevantes para o atual debate do aborto. A laicidade do Estado garante a livre defesa da fé religiosa, porém o aborto deve ser tratado e combatido com os princípios da razão pública, partilhados — espera-se! — por todos aqueles que se engajam no debate público do aborto. "Alma" e "sacralidade" são categorias específicas da experiência religiosa. Até a Igreja Católica, em documento de 2008 no qual trata da *dignidade da pessoa*, enfatiza a importância deste assunto ser abordado "conforme a lei moral natural pela própria razão",[1] isto é, que não depende dos dados da fé. Em uma sociedade democrática e pluralista, na qual seus membros professam os mais diferentes e divergentes credos religiosos e não religiosos, todos têm o direito de presumir e defender em público o complexo conjunto de crenças a respeito de Deus, Natureza, Sociedade e Homem. Na verdade, todos presumem e não têm como escapar de uma referência teórica e teológica, seja para afirmar ou negar a existência de Deus, e o caso é que sempre haverá uma cosmovisão como "pano de fundo". Entretanto, trazer todo esse complexo conjunto de crenças conduziria a um debate filosófico interminável.

Nem todo opositor do aborto justifica sua posição apelando para argumentos de natureza teológica derivados da fé. Argumentos filosóficos devem fundamentar suas premissas no caráter *natural* da racionalidade. As religiões, sobretudo a cristã, contribuem para esse debate. Mas o dogma religioso — assim como o político — não pode ser, pelo menos no nível de exigência argumentativa que essa discussão impõe, a palavra final. A religião cristã, por exemplo, tem um peso importante na formação do nosso sistema filosófico e jurídico e não deve ser colocada de lado só porque o opositor do aborto não professa o cristianismo. Noções como as de *pessoa* e *estado laico*, tão importantes para essa discussão, entraram no vocabulário filosófico e jurídico inspiradas pela tradição teológica cristã. Goste ou não do cristianismo, trata-se de um patrimônio filosófico e jurídico impossível de se contornar. No entanto, um argumento não se torna verdadeiro porque está ligado à cultura cristã; o cristão não deve recorrer à noção de "sacralidade da vida" para, triunfante, bater o martelo. A filosofia exige argumentos e justificativas teóricas, os quais devem ser elaborados com base nos princípios e regras da racionalidade e do bom senso, e não com base na confissão de fé como ato puro da vontade. Oferecer justificativas racionais para legitimar o compromisso ou a crítica a um determinado posicionamento teórico e ético é um princípio que deveria nortear todos os envolvidos no debate público do aborto.

Por sua vez, as ciências particulares da natureza e da sociedade, devido aos limites impostos por suas abordagens metodológicas, não formulam e não oferecem respostas adequadas aos problemas em torno dos quais o tema do aborto deveria girar. Às vezes o defensor do aborto acredita "falar em nome da ciência". Como as ciências têm prestígio social, cria-se a falsa impressão de que o aborto tem respaldo no máximo rigor científico. Doutro lado, o crítico do aborto "fala em nome da religião". A religião, em sociedades secularizadas, é reduzida ao foro íntimo, à vida privada e tem baixíssimo prestígio quando associada a dilemas morais públicos. Quem postula o posicionamento público baseado na religião é visto como intolerante e dogmático. Mas os defensores do aborto sabotam o debate quando alegam que todo crítico do aborto é religioso.

Essas são formas equivocadas de conduzir o debate público, porque apelativas e retóricas. Lugares-comuns dessa natureza precisam ser rechaçados, pois geram mais confusão e acentuam o conflito do que resolvem o problema. Não pretendo ser a palavra final do problema, mas acredito ser possível, com boa dose de responsabilidade e prudente ceticismo, minimizar conflitos. A racionalidade caracteriza-se por ser mediadora; a investigação filosófica pode ser conciliadora ao falar em nome da dúvida e do caráter falível da própria razão. Só não pode ser hipócrita e se deixar seduzir pelas promessas sem fundamento das ideologias, sejam quais forem — escondidas na fé religiosa, ou escondidas na ciência.

Abordagens científicas funcionam como acessórios ao debate filosófico, por serem *descritivas* de um estado de coisas empíricas e não *normativas*. Elas não dizem respeito ao tipo de mundo que deveríamos e poderíamos construir. A embriologia, por exemplo, é necessária para o esclarecimento do processo de gestação de um novo ser, mas não suficiente. Com intuito de dar precisão ao que se diz sobre a vida, é preciso levar a sério o *princípio do contexto* proposto por Frege, que arduamente combateu o relativismo: somente no contexto de uma sentença as palavras têm valor semântico. Isso serve para os termos "vida" e "pessoa", que isolados nada significam.

A experiência humana ultrapassa as condições do fenômeno "vida" estudado pela embriologia. O fenômeno biológico não contempla a totalidade da experiência humana, e as ciências naturais referem-se apenas a uma pequena parte do que se entende por "vida". Explica muita coisa, mas está longe de explicar todos os significados possíveis e objetivos do que é viver como pessoa. Já as ciências humanas abordam o fenômeno humano em suas relações históricas e estruturais. No entanto, para isso, presumem noções básicas do que vem a ser a própria realidade da vida humana. Só a filosofia, a partir de seus diferentes métodos, pode investigar essa realidade e responder de modo mais abrangente, consistente e adequado. As ciências, em geral, devem contribuir para o tema, mas não se pode privilegiar uma abordagem em detrimento de outra só pelo fato de ser científica. Há tópicos éticos, políticos, jurídicos, psicológicos e culturais que não podem ser colocados de lado por mero capricho do ativista que se envolve na discussão.

Como aborto é uma decisão, e uma decisão moral, disciplinas descritivas empíricas só podem contribuir oferecendo análises de dados. Quando se está diante de temas morais, envolvendo liberdade, certo e errado, direito e dever, justo e injusto, a análise descritiva de dados se torna irrelevante. Métodos empíricos investigam a relação entre os *fatos* empíricos e não têm nada a dizer sobre os *fatos* morais. Cabe aos métodos filosóficos a análise crítica desse tipo de realidade. A moral e o direito são prescritivos e apresentam a forma do "dever ser" em expressões imperativas — "é errado e proibido matar um inocente", "é injusto subjugar outro ser humano". Ciência diz: "é possível que isso seja assim e assim por causa disso e disso", ou, para dar um exemplo, "conclui-se com o laudo pericial que este homem foi envenenado". A ciência não pode "ver" e determinar o valor moral do ato de envenenamento: "o laudo pericial concluiu que o homem foi envenenado *injustamente*, e isso é *errado*".

Por mais intuitivo que possa parecer à primeira vista ser imoral e injusto envenenar alguém, não cabe ao cientista avaliar isso. Imagine se cientistas em parceria com historiadores descobrissem que na verdade Hitler não se suicidou, mas foi envenenado. Não caberia nem aos historiadores nem aos cientistas julgarem a legitimidade de um grupo de resistência ter matado o ditador alemão. Para se ter uma ideia do grau de complexidade desse tipo de problema, o caso mais famoso é o do filósofo e teólogo alemão Dietrich Bonhoeffer, membro de um grupo de resistência antinazista cujo principal objetivo era matar Hitler. Não conseguiram, Bonhoeffer foi preso e enforcado em 1943. Mas, enquanto atuava na resistência, ele escreveu um tratado de filosofia moral chamado *Ética*, a fim de justificar a legitimidade do assassinato de Hitler.

O senso moral comum das pessoas expressa-se por meio de fórmulas do tipo: "O certo é fazer isso, porque isso é o que deve ser feito." Já a filosofia opera com sentenças do tipo: "É verdade que fazer isso é objetivamente moral e justo." O procedimento teórico não é meramente descritivo, mas explicativo de um estado verdadeiro de coisas. E a filosofia pretende entender como sentenças morais se sustentam para legitimar condutas. Por isso a importância da justificação, do saber "dar razões". Filósofos não dizem como as coisas são e como devem ser, mas pretendem avaliar e explicar os porquês de serem o que são e de as nossas ações deverem ser de um jeito e não de outro.

Pesquisas empíricas e sociológicas podem registrar um número complexo de dados sociais e fazer algumas afirmações a partir deles. "Um número X de mulheres morre em decorrência de aborto clandestino. A maioria delas tem o perfil social Y" ou "um número X de abortos foi praticado no país no ano N. Mulheres com perfil social Y alegam ter procurado o aborto pelos motivos M. Pode-se concluir que a situação do país atualmente é B e, comparada com o passado, P". Mas não cabe aos pesquisadores determinar: "Desses dados *deve ser* objetivamente lícito." Talvez quisessem até dizer mais: "Desses dados não segue ser proibido matar um inocente." Mas com base em que alegariam isso? Não com bases nos dados, porque nenhum oferece sentenças prescritivas. Como os dados são chocantes, não há dificuldades em inserir de modo sorrateiro aquilo como imaginamos que as coisas deveriam ser. E aqui é muito importante o trabalho da filosofia.

Uma parte dos métodos filosóficos serve para investigar os argumentos que justificam prescrições morais. Perguntar se realmente é legítimo o que estamos imaginando como o melhor para resolver uma situação. Não faz o menor sentido querer resolver o problema do aborto apresentando estatísticas. Não há *fatos* antropológicos e morais em números extraídos do método empírico. Não é porque todo ano no mundo se praticam milhões de abortos que, de repente, o aborto passa a ser reconhecido como prática objetivamente moral. Se esse tipo de raciocínio fosse correto, não teria o menor sentido a luta dos abolicionistas contra a escravidão. Já que a escravidão foi uma das práticas políticas mais "comuns" na história da humanidade. O historiador, o arqueólogo e o sociólogo podem olhar para o passado e, analisar os registros da história e ver que a escravidão sempre existiu. Porém, foi o engajamento de alguns filósofos inspirados por um conjunto complexo de crenças o motor responsável por abolir essa mácula do ideal de humanidade. O máximo que os métodos historiográficos, arqueológicos e sociológicos podem oferecer em termos de análise do passado é: "a relação entre os homens naquele determinado contexto era assim e assim baseada em crenças tais e tais".

A verdade daquilo que o ser humano é e como deveria viver sua vida não é objeto de investigação científica, mas filosófica. Um dos principais erros dos defensores do aborto, como argumentarei, consiste em prescrever o direito de a mulher interromper a gravidez a partir da análise estatística dos números relacionados à mortalidade das mulheres. Trata-se de um dos erros mais grosseiros, e que contamina de cima a baixo o debate atual.

É preciso compreender os pressupostos desse tipo de raciocínio. Exibir dados em planilha, organizá-los em tabelas no PowerPoint, contrastar o perfil social, econômico e cultural das mulheres que abortam pode ser útil para mapear a situação na qual vivemos. Dados são dados, números são números e tabelas coloridas ajudam a expressá-los. Mesmo se fosse possível computar com precisão todos os dados relacionados ao aborto, absolutamente todos, ainda assim só seriam dados. Do ponto de vista prescritivo, o raciocínio para fundamentar o que deve ser feito em uma perspectiva moral, em última instância, não deriva da descrição de um estado de coisas fornecido em tabelas por agentes de saúde ou funcionários do governo. *Fatos* morais e legais dizem respeito não ao mundo em que vivemos, mas ao mundo em que gostaríamos de viver. Mundos logicamente possíveis, e não sonhos utópicos ou pesadelos distópicos. Do fato de mulheres abortarem e morrerem em decorrência de procedimento inseguro — mundo em que vivemos — não se sustenta a tese de que, então, a elas deveriam ser garantidos os direitos ao aborto seguro — mundo em que os defensores do aborto gostariam de viver. Aqueles que são contrários ao aborto, olhando para os mesmos dados empíricos e as estatísticas — mundo em que vivemos —, poderiam alegar, "logo, mulheres não deveriam abortar" — mundo em que os opositores do aborto gostariam de viver. De repente, alguns até poderiam justificar: "Tem muita gente pobre, feia e degenerada no mundo, melhor liberar o aborto" — poderia vir de um personagem de uma distopia escrita por Aldous Huxley, mas foi uma postagem que eu encontrei no Facebook.

Analisarei de perto um exemplo muito utilizado pela militância em favor do aborto: "Estatísticas apontam para o fato de que mulheres negras e pobres morrem mais do que mulheres ricas e brancas ao praticarem o aborto. Portanto, o aborto *deve ser* justificado." A primeira parte evidencia fatos que cabe à ciência investigar. O cientista social olha para as relações causais através das quais os fatos são condicionados. *Por que* morrem mais mulheres de um certo perfil sociocultural e não de outro? Cabe às ciências sociais identificar a ordem causal que condiciona esses fatos e os motivos culturais que os determinam. Não faz o menor sentido evocar o Estado para legalizar o aborto a partir desse tipo de análise. Da primeira parte do raciocínio, "estatísticas apontam para o fato de que", não segue "o aborto *deve ser* justificado e legalizado". Nenhuma relação do tipo filosófica estrutural pode ser evocada para fazer passar daquela constatação sociocultural à conclusão moral — e jurídica. Isso serve igualmente a quem se opõe ao aborto. Não há nada nesses dados estatísticos que permita a conclusão de que mulheres, portanto, estão proibidas de praticar o aborto. Os usos sociais, morais e políticos desses dados serão sempre limitados ao seu próprio escopo de investigação e análise.

O tema do aborto diz respeito à decisão livre e depende de um complexo quadro de crenças legitimado pela capacidade de autoavaliar o que é certo e errado e o que é justo e injusto. Fatos antropológicos e morais, que supõem uma concepção de ser humano, consciência moral, liberdade de decisão, vontade e conjunto de valores, são incompatíveis com o determinismo causal de dados empíricos. A segunda parte do raciocínio demanda métodos filosóficos. Com a filosofia investigam-se os fundamentos da verdade daquilo que o ser humano é e os motivos morais a partir dos quais uma conduta se justifica. A investigação filosófica conduz a análise crítica minuciosa de seus pressupostos — e no caso do aborto há pressupostos antropológicos e morais. É assim que se justifica o dever ser e o mundo em que gostaríamos de viver, e não a exibição detalhada de dados concernentes ao que aconteceu.

A segunda dificuldade. O tema do aborto não é monopólio de mulheres, porque até onde se sabe — e se sabe com segurança científica e bom senso — filhos não surgem por geração espontânea no corpo de uma mulher. Se mulheres reproduzissem seres humanos em seus corpos, sem influência de qualquer agente externo e apenas em virtude do instinto reprodutor, como é o caso das abelhas-rainhas, cuja reprodução assexuada, conhecida como partenogênese, permite que embriões se desenvolvam sem a necessidade da fertilização do gameta feminino pelo gameta masculino, talvez o aborto passasse a ser um problema exclusivo delas. Filhos são frutos de uma parceria conjugal — boa ou ruim, planejada ou não planejada. O Artigo 244 do Código Penal brasileiro, que regula o direito de pensão, está aí para lembrar os pais, sobretudo os homens, de suas responsabilidades e irresponsabilidades conjugais e extraconjugais. Sendo assim, o tema refere-se ao seguinte: quais atitudes deverão ser tomadas e exigidas e quais assuntos deverão ser abordados por todos os envolvidos nesse debate? Não é um debate exclusivo de mulheres, visto o envolvimento também de homens e embriões, famílias e médicos, agentes de saúdes e juristas etc. É, pois, um debate que envolve a sociedade como um todo.

Em geral, pessoas favoráveis à interrupção voluntária da gravidez ressaltam os direitos sexuais e reprodutivos das mulheres — e omitem a vida do embrião. Já os que se opõem ao aborto tendem a destacar apenas o direito à vida do embrião — e omitem a liberdade da mulher. Arbitrariamente, no debate público, é difícil mencionarem os homens. Como se os homens não tivessem participação efetiva no processo de surgimento de um novo ser humano e, em decorrência disso, não tivessem qualquer ônus. O aborto é um problema humano referente ao interesse de todos os membros da comunidade moral: o *status* pessoal e moral do nascituro deve ser compreendido a partir de valores mais básicos e universais, e esses valores deverão ser transferidos para toda vida adulta. Assim como uma criança não é menos humana por ser criança, um embrião não é menos pessoa por ser embrião. Por mais complicados, obscuros, pluralistas e conflitantes que sejam os elementos em questão, a filosofia deverá colocar o debate nos trilhos da objetividade e não se render à força de propagandas retóricas com as quais os ativistas pretendem reduzir a discussão a um único interesse — o deles. Por isso não se trata de "guerra cultural" contra o nascituro ou contra a mulher; trata-se, para pegar emprestada a expressão do artista plástico Makoto Fujimura, de "cuidado cultural" que envolve a todos os comprometidos com as próximas gerações.

Se o assunto diz respeito à filosofia, não basta ter um útero para poder manifestar seu posicionamento. Exige-se inteligência disposta e sensata capaz de avaliar, com cautela e tempero dos apetites, crenças e decisões a partir dos critérios estabelecidos pelo bom senso e pela racionalidade. São critérios antropológicos com os quais se supera a sensível e atual discussão referente à igualdade de gêneros. Por critérios antropológicos se deve entender o assunto acerca do qual nós, seres humanos, compreendemos a nossa própria condição. Ou seja, como é viver uma vida segundo a perspectiva de um ser humano membro de uma comunidade moral. Outra exigência importante para todos os envolvidos na discussão do aborto: ter um coração responsável, que ame o próximo em sua singularidade pessoal e não com pretensiosa abstração intelectual, tão fria quanto distante.

O adequado exame em torno desse tema precisa levar em consideração o fato de que há muita gente a favor ou contra o aborto capaz de oferecer uma série equilibrada de justificativas para o seu posicionamento. Não se deve menosprezar argumentos ou imputar-lhes falsa reputação só porque não gostamos da perspectiva do oponente. O difícil é distinguir apelo retórico de argumentos filosóficos, mas é um trabalho que precisa ser feito e é parte do que este livro se propõe.

Qualquer tentativa de inviabilizar ou validar previamente uma posição no debate porque alguém é religioso, ateu ou cientista, ou porque é homem ou mulher, caracteriza *falácia genética*. Mais comum do que imaginamos, a falácia genética é usada para justificar uma conclusão, uma opinião ou uma ideia a partir do valor que se dá à *origem* ou à *fonte* de um argumento. O termo "genético" não tem nada a ver com "biologia", e sim com "origem". Invalidar um argumento porque não gostamos da fonte é uma estratégia bem apelativa e suja. O erro desse tipo de jogada está em presumir que a fonte de uma determinada argumentação afeta a validade do argumento e a veracidade das premissas e da conclusão. A defesa do aborto não será mais ou menos válida porque formulada por uma mulher, um ateu ou um médico, assim como não será mais ou menos inválida porque formulada por um homem, um religioso ou um filósofo.

Abordagens filosóficas: entre os dois absolutos

Em filosofia, o debate em torno do aborto é tratado de duas maneiras distintas: direito à vida do embrião e autonomia da mulher. O que induz a pensar que o nascituro não tem autonomia sobre o seu corpo, e a mulher, direito à vida.

A primeira abordagem investiga o *status* pessoal e moral do nascituro. Pergunta-se com rigor e clareza *o que é* a vida humana por nascer e se ela tem ou não *valor intrínseco*. Faz toda diferença referir-se à singular vida humana do embrião como *alguém* ou *algo*. Se o indivíduo humano por nascer for qualificado como *pessoa*, a este mesmo indivíduo deverá ser garantido, como é garantido para qualquer outro indivíduo humano nascido, o direito à vida — como um direito básico e universal —, o respeito moral e a proteção legal contra qualquer ameaça à sua integridade. Dada essa realidade, exigem-se certas obrigações por parte da mãe, do pai, da família e da sociedade. Ao se demonstrar que o embrião é uma pessoa e tem direito à vida, isso não diminui o direito à vida da mulher, como sugerem alguns críticos. Pelo contrário, reforça-o. Quando se diz que um embrião é pessoa, significa constatar uma propriedade intrínseca que não aumenta ou diminui com o passar do tempo. Portanto, ao se defender que o embrião tem direito à vida, não segue a ideia de que a mulher irá perder o seu direito por isso.

A segunda abordagem, por outro lado, traz para o centro de gravidade do debate o tema da *autonomia do corpo* da mulher. Contorna-se a discussão sobre o *status* da vida humana a fim de ressaltar o direito das mulheres de tomarem a livre decisão — difícil e pessoal — sobre o próprio corpo. Esvazia-se do debate a realidade e a propriedade moral do nascituro para enfatizar o direito sexual e reprodutivo das mulheres. A ideia central é defender que nenhuma força *externa* pode interferir na decisão *interior* da mulher. Como é a gestante e dona do próprio corpo, concerne a ela e a mais ninguém a escolha de continuar ou interromper a gestação. Como não se trata de uma escolha fácil e como o procedimento abortivo é arriscado para a saúde e a integridade física e psíquica da mulher, abortar demanda assistência médica, psicológica e social com cujo custo a sociedade deve arcar. É obrigação do Estado garantir serviço de saúde de qualidade para toda mulher que desejar interromper a gestação. A decisão é de foro íntimo, mas a conta é pública.

Mostrarei como essa distinção de abordagens é superficial. A defesa do aborto será sempre determinada pela compreensão acerca da vida humana por nascer e do respeito que ela impõe desde os seus estágios iniciais de existência.

Formulado dessa maneira, evidenciam-se dois direitos básicos em aparente conflito: o *direito à vida* daquele que está por nascer e o *direito à liberdade* da gestante sobre o próprio corpo — porém, isso é só aparente, visto que, como argumentarei, não se trata de dois valores absolutos em disputa. Há, na verdade, um valor absoluto, *vida*, e outro relativo, *liberdade*. Poderiam objetar: "Se a vida da mulher também é um valor absoluto, nesse caso, como resolver a quantidade de mulheres mortas em casos de aborto, acima de tudo aquelas que não têm condições para pagar as despesas de clínicas seguras? Além do mais, cabe, sim, ao Estado garantir acesso fácil e seguro ao aborto a todas as mulheres que desejarem interromper a gravidez. E é um fato que há algumas consequências positivas: nações que regulamentaram a prática conseguiram diminuir não só os casos de morte das mulheres como os próprios casos de aborto."

Liberdade não é um direito absoluto. Liberdade consiste em um princípio que possibilita às pessoas vencerem as ações determinadas por impulsos e apetites. Mas, por si só, a liberdade não fornece o valor das ações. Os parâmetros de uma ação humana livre não são fornecidos pelo princípio de liberdade. Liberdade é constitutiva da vontade, que deve ser entendida aqui como direcionamento para o agir, baseado na capacidade de autocontrole cuja medida é dada pela razão. Por exemplo, o senso de justiça não é oferecido pela liberdade, embora uma ação, para ser considerada justa, dependa de uma ação livre.

Gosto muito de pensar aqui naquela discussão que aparece na série *The Walking Dead*: qual o *status* de um zumbi? Alguns personagens que não se transformaram querem preservar os zumbis por possuírem algum tipo de dignidade, já que guardam o mínimo aspecto físico, ainda que deformado, de um ente querido. Embora sejam mortos-vivos, zumbis agem para tentar satisfazer um apetite insaciável e não controlado de comer. Toda "vida-zumbi" é uma vida sem direcionamento consciente movida apenas pelo impulso de comer carne de seres vivos. O único jeito de "matá-los" é destruindo a "reserva" de atividade cerebral — eles são assim por causa de uma infecção viral — com um tiro ou uma facada na cabeça. A ação dos zumbis de maneira nenhuma pode ser considerada "livre" e constitutiva da "vontade". É ação desgovernada que não vê em seus "semelhantes" os limites para frear os apetites. A partir daqui fica claro o seguinte: a liberdade é um princípio vazio. Só faz sentido falar em liberdade quando acompanhada da vontade e da razão. A vontade capacita-nos de autocontrole e autogoverno, e tem potencial para frear apetites e desejos, mas precisa ser ordenada e autoavaliada pela razão, que estabelece limites e senso de dever. Por fim, a razão, além de fornecer as medidas para o agir, reconhece na pessoa do outro um valor incondicional. Em razão disso, os maiores confrontos discutidos no seriado não são entre homens e zumbis, mas entre os próprios humanos, que, mesmo livres e racionais, têm dificuldade de encontrar qual a medida do que é certo e errado, justo e injusto.

O alegado direito de a mulher abortar, em geral, sustenta-se em falsas e limitadas concepções acerca da vida humana. Como se embriões fossem minizumbis parasitando no corpo da mulher. Concepções que dependem de um quadro teórico materialista, funcionalista e redutor do significado da vida. O problema da estratégia retórica é impor esse quadro como único digno de ser levado a sério, como se fosse a representação de uma verdade inequívoca autorizada pela ciência.

Alegarei se tratar de falsa dicotomia, já que a defesa da liberdade da mulher depende do que se acredita ser a vida por nascer. Caso se compreenda que a gravidez é a gestação de um filho, e matar um filho é um mal inaceitável, a postura sobre o próprio corpo será diferente. Caso se entenda que a gravidez significa carregar dentro de si um resíduo biológico descartável, a postura será outra. Entre matar o próprio filho e eliminar um mero resíduo biológico, para garantir autonomia do próprio corpo, há diferenças significativas. Mostrarei que a objeção mencionada acima no fundo só defende o aborto por considerar o nascituro um resíduo biológico descartável. São raros os defensores do aborto que levam em consideração o fato de que o embrião já é uma pessoa de relevância moral tal como a da mãe.

Essas diferenças não podem ser resolvidas com base nas impressões pessoais de cada um. A influência tanto dos opositores quanto dos defensores do aborto é decisiva para a formação dessas crenças e da justificativa moral do aborto. O defensor do aborto fará de tudo para demonstrar que, mesmo o aborto sendo um mal, é um mal menor. Já o opositor do aborto, pelo contrário, defenderá que é sempre uma prática inaceitável, um mal radical.

O direito à vida é absoluto — tanto da mãe quanto do embrião. Deve-se considerar que a realidade e o valor da vida humana não são dados determinados pelas impressões pessoais, estados psíquicos, condições financeiras e classe social. A uma mulher que acredita estar grávida de um filho, a vida humana em gestação é uma pessoa. A uma mulher que acredita estar produzindo no útero um resíduo biológico descartável, a vida em gestação não é uma pessoa. Vida humana é uma realidade objetiva cujo valor intrínseco não está sujeito ao sabor das preferências pessoais e dos estados psíquicos de cada gestante — pró ou contra o aborto, pois não é tema que se possa resolver com apelos retóricos, gritos de guerra e ataques irracionais. O impasse da discussão é conseguir oferecer com precisão quais critérios objetivos satisfazem a *realidade da pessoa*, o *valor intrínseco* e o *direito à vida do nascituro*. Se o embrião for um de nós, matá-lo é errado. Se não for, não há problemas mais sérios em relação ao aborto — apenas o fato de que mulheres morrem ao praticá-lo de maneira clandestina e precária. Se a questão é só essa, o aborto não passa de um problema de saúde pública.

Vou defender que o nascituro, em todos os estágios da gestação, é um membro da comunidade moral e, por isso, deve ter sua vida respeitada como a de qualquer outra pessoa. Meu argumento partirá de duas premissas básicas, premissas *morais autoevidentes*: todas as pessoas têm direito à vida, e é objetivamente errado matar uma pessoa inocente. E uma premissa *antropológica* que precisa ser *filosoficamente justificada*: o ser humano é desde a concepção uma pessoa. Por ser *pessoa*, o nascituro deve ter seus direitos protegidos, mesmo quando o desejo de sua mãe é abortá-lo. Se matar uma pessoa inocente é cometer um crime contra a vida, o aborto, que implica a morte do nascituro, é crime contra a vida. A discussão penal a respeito desse tipo de crime não será tematizada neste livro. No entanto, o critério da personalidade constitucional, jurídica, social ou civil do nascituro não pode prescindir do entendimento de sua *natureza pessoal* e do *valor* que ela impõe.

A pergunta é simples: o aborto é justificável? Responderei que *não*.

O problema desse tipo de pergunta é sua abrangência vaga e nada casuística. A casuística é o enfoque da filosofia moral cuja análise é voltada para *casos específicos*. Por exemplo, em 2009, no Recife, uma menina de 9 anos teve a gravidez interrompida. A garota foi vítima de violência sexual do padrasto e ficou grávida de gêmeos. *Nesse caso*, o aborto é aceitável e moralmente compreensível? O método casuístico transita entre o rigor do absolutismo e a flexibilidade do relativismo. Busca-se encontrar soluções razoáveis para dilemas morais que envolvem um número considerável de crenças e valores em conflito.

Como toda teoria moral, possui vantagens e desvantagens. A vantagem é ser pragmática, isto é, olha caso por caso, decisão por decisão, e julga a partir do complexo de imbricações que conduz a uma ação moral específica. Não parte de um princípio geral categórico para avaliar o particular, não enfatiza dogmas e confere para ver o quão próximo os casos particulares estão deles e dos princípios. Prioriza *casos*. Visa examinar e responder àquela situação. A desvantagem, por sua vez, são duas. Primeira: ao fazer a opção pela análise de casos particulares, o enfoque casuístico abre brecha para o relativismo, que leva a incertezas morais. Se todo caso é um caso, qual o parâmetro para julgar a partir dele todos os outros? Não há — ou não possui qualquer efeito. Segunda: com a falta ou esvaziamento de um parâmetro abrangente, a análise de alguns casos particulares passa a ser a única referência para outras situações. Pode servir para uma cultura fortemente amparada no senso tradicional de moralidade e que não deriva o parâmetro do certo e errado dos casos, mas considera o caso um limite tangível e aceito para "validar" juridicamente essa base comum anônima herdada de uma tradição cultural. Convertendo-se, assim, naquilo que, em direito, é conhecido como "jurisprudência".

Quando nos falta esse "senso de realidade moral", que ordena nossa vida em sociedade antes mesmo de os agentes do direito decretarem, como a vida deveria ser ordenada? Se, para esse caso da menina do Recife, em si uma anomalia moral, houvesse o entendimento de que o aborto era uma situação moral aceitável ou pelo menos compreensível dentro de certos limites do bom senso, por que não torná-lo parâmetro legal de julgamento para todos os outros ou, pelo menos, para todos os casos de estupro?

Argumentarei que, para o tema do aborto, pelo menos um parâmetro não pode ser derivado de nenhuma análise de casos: o *status* pessoal e moral do nascituro. Porque, para todos os casos, abortar é matar uma pessoa. Nesse sentido, qualquer abordagem casuística deverá levar em consideração esse parâmetro *objetivo* e *irrecusável* — em que geralmente alguns sistemas casuísticos já estão implícitos — e não tomar um caso de raríssima exceção, fruto de uma anomalia moral gravíssima, como fonte e parâmetro universal para outras decisões.

Dessa maneira, meu objetivo é desviar dos limites impostos pela teoria do duplo efeito moral, que estabelece as condições em que uma ação com bons e maus resultados é moralmente aceitável. A princípio, a decisão de abortar pode ser contemplada por essa doutrina. A gestante não tem intenção moral de matar a pessoa em seu ventre. Sua intenção é interromper a gravidez. Ela tem o direito de exercer total domínio sobre o próprio corpo, e não tem intenção de matar uma pessoa. Porém, ao optar pelo aborto, mata. O caso é que a livre decisão de interromper a gestação tem um efeito colateral objetivamente inaceitável. Se ela pudesse interromper a gestação sem a terrível consequência de matar alguém, o aborto até poderia ser um problema moral não tão grave, mas não um problema jurídico. Por ser objetivamente errado matar inocentes, o aborto só é problema objetivamente grave em razão dessa impossibilidade, que talvez um dia a tecnologia supere, ao possibilitar a transferência de embrião para um útero artificial. Infelizmente, a morte de alguém é inerente à decisão do aborto. Analisarei melhor esses problemas acerca do *status* moral e pessoal do nascituro.

Estratégia argumentativa: um repúdio à retórica

Sobre o *status* pessoal e moral do nascituro, defenderei o seguinte: está vivo e é uma pessoa. Há duas premissas aí. A primeira, *está vivo*, é uma evidência confirmada pelo método científico, pois trata-se de um *fato* biológico. A segunda, *é uma pessoa*, não é uma evidência passível de ser confirmada por qualquer método empírico: trata-se de um postulado filosófico e carece de justificativa. Ou seja, é *fato* antropológico e moral. O nascituro atende aos critérios determinados pela própria biologia: é um organismo vivo e sem dúvida da espécie humana. Assim como atende a um critério filosófico: é um indivíduo cuja capacidade de *autodesenvolvimento para vida racional e consciente futura* configura sua própria condição. Portanto, é uma pessoa. Alguns filósofos, influenciados por John Locke, distinguem "vida humana" de "pessoa humana". Por exemplo, o embrião pode ser considerado um ser humano, mas não precisa ser tratado como pessoa humana. Argumentarei contra essa distinção e mostrarei como é arbitrária e filosoficamente equivocada.

Defenderei que não há saltos morais qualitativos no processo biológico e antropológico do desenvolvimento da vida de um embrião para a vida humana adulta. Se o embrião for uma pessoa, e argumentaria que sim, ele o deve ser desde o seu primeiro momento de existência. O problema está em apresentar os critérios seguros para determinar esse *primeiro momento*. O fundamento de que já é uma pessoa desde o momento da concepção é garantido pela sua própria realidade, que não se reduz à realidade biológica. Levo em consideração o fato de que descrever o processo biológico de desenvolvimento humano presume a compreensão de um critério antropológico: ser concebido como pessoa cujo valor de dignidade integra a própria vida. Minha visão parte de dualismo metodológico. As ciências naturais lidam com *fatos* naturais. Os *fatos* antropológicos e morais são investigados pela filosofia. O conhecimento humano se constrói com a cooperação dessas abordagens. Além de todo aparato técnico adotado pela descrição científica e da forma como a filosofia argumenta, a força do bom senso continua irrecusável: mulheres grávidas estão sempre grávidas de outros seres humanos. E não há gravidez que ocorra por geração espontânea ou decisão exclusiva e individual da mulher.

Argumentarei que não há mudanças tanto na realidade quanto no valor moral de uma pessoa ao longo de sua vida. Esse é o meu compromisso com a premissa de que a vida de uma pessoa possui valor moral objetivo para este e qualquer mundo possível. Assim como embriões de cães são cães e de gatos são gatos, embriões de pessoas são pessoas.

Outro compromisso que assumirei será o de demonstrar que o embrião não deve ser considerado uma pessoa somente a partir do momento em que se desenvolve o sistema nervoso central capaz de consciência e racionalidade. Defenderei o contrário: é por ele já ser uma pessoa que se desenvolverá o sistema nervoso central capaz de consciência e racionalidade. O ser humano não é pessoa por ser consciente e racional, mas será consciente e racional por ser pessoa.[2] O exemplo dos zumbis em *The Walking Dead* poderia ser evocado aqui. É preciso lembrar que pessoas contraíram uma doença infecciosa que levou toda espécie humana a um colapso apocalíptico. Porém, antes de se tornarem mortos-vivos, eram pessoas. Mas não foi "morte cerebral"? — alguém poderia objetar. Não. O que esvaziou o *status* pessoal dos zumbis não foi "morte cerebral", mas o "vírus-zumbi", para o qual ninguém desenvolveu a cura, pelo menos até onde se sabe do universo de histórias em quadrinhos criadas por Robert Kirkman.

Quanto ao *argumento da autonomia do corpo da mulher*, apontarei que esbarra em pelo menos uma dificuldade: o corpo do embrião é *objetivamente* distinto do corpo da mulher. Ou seja: são duas *entidades reais* distintas e autônomas, não obstante a vida em gestação *dependa* da vida da gestante para sua sobrevivência. A real distinção entre os dois é *absoluta*; a dependência, *relativa*. Assim como a mulher também tem direito à vida, neste ou em qualquer mundo possível, garantido pelo fato de ser uma pessoa desde o momento de sua concepção, o embrião também tem autonomia sobre o próprio corpo e direito à vida, em qualquer dos mundos possíveis — isso inclui o corpo da mulher, que, naquele momento da vida, constitui o "mundo do embrião", amparado pelos limites do "mundo da mulher".

Acerca da vida do embrião, posso não vê-lo, como vejo a face de um amigo, mas não posso negar, por força de consensos ideológicos e persuasão retórica, ou reduzir, por presunçosas e redutíveis sentenças científicas, a experiência decisiva de estar diante de um centro a partir do qual se estabelecem *relações humanas objetivas, morais e afetivas*. O resultado positivo do teste de gravidez denuncia, às vezes mesmo contra tudo o que foi planejado, que uma mulher será mãe, e um homem, pai. Mesmo o rosto oculto do nascituro é ainda um rosto que faz emergir de sua presença intrauterina uma pessoa concreta e singular que *depende* da mulher e não se *identifica* com ela. A "ficha" pode até demorar a cair, mas a descoberta de uma gravidez estimula muitas expectativas humanas.

O filho por nascer pode ainda não ter desenvolvido a capacidade de sentir dor nem a capacidade de agir intencionalmente. Porém é um fato singular e corpóreo que abre e ao mesmo tempo delimita a possibilidade objetiva de experiência familiar. Uma mulher grávida é um acontecimento humano fundamental cujo significado não pode ser medido ou diminuído pela descrição científica do mundo. A autonomia do corpo próprio da mulher não pode subjugar, a não ser por um inconsequente ato de desprezo e violência, a autonomia, a identidade e a singularidade do corpo próprio do embrião. O maior problema do aborto é o fato de o embrião *estar no* e não *se identificar com o* corpo de uma mulher que, por inúmeras razões — psicológicas, sociais ou financeiras —, considera expulsá-lo mesmo sabendo que isso irá matá-lo.

*Um alienígena na comunidade moral
dos vivos, mortos e os não concebidos*

A questão do aborto é saber se a mulher deve ser obrigada a seguir com a gestação mesmo contra a sua vontade. Ser contra o aborto é impor à mulher certas obrigações e restrições relativas ao fato de que a vida do nascituro em gestação depende provisoriamente dela. Os direitos tanto do nascituro quanto da mulher não podem ser violados. Ser a favor do aborto, pelo contrário, é defender que não se deve impor à mulher quaisquer obrigações e restrições, mesmo que provisórias, e a vida do nascituro pode ser violada para manutenção do direito dela. Mas o ato em si é objetivamente imoral, já que quem inicia um aborto, mesmo sem intenção inicial de matar, assume os riscos pela morte daquele.

O debate do aborto, sendo assim, gira em torno de saber até que ponto a mulher deve ser coagida, por um sistema jurídico, a agir conforme essas obrigações, e até que ponto a vida em gestação deve ser protegida. Em certo sentido, seu corpo será usado como *meio* para determinado *fim*. E a pergunta é: qual a legitimidade de impor à mulher a condição, ainda que provisória, para se tornar *meio*? Isso implicaria deixar de ser reconhecida como *fim em si mesma* e, por isso, perder parte da sua dignidade?

Na história filosófica do debate do aborto, os argumentos mais conhecidos em favor dessa tese são construídos a partir do uso de uma série de analogias. As analogias mais famosas são a do violinista e a do assaltante, formuladas por Judith J. Thomson ou em versões desenvolvidas por Eileen L. McDonagh, e o argumento do altruísmo compulsório proposto por Roderick T. Long. No último capítulo, mostrarei que falham em pelo menos um ponto crucial: apresentam um tipo inadequado de analogia justamente por desconsiderarem o *status* pessoal e moral do nascituro. Por isso o associam, caso a mulher desista de levar adiante a gravidez ou tenha sido estuprada, às ideias de "parasita", "doente", "assaltante", "invasor", "alienígena" e até "estuprador". Ao sentir que teve seu limite legal invadido, a mulher não teria o dever, portanto a obrigação, de prover ajuda ao feto. Impor-lhe essa obrigação seria tão criminoso quanto tortura, estupro e escravidão, como julga a ONU.

No entanto, o indivíduo não é um "átomo" solto, autossuficiente, soberano e isolado vagando no mundo de suas fantasias. A vida do outro — concebida como um direito básico e universal — impõe pelo menos um limite à liberdade não só da mulher, mas a toda escolha humana. E, no caso da vida de um inocente, esse limite se acentua. Embriões simplesmente não "invadem" o corpo da mulher como se estivéssemos em um filme de ficção científica em que *Alien* se aloja no ser humano para se desenvolver.

Essas analogias criam a falsa ideia de que as exigências de responsabilidade moral e legal só recaem na mulher ou no nascituro. Os defensores do aborto, em geral, tendem a esconder este dado: o que está em jogo na discussão não é tanto a tomada de decisão de uma mulher sobre seu corpo ou sobre o do embrião parasitando no corpo dela. Pelo contrário, é a experiência de estar diante de alguém cujas condições são as mais extremas e que, justamente por isso, exige de todos o máximo de cuidado e responsabilidade. "Todos" significa lembrar e incluir homens, sem os quais uma nova vida — vale enfatizar: em condições substancialmente humanas e não em fantasias pseudocientíficas — não seria possível.

Enfim, há que se considerar que a vida social não deriva de um *contrato* — um dos fundamentos da ordem jurídica moderna — só com os que têm capacidade de tomar decisões voluntárias. Para lembrar de Edmund Burke,[3] nosso "contrato" é com os nossos antepassados, que já estão mortos, e com os nossos filhos, que estão por nascer. Uma sociedade não se constitui só de pessoas *presentes* tirando máximo proveito imediato do que a vida pode oferecer. Se assim fosse, seríamos como zumbis, sem memória e sem esperança. Contra isso, desenvolvemos o senso de cuidado pelos valores transmitidos por gerações anteriores e de valores que entregaremos às próximas gerações a fim de preservar a comunidade moral dos vivos (que inclui os nascidos e não nascidos), dos mortos e dos não concebidos.

2. Primeiro precisamos falar destas coisas: filosofia, retórica, democracia e violência

Entre gregos e tuiteiros

Ensino filosofia para jovens há um bom tempo. Como em qualquer atividade profissional, muitas perguntas me foram impostas. Devido a sua vocação questionadora, autorreflexiva e teórica, a filosofia destaca ainda mais dúvidas. O que é filosofia? Há respostas definitivas ou filósofos não passam de provocadores vivendo em um mundo alheio? A filosofia melhora o senso crítico das pessoas? Que tipo de profissão exerce o filósofo? Em um mundo dominado pela crença no método científico, a filosofia não seria só opinião rebuscada de pensadores ociosos? Afinal, para que serve a filosofia? Todas essas provocações me fazem compreender melhor a tarefa da filosofia.

Vivemos uma época de intensa troca de informações e carente de boa reflexão. Mesmo que a filosofia não dê respostas definitivas acerca dos grandes dilemas da humanidade — é verdade que filósofos buscaram isso —, uma coisa deve ser defendida: a filosofia nunca foi tão necessária. E não para resolver problemas, mas para instigá-los e ajudar-nos a frear algumas das nossas dogmáticas ambições.

Com o advento da internet e das redes sociais, opinar tornou-se uma das atividades mais difundidas, incentivadas e triviais. Não é raro ver crianças que nem alfabetizadas foram já com um canal no YouTube opinando acerca da vida, ou jovens sem os rudimentos básicos do idioma militando por um mundo melhor. A virtude hoje depende apenas da capacidade tecnológica de compartilhar, expressar opiniões em público e atrair *curtidas* e *visualizações*. O que não exige qualquer mérito intelectual e moral. Ser um influenciador digital exige, no máximo, a habilidade de ligar a câmera do celular; a exigência mínima é falar qualquer coisa para quem quiser ouvir.

Não importa a opinião. Todos se tornaram especialistas em tudo. Como declarou Umberto Eco pouco antes de falecer: "As redes sociais deram voz aos imbecis." Talvez. Porém, com tantas certezas circulando, não sobra tempo para o genuíno exercício da dúvida. O hábito mental ativo e reativo prevalece perante o hábito mental reflexivo. As redes sociais potencializam a autoestima e a autoafirmação. O imbecil, por excelência, não hesita diante das próprias certezas. A exposição pública da autoimagem e das ideias consiste na grande marca de atuação no palco virtual das redes. Ter e defender opiniões de maneira apaixonada nunca foram atividades tão estimadas quanto agora, numa escala global, sem limites de alcance, sem pudor para frear o atrevimento. Como se habitássemos uma sala de espelhos, o engajamento em redes sociais produz o efeito de que o mundo é uma extensão da nossa personalidade e de que a nossa personalidade é uma extensão do mundo.

Na internet, não importa a qualidade do que se diga, desde que se tenha uma opinião e a compartilhe, sempre haverá "seguidores" satisfeitos, leitores insatisfeitos e *haters*, essa nova categoria social que incendeia o debate. Faz parte do jogo, e tem para todos os gostos. Ter perfil em rede social é dispor de um incrível arsenal bélico para ostentar ideias — e, de vez em quando, cultivar vaidades e difundir ódios.

Olhando para a história, o ambiente cultural que valorizava a intensa troca de opiniões como traço característico da ordem social fez, há 2.500 anos, surgir a filosofia. Foi uma exigência inevitável. São várias as razões para o surgimento da filosofia entre gregos. Nenhuma delas pode ser considerada a mais importante, exceto o fato de os gregos, e só eles, terem desenvolvido um tipo específico de governo chamado democracia. Por maiores que sejam as diferenças entre a antiga democracia grega e a nossa ordem democrática moderna, dominada pela tecnologia de comunicação em massa e por um sofisticado sistema jurídico, há pelo menos uma qualidade essencial em comum: a persuasão como o genuíno exercício de poder.

Entre a *ágora* grega, onde Péricles proclamava seus discursos, e os *tweets* de Donald Trump há uma distância bem menor do que se imagina. Não foi à toa que os gregos inventaram, além da filosofia, a arte de demolir o adversário em debates — isso porque eles não conheciam o persuasivo poder das ogivas nucleares.

Surpreendo-me toda vez que leio o título do livro de Protágoras: *Verdade — ou discursos demolidores*. Nesse texto, que infelizmente não chegou até nós e por isso só o conhecemos de forma indireta, o famoso sofista propõe a doutrina do "homem medida de todas as coisas". Sofistas eram professores da arte de falar bem em público, de ser convincentes e ganhar debates. Eles ensinavam como tirar vantagens políticas na democracia. Mas não só isso. O movimento sofista também desenvolveu uma controversa visão sobre sociedade, justiça e costumes. No caso de Protágoras, um dos mais famosos, além de ensinar como se dar bem no jogo político, ele defendia que o único critério para a realidade objetiva e para os valores morais são as impressões dos indivíduos.

Para expressar essa ideia com uma linguagem mais próxima de nós, Protágoras queria dizer que toda verdade é subjetiva e pessoal. Portanto, o jeito de resolver disputas políticas é a arte da persuasão, conhecida também como *dialética erística*, isto é, um debate que se participa com a finalidade de ganhar e não para encontrar a verdade. Na democracia, a retórica é o principal instrumento de poder do qual dispomos.

Opinião é a verdade. Discurso, instrumento de poder à disposição dos interesses dos indivíduos. Se eu tenho a impressão de que o infanticídio é injusto, o infanticídio é injusto para mim. Se você tiver a impressão de que há algum nível de justiça no infanticídio, haverá um nível de justiça no infanticídio para você. Se a uma determinada cultura parecer que tais costumes são bons e devem ser preservados, tais costumes serão bons e deverão ser preservados por essa cultura. Se a outra cultura esses mesmos costumes são condenáveis e precisam ser combatidos, tais costumes serão condenáveis e deverão ser combatidos pelos membros dessa outra cultura.

Os antagonismos devem ser resolvidos com o poder do discurso em conflito. Vence quem for convincente, e não importa a capacidade de demonstrar a verdade com argumentos sólidos e racionais. Se eu for capaz de fazer você mudar de opinião, melhor para mim. Se você for capaz de me fazer mudar de opinião, melhor para você. Só a eficiente capacidade em ser persuasivo é a verdade. Meus interesses pessoais determinam o que é bom para mim, seus interesses determinam o que é bom para você.

E a justiça?

Para Protágoras, o verdadeiro mestre da democracia, os homens expressam suas opiniões e as opiniões nada mais são do que impressões subjetivas organizadas e expressas pela linguagem. Isso significa que há um hiato entre impressões pessoais e realidade. Por realidade se deve entender aquilo que não está dado nas impressões de alguém. Hoje diríamos: as impressões são subjetivas; a realidade é objetiva. Para Protágoras, não há realidade. As impressões pessoais estabelecem o limite do que pode e do que não pode ser conhecido. Como fora das impressões não há nada, logo não há como saber o que é a realidade. Como medida, o homem só tem acesso às suas próprias impressões e nunca será capaz de alcançar alguma coisa além delas. Em resumo, não há nada a que se possa chamar de realidade objetiva. Para o sofista, o conhecimento verdadeiro dessa realidade não passa de delírio de gente dogmática.

O melhor para a sociedade deverá ser resolvido em consenso. A justiça é o que foi decretado pelo consenso. E se chegará ao consenso por meio da persuasão, pela habilidade retórica de convencer a maioria de que a minha opinião é a melhor. Assim, a justiça será sempre provisória, visto o consenso ser provisório. Quando desenraizada de princípios objetivos, a democracia é um círculo vicioso.

Górgias, outro importante sofista que viveu no mesmo período da democracia grega, leva as teses de Protágoras ao extremo. Para ele, não se trata só de opiniões antagônicas. Mais radical do que seu contemporâneo, Górgias tratou de colocar nossos discursos como único horizonte possível. O que Górgias está dizendo é que nem as impressões de cada indivíduo fundamentam o conhecimento; só a linguagem. A linguagem, e não as impressões, é a medida de todas as coisas. Opiniões são desprovidas de qualquer valor ou critério. Elas são autorreferentes. E como não há nada que possa ser dito com objetividade, a linguagem tem autonomia ilimitada. Se em Protágoras o homem é a medida de todas as coisas, para Górgias nem as impressões de cada um podem ser consideradas critérios para assegurar valor às opiniões. Com a linguagem desvinculada da realidade, o certo e errado, o verdadeiro e falso e o justo e o injusto mudam conforme as circunstâncias retóricas.

O discurso é tudo. A linguagem é entendida apenas como técnica de persuasão. Nada existe. Se houvesse uma realidade objetiva, postula o sofista, seríamos incapazes de conhecê-la. Se tivéssemos como conhecê-la, não teríamos meios adequados para comunicá-la. Mas o que comunicamos com a linguagem? Nada. Górgias dá um passo importante para além do relativismo de Protágoras até chegar a uma espécie particular de *niilismo*: só existe o discurso.

Niilismo é a crença mais poderosa de que não há *nada* que possa ser considerado fundamento da nossa linguagem. Nem as impressões pessoais. A obra mais famosa de Górgias é *Sobre a natureza ou sobre o não ser*. Esse livro representa um dos mais duros ataques à pretensão dos filósofos, que buscavam compreender a realidade independente das impressões subjetivas. Termos como "natureza", "realidade" ou "justiça" não possuem qualquer significado objetivo. Só a linguagem governa, e tudo, sem exceção, deve ser resolvido no devir do consenso. Palavras são tudo aquilo que possuímos e podemos controlar. No jogo político, essa tese terá consequências devastadoras.

Eu abomino o infanticídio; e você, abomina?

Nada expressa tão bem o perfil de nossa época do que as teses dos sofistas. Elas são algumas das melhores ferramentas teóricas para caracterizar as nossas atuais relações e disputas sociais. No mundo virtual das redes, os sofistas fazem mais sentido até do que deveriam fazer no limitado mundo concreto dos atenienses. Nada mais eficiente do que a habilidade dos sofistas para construir e expressar as nossas opiniões, convencer as pessoas a abandonarem a opinião delas e sugerir provisoriamente o sentido da vida moral baseado nas impressões do que consideramos o melhor para nós e para a sociedade — a única diferença é que, hoje, tudo isso é executado com tecnologia de comunicação e interação sociais em grandeza e alcance nunca antes imaginados. Perto do potencial tecnológico dos atuais meios de comunicação e persuasão, a *ágora* grega seria uma mera reunião de condomínio.

O mais importante, contudo, é o apreço pelas opiniões e o quanto as pessoas estão dispostas a aceitá-las e compartilhá-las à exaustão. Ainda não temos muita noção dos reais efeitos psicológicos, sociais e políticos de uma democracia influenciada pelas redes sociais. Muito menos como se dá a transição do engajamento político virtual para o engajamento político real. Tudo é novo e difícil de calcular. De qualquer maneira, a despeito de todos esses problemas, o que importa continua sendo o quanto somos bons o bastante para fazer nossas opiniões parecerem convincentes para os outros, assim como essas opiniões parecem convincentes para nós.

Se para essa situação específica o infanticídio for preferível, o infanticídio deve ser realizado. Se para aquela outra circunstância é preferível combater o infanticídio, devemos combater o infanticídio. Por não haver opiniões verdadeiras ou falsas fundamentadas na realidade das coisas, mas só persuasão baseada na linguagem, não há qualquer problema moral no infanticídio. Pelo contrário, dependendo do contexto, não praticar o infanticídio pode parecer um problema moral dos mais graves — como é o caso de algumas tribos indígenas. Não há verdades absolutas, cada decisão moral deve ser circunscrita nos limites do que é provisório, preferível e oportuno para cada situação.

Em certas regiões da África, pratica-se o ritual da mutilação do clitóris em meninas. É milenar, representa a cultura para eles. Para o nosso senso do que é aceitável, nem sequer deveria existir. Como não há réguas culturais objetivas e todos os valores são relativos, isso é assim. Eles mutilam o clitóris, nós abominamos a prática. Este é o preço do relativismo: deixar as coisas como são, acima de tudo, quando se trata de diferenças culturais. Inclusive, você pode ser acusado de apropriação cultural. Vai entender. Quando se vive no interior de uma mesma cultura, cada um define o que é melhor para si e usa do poder da retórica para controlar isso. E não tente dizer o contrário.

O nascimento e renascimento da filosofia

Redes sociais potencializam a ideia de conflito de opiniões e separam ainda mais linguagem da realidade. Platão denunciou esse ambiente político de Atenas na famosa alegoria da caverna. Caso vivesse hoje, ele não teria dificuldade em considerar o ambiente virtual das redes um bom exemplo de mundo de sombras dominado pelos sofistas.

A filosofia nasceu como a resposta necessária — e urgente — aos princípios fundamentais pelos quais os cidadãos regiam a democracia ateniense. Resposta endereçada aos sofistas, tanto à tese do *homem medida* quanto à tese *niilista*. Um ataque, enfim, ao relativismo niilista baseado nas impressões pessoais e na absoluta autonomia da linguagem.

Se a democracia permite a livre circulação de crenças e as crenças moldam, de alguma forma, além do comportamento individual, o próprio senso de justiça que regula uma determinada sociedade, perguntará o filósofo: o que garante a justiça? Pode parecer uma pergunta simples diante das sofisticadas teses expostas pelos sofistas, mas foi com a força dessa simplicidade que fez surgir os grandes problemas filosóficos. Há alguma realidade objetiva para além das nossas preferências subjetivas individuais? Caso contrário, justiça não seria apenas o que é determinado pela conveniência do mais forte? Com efeito, o que impede que a vontade da maioria não se transformar em uma tirania? Se, no contexto moderno, o Estado é o único detentor legítimo da justiça e da violência, quem controla o Estado determina o que é justo e injusto? Sendo assim, como encontrar limites efetivos para a ação do Estado?

A princípio só há duas respostas possíveis. A do sofista e a do filósofo. Ou a medida de todas as coisas é a percepção pessoal de cada indivíduo resolvida pela força do consenso ou a medida da opinião de cada indivíduo é a realidade. Ou tudo é expressão da linguagem subjetiva e particular ou há algum conhecimento objetivo e universal — o conhecimento verdadeiro sobre a realidade da justiça. Muitas outras perguntas foram motivadas por esse impasse: o que é a realidade? O que é um fato? O que é a percepção? Qual a relação entre realidade e percepção? O que é o conhecimento? Qual a relação entre conhecimento particular e verdade universal? O que é a justiça?

Questionamentos tão importantes quanto esses foram formulados ao longo da história da filosofia a partir do embate entre filósofos e sofistas, entre realistas e relativistas. A filosofia, desde Platão, leva a sério o relativismo postulado por Protágoras e o niilismo defendido por Górgias. A possibilidade do relativismo motiva os mais importantes debates filosóficos ao longo da história da filosofia, pois há muita coisa em jogo quando se leva a tese do relativismo às últimas consequências.

Os filósofos buscaram levar ao extremo essas teses a fim de demonstrar o absurdo e o perigo de uma vida em sociedade dominada pelo dogmatismo ou pelo relativismo.

A primeira tese, a da linguagem como medida das opiniões, implica não existir nada além das nossas percepções pessoais. Todo conhecimento se limita a expressar apenas o ponto de vista particular de cada um — suas preferências psicológicas, suas emoções, sua personalidade e, como se diz hoje, sua performance. Visto dessa maneira, justiça nada mais é do que a mera opinião compartilhada e conveniente para a maioria das pessoas em um determinado contexto político. Conhecimento particular limitado pelas percepções de um indivíduo capacitado na arte de convencer os outros indivíduos de que em que ele acreditar é o melhor. Por não fazer referência à realidade, o relativismo significa o ilimitado poder da linguagem. Ganha o jogo político quem domina os meios de produção de linguagem e propaganda.

A segunda tese, a da realidade como medida das opiniões, sugere que há alguma coisa para além das nossas percepções e opiniões individuais. A realidade deve ser compreendida com o nosso intelecto e expressa cuidadosamente pela linguagem. Para o relativismo só há linguagem e impressões pessoais. Para a filosofia, há íntima porém difícil relação entre realidade, entendimento e linguagem. Se o relativismo particulariza o conhecimento, levando-o ao extremo a ponto de tudo ser resolvido no consenso, a tese contrária defende a possibilidade de verdades universais que independem das percepções individuais e do consenso. A noção de conhecimento universal obriga a capacidade humana a superar os limites de suas impressões subjetivas. Procura fazer isso sem apelar para a força da persuasão, mas para a racionalidade concreta articulada em argumentos bem-construídos, o que impõe a cada envolvido na busca pela objetividade o alerta dos perigos de se conduzir todo conhecimento e senso de justiça mediante acordos arbitrários.

Para os sofistas, o abstrato potencial da razão é só discurso a serviço da política. Mais abrangente do que isso, por racionalidade concreta deve-se entender a faculdade presente em cada pessoa singular capaz de refletir a respeito de sua condição, questionar com honestidade os limites de suas crenças, colocar em dúvida de forma sincera e reflexiva as opiniões dos outros e, acima de tudo, as suas próprias, além de perguntar pelo sentido primeiro e último das coisas e também comunicar-se. Em suma, esse senso de racionalidade reconhece que certas opiniões podem estar erradas e que nem tudo é persuasão. Reconhece que a realidade limita a linguagem e freia as ambições.

A força da democracia está no consenso
— e onde estão os seus limites?

A democracia é reconhecida como o poder da maioria. Evita-se, no primeiro momento, pensar a democracia como o exercício de força bruta da maioria e a conveniência do mais forte. Se acontecer o exercício de força bruta, estamos diante de uma tirania. A democracia é reconhecida como o exercício político do consenso de opiniões. Mediante o qual se busca administrar ódios e estabelecer acordos pacíficos. Para haver consenso, presume-se o conflito de interesses entre as pessoas que coexistem no interior de uma comunidade plural. O sistema político conhecido como democrático apresenta uma forma que se distingue do uso da violência para resolução desses conflitos — a ordem democrática reconhece e valoriza o pluralismo.

Essa força deve ser exercida através do debate de ideias em viva comunidade política de diálogos. Na democracia valoriza-se o debate argumentado, a fala polida e o consenso da maioria. Podemos chamar a democracia de poder sustentado pela opinião defendida pelo discurso argumentado e persuasivo. Não importa quais os detalhes das regras que regem os acordos, o fato notável no sistema democrático é a crença de que consenso representa a única fonte disponível de todas as importantes decisões no interior do espaço democrático.

A democracia também valoriza a publicidade das opiniões, a liberdade de crítica e a igualdade social entre os membros.

O valor de uma opinião depende necessariamente de sua expressividade no espaço público. Os gregos chamaram de *ágora*, nós chamamos de *redes sociais*. A função do espaço público, porém, é a mesma: compartilhar e consumir opiniões, defender e rebater ideias. Tudo com o nobre objetivo de consolidar no poder a boa opinião para o benefício de todos mediante a força de persuasão. Antes de se tornar parte efetiva de um programa de governo, leis ou decretos precisam passar pelo crivo da opinião pública — trata-se do meio legítimo de depuração das crenças. O espaço público privilegiado para o comércio de ideias é o ambiente indispensável para a ordem democrática consolidar o pluralismo. Não faz sentido buscar o valor de uma opinião no espaço íntimo da vida privada. Opiniões precisam ser dadas, ensaiadas, pensadas e discutidas. Primeiro discutimos com nós mesmos. Pensar significa o diálogo solitário travado no silêncio interior e que simula o diálogo com a comunidade.

A liberdade de crítica também tem função importante. Se uma opinião não pudesse ser questionada, a democracia perderia um de seus principais alicerces. Liberdade de crítica não se limita à mera liberdade de expressão. Criticar é avaliar e julgar os detalhes que fazem uma opinião ser considerada boa ou ruim, e não o simples direito de expressar livremente ideias. A noção de liberdade de expressão surgiu na modernidade e estava ligada a uma espécie de desejo de ofender monarcas, príncipes, padres e freiras — e, de vez em quando, mandá-los para guilhotina. A liberdade de expressão consiste um importante direito, mas não é suficiente. Liberdade de crítica deriva do princípio segundo o qual toda opinião é falível e deve ser questionada, avaliada e justificada, não só expressa, dita ou pronunciada. Mas para os sofistas, toda opinião é infalível até que se prove — com a força retórica — o contrário.

Nesse espírito, Protágoras e Górgias defenderam a tese segundo a qual o conhecimento nada mais é do que técnica ou utensílio para garantir o benefício da vida do homem em uma sociedade democrática. Com isso, eles excluíram a possibilidade de conhecimento e compreensão da natureza das coisas. A partir daí, devemos aprender como defender a melhor opinião para o benefício da cidade e não se preocupar com a possibilidade de encontrar verdades objetivas, sobretudo acerca da justiça. A inteligência e a linguagem são bons instrumentos para o benefício social. E liberdade é poder expor, sem maiores obstáculos, suas opiniões infalíveis no interior da comunidade de diálogos.

Por fim, a igualdade social. Na viva comunidade democrática de conflito e diálogo, todos os membros devem ter suas diferenças sociais suspensas — no caso da antiga democracia grega, isso era bem limitado. Mulheres, crianças, estrangeiros e escravos não eram considerados membros da comunidade política. A isonomia era uma propriedade exclusiva da classe dos políticos. O sujeito do poder era homem, grego e livre. Com a evolução da democracia moderna, mediante influência cristã, a igualdade deixou de ser uma propriedade restrita a uma classe privilegiada, e as pessoas se tornaram iguais em dignidade. A dignidade é a propriedade intrínseca de todos os membros da comunidade moral e não só a propriedade dos membros da comunidade política. Todas as pessoas são iguais em dignidade, porque são pessoas e não coisas. No entanto, a dignidade não é um valor evidente; ela precisa ser demonstrada com argumentos. Mostrarei que no contexto da discussão do aborto alguns defensores da prática alegam que a dignidade é uma noção ambígua e, por isso, precisa ser excluída do debate. No entanto, eles confundem "dificuldade", pelo fato de não ser uma propriedade evidente, com "ambiguidade".

No caso do regime democrático, o consenso legitima o poder. A modernidade chamou, depois de Rousseau, de "vontade geral" ou "poder do povo". O consenso é o acordo entre a maioria, ou os representantes da maioria. Por meio da fala argumentada, e não ameaçando o adversário com violência — pelo menos é o que se espera —, o consenso define o conjunto de leis que regularão a vida em sociedade. O princípio no qual o poder está baseado é força da persuasão e não na persuasão pela força. E, assim, ninguém parece querer suspeitar da vocação da democracia para a violência. Pois, nesse primeiro momento, a ideia de partir para agressão significa perder o debate, a razão e todos os limites.

Então há limites, e o discurso não é tudo — mas isso não é tão óbvio.

Sócrates, Rousseau e os símios

Uma das diferenças essenciais entre democracia antiga e moderna, além do tamanho, é o sujeito de poder. O mundo de Atenas era limitado geográfica e politicamente. A democracia era entendida como poder dos "muitos", porém o sujeito de poder excluía mulheres, jovens, estrangeiros e escravos. A experiência moderna, pelo contrário, rompe cada vez mais com quaisquer limites geográficos e políticos. E tende a deliberar a partir de uma ideia cada vez mais abstrata de "consenso", na qual o sujeito de poder é o "povo" — o que inclui todos, a despeito de quaisquer diferenças individuais. Para um sistema de consenso, antigo ou moderno, o que a assembleia geral deliberar e concluir, assim será concluído como verdade e justiça — mesmo que provisória — para os membros daquela comunidade. A diferença entre antigos e modernos está no grau de abstração. A democracia antiga é mais concreta e trata a decisão dos cidadãos como circunstancial para aquela comunidade política específica. Fale em nome dos cidadãos de Atenas — homens, adultos e nascidos em Atenas. Já a democracia moderna tende cada vez mais a uma ideia abstrata de "comunidade". No início, falava em nome da "nação" e do "povo", membro dessa nação. Hoje a tendência é deliberar em nome da "humanidade", cuja ideia de representação política é cada vez mais o ideal de "nações unidas". Nesse sentido, o sujeito de poder não é mais os cidadãos de uma determinada nação, mas os "seres humanos" em geral. E toda vida política e social advém de um ato da vontade geral das nações unidades cuja expressão máxima é a soberana "vontade do povo".

O ponto alto dessa abstração veio com o filósofo Jean-Jacques Rousseau, que faz da vontade geral um ente abstrato em que "todo povo institui sobre todo povo", sem qualquer outro fundamento, exceto a livre autodeterminação da vontade. Mediante a vontade geral se institui o que há de mais elevado na vida política: a soberania, a absoluta bondade e a infalível justiça. O princípio político supremo, criador absoluto da sociedade, é o consentimento da "humanidade". Não se trata só de um conjunto de indivíduos deliberando acerca de interesses particulares; trata-se da mais elevada decisão coletiva do corpo político soberano que ocupa o lugar de Deus no mundo. Como avalia Jacob Rogozinski, "por esse termo 'vontade geral' se enunciou o que há de mais elevado no ente, a absoluta bondade de um Princípio supremo que 'não pode errar', do Soberano que, 'unicamente por ser o que ele deve ser', nos desvela o nome do deus mortal e terrestre — Povo Soberano —, do qual ela é a prova invencível", pois, como o próprio Rousseau resume, "a vontade mais geral também é sempre a mais justa e a voz do povo é com efeito a voz de Deus".[1]

Contudo, a visão acerca da linguagem e da argumentação, neste contexto, continua utilitarista, relativista, circunstancial, pragmática e inteiramente determinada pela vontade humana. Se a cidade é uma comunidade de pessoas organizadas segundo leis fixadas pelo ato soberano da vontade, logo o bom cidadão é aquele capaz de fazer parecer justa a sua opinião sobre as leis para o benefício de todos. A meta é coincidir seus interesses individuais aos interesses da vontade geral, diluir sua individualidade no todo. Liberdade é agir positivamente em conformidade com as leis instituídas por esse "contrato". Caso contrário, se a pessoa defende opiniões consideradas subversivas para o benefício desse ideal abstrato, os membros da cidade devem fazer de tudo para se livrar dessa pessoa e, assim, se livrar de possíveis opiniões subversivas e perigosas.

A vontade geral não erra. É moral e politicamente infalível. Porém, em um contexto niilista, como não há qualquer noção de bem objetivo fora do escopo da vontade geral, a decisão consensual de eliminar pessoas em benefício da saúde de todos não chega a ser tão absurda quanto a nossa sensibilidade possa sugerir à primeira vista. Aliás, a força dessa vontade é tão absoluta e autorreferente que ela pode decretar quem é ou quem não é pessoa. Nesse sentido, caso eliminar pessoas se torne um problema humanitário, basta decretar que não se trata mais de *pessoas*, mas de *coisas que precisam ser eliminadas*.

Talvez as minhas impressões sobre excluir pessoas como membros da comunidade de direitos sejam só diferentes das impressões de quem defende excluí-las e eliminá-las.

Em essência, decorrente dessa concepção de verdade, agora instituída como infalível pela vontade geral soberana, a única coisa importante na democracia consiste em preservar a noção de que a livre deliberação do povo determina a justa qualidade das leis e do que deverá ser considerado o bom valor dos costumes, que naquele momento parecerão ser os costumes adequados para a saúde social de todos os membros da comunidade que merece ser preservada e respeitada. Quando esses valores não forem mais úteis, basta se desfazer deles e de todas as possíveis ameaças de estabilidade social. Além do mais, se você for contra o que ficou autodeterminado pela vontade geral, você será acusado de ir contra a humanidade. E não há crime pior do que o crime contra a humanidade. Todo ódio contra uma pessoa desumana será justificado e incentivado. Como não há realidade objetiva, e tudo é determinado pelos representantes do bem, a própria noção de "humanidade" é criação da linguagem passível de ser modificada conforme o interesse do momento.

Para entender os limites dessa noção de política, será preciso levar esse princípio até suas últimas consequências.

Se a verdade de uma opinião no regime democrático depende exclusivamente da persuasão de uma elite que representa a todos, segue que não há qualquer concepção objetiva de justiça — exceto quanto ao que foi deliberado como justo por pessoas perfeitamente livres, independentes, autossuficientes e de irrestrita retidão moral. Todos os chamados "direitos" são as decisões — vale lembrar: das pessoas que só querem o bem para todos — fixadas em leis positivas; e liberdade significa, neste contexto teórico, obedecer apenas as leis que nós mesmos, baseados na nossa autonomia, criamos e elegemos justas. A única realidade permanente e eterna é a força desse princípio político.

E se um membro dessa comunidade, por meio de exímia habilidade persuasiva, conseguir convencer a maioria das pessoas de que um suposto inimigo precisa ser sumariamente eliminado por ter colocado em risco os alicerces legais e morais da cidade? Em uma assembleia geral de quinhentos membros, o habilidoso orador consegue persuadir a maioria de que tal homem, habitante da cidade, precisa ser morto ou deportado. Os motivos? Esse homem levantou sérias dúvidas sobre os princípios políticos que regem o próprio sistema democrático. Nessa ocasião, se toda justiça é determinada pelo consentimento, esse homem, cujo "pecado" foi colocar em dúvida os alicerces da democracia, não terá saída a não ser a morte ou o exílio. Para o benefício de todos, para a saúde geral da cidade, ele precisa ser aniquilado de qualquer jeito.

E ele foi.

O exemplo mais importante disso foi o julgamento do filósofo Sócrates. Morto por este motivo: ousou suspeitar da concepção de verdade alicerçada no consenso e na habilidade retórica dos sofistas produzirem discursos, e esse foi seu verdadeiro legado para a história da filosofia. Pagou com a própria vida. O julgamento de Sócrates, que o condenou à morte, levou ao extremo o princípio segundo o qual a justiça não pode ser outra coisa senão o que a vontade da maioria determina. Hoje diríamos: tudo na vontade, nada fora da vontade e nada contra a vontade. Se as impertinentes perguntas de Sócrates ameaçavam a estabilidade de Atenas, então nada mais justo para aquela circunstância do que eliminá-lo.

E se alguns membros da comunidade política, por meio da habilidade persuasiva, conseguirem convencer a maioria das pessoas de que portadores de certas doenças não devem ser considerados pessoas e que tal doença constitui ameaça à saúde pública dessa comunidade? Não é tão absurdo pensar no que deve ser feito para garantir a saúde pública, diante de coisas ameaçadoras para o nosso bem-estar e o nosso senso de humanidade. A vontade geral é soberana, moralmente reta e teologicamente infalível. Se tudo é linguagem e discurso, qualificar ou desqualificar alguém como pessoa é só uma questão de retórica. Se a qualidade "pessoa" não é a realidade objetiva que caracteriza alguém, pois não há propriedades objetivas, mas só um nome constituído pelo habilidoso poder da linguagem, não é nenhum absurdo pensar que essa propriedade pode ser dada ou retirada por decreto mediante a deliberação de uma assembleia de notáveis.

Um bom exemplo disso: em 1993, a GAP — Great Ape Project —, uma organização internacional que defende a criação de uma Declaração das Nações Unidas dos Direitos dos Grandes Macacos, lutou para que os símios fossem considerados pessoas. O projeto contou com o apoio de proeminentes biólogos e filósofos, tais como Richard Dawkins e Peter Singer. Em 2014, houve um *manifesto mundial* de apoio ao projeto, buscando assinaturas para que "os grandes símios sejam classificados como pessoas não humanas". Afinal, "todos os *Hominídeos* são pessoas, e a lei deve tratá-los como tais e não como 'coisas'". Na ocasião eles solicitavam o "reconhecimento dos grandes símios como pessoas não humanas" e apoiaram "ativamente as mudanças legais necessárias para que tal reconhecimento exista".[2] A ideia principal é torná-los "membros da comunidade de iguais" garantindo, assim, direitos à vida, proteção à liberdade individual e proibição da tortura. Em 2013, a Índia aprovou uma lei que reconhece os golfinhos como pessoas não humanas. Em 2014, a justiça argentina concedeu o *status* de pessoa não humana a um orangotango. Esses não são exemplos isolados; o ativismo para incluir outras espécies animais como membros de uma comunidade de direitos se consolida cada vez mais no mundo.

Por outro lado, os defensores do aborto — como veremos ao longo deste livro — lutam para excluir a propriedade de *pessoa* dos embriões. Eles seriam considerados humanos não pessoas, enquanto os animais são pessoas não humanas. Em 2014, Richard Dawkins disse que é imoral permitir dar à luz bebês com síndrome de Down. Em seu perfil do Twitter, ele escreveu: "É imoral trazer *isso* ao mundo se você tiver escolha." Já Peter Singer é conhecido por defender o infanticídio. Ele diz: "Para tentar ser claro, se todos os envolvidos com a criança, seus pais, responsáveis, médicos etc. julgarem que aquela vida será uma criança que nunca se tornará o que entendemos por uma pessoa — com determinadas capacidades básicas de autocompreensão, sensação, e entendimento, mesmo que rudimentar, acho justificável que todos eles decidam pela morte."[3] Para Singer, símios possuem essas capacidades básicas; bebês, doentes mentais ou velhos senis, não.

A tirania do Contrato e a dúvida socrática

Fruto do relativismo niilista, a linguagem é o excelente remédio com potencial de aliviar a consciência moral quando se mata alguém em nome dos benefícios circunstanciais da cidade. Dependendo da dosagem, pode ser também um veneno. A democracia tem um poder incrível de eliminar qualquer elemento ameaçador de sua estabilidade e chamar tal atitude de "o que era melhor a ser feito para a saúde de todos" ou chamar de "justiça social", "saúde pública", "interrupção da gravidez", ou "direitos".

Embora o exemplo da morte de Sócrates esteja distante e separado por mais de dois milênios da nossa cultura, em seus pressupostos elementares ele não difere dos atuais problemas enfrentados por nós, sobretudo no que se refere ao domínio da linguagem.

A diferença é o vácuo deixado pelo niilismo. Na modernidade, esse vácuo é preenchido por um ideal cada vez mais abstrato de comunidade humana autossuficiente. Somos herdeiros dos gregos e de Rousseau — que no *Contrato Social* declarou: "De onde se vê que pela sua natureza o soberano é uma pessoa moral; que só tem existência abstrata e coletiva, e a ideia que se associa a esse termo não pode ser vinculada a um indivíduo." Lembrando que tanto os sofistas quanto Rousseau não conhecerem a atual situação de um mundo globalizado e a avançada tecnologia de comunicação em larga escala com seu poder impressionante de influência, articulação e mobilização.

No emblemático julgamento de Sócrates, se ele tivesse conseguido escapar da condenação à morte porque a maioria dos membros da assembleia votou a favor dele, isso não mudaria em nada os princípios que sustentam a democracia direta. Pelo contrário, só confirmaria a força política deles. Sócrates poderia ter sido mais convincente, treinado mais retórica e menos filosofia. Mas ele buscava a verdade objetiva para além de opiniões e impressões pessoais, e ser convincente não era a sua grande preocupação filosófica.

A primeira preocupação da filosofia, na verdade, nem era tanto com a busca da realidade objetiva. Antes de tudo, era e é do interesse da filosofia questionar a adesão de alguém a opiniões. Porque se uma opinião importa, nada como perguntar, honestamente, as razões. Entretanto, na democracia, a verdade da justiça depende única e exclusivamente da força da persuasão, mesmo que as consequências sejam, por exemplo, a morte de um homem aparentemente inocente. Em uma visão utilitarista da constituição da justiça, a morte de alguém pode ser um benefício. Ainda assim, a pergunta a ser feita, visto não se tratar de uma realidade evidente para as impressões pessoais imediatas, é: isso é justo? Para ir mais longe: o que *é* justiça? A grande culpa de Sócrates foi questionar os membros de sua viva comunidade política a respeito de como eles aderiam e fundamentavam suas próprias opiniões sobre a justiça, a verdade e a virtude. A atitude de suspeita do filósofo, sua disposição para a autorreflexão, não difere em nada como nós, hoje, deveríamos nos comportar diante de uma opinião, principalmente opiniões sobre o direito, a saúde e o benefício da sociedade.

Para um sistema que preza pela defesa de opiniões, o convite de que devamos suspeitar das nossas próprias opiniões pode abalar os alicerces do próprio sistema. Para expressar isso, como bom cético, o irônico Sócrates exortava os seus ouvintes a considerarem que sua verdadeira sabedoria era a de nada saber. Em palavras mais precisas, ele defendia que conhecimento baseado em opiniões só pode ser conhecimento aparente, sem grandes valores para a verdadeira virtude interior do homem que pretende viver uma vida boa e justa. O ceticismo socrático era distinto do relativismo dos sofistas em pelo menos um ponto essencial: saber duvidar de si mesmo em vez de ter a habilidade retórica para defender uma opinião. Para Sócrates, opiniões podem estar erradas. E certas crenças podem conduzir o homem a cometer injustiças. Esse é o princípio de lealdade que cada pessoa deve costurar no bolso, principalmente em uma tentadora era de redes sociais.

Sócrates sabia que o sistema político baseado apenas na força da persuasão poderia subverter aquele equilíbrio querido — ou que deveria ser querido — entre a ordem interior da consciência e a ordem pública da justiça. Buscar limites objetivos para além das impressões, dos desejos subjetivos, do discurso e do consenso deveria ser a grande meta da filosofia.

Para os filósofos que não aceitam o relativismo, a justiça não é só desejável, mas objetivamente possível enquanto parâmetro para a construção de hábitos justos. E a justiça não pode ser determinada pelas flutuações de preferências pessoais momentâneas, desejos domésticos, hábitos privados e valores culturais particulares. Em determinado contexto, aceitamos a escravidão de negros; noutro, graças à persuasão de sofistas habilidosos, foi possível combatê-la. Se os defensores da escravidão fossem mais habilidosos na arte retórica, a escravidão estaria justificada? De jeito nenhum. Foi preciso buscar o alicerce objetivo contra a absurda ideia de que negros não são pessoas. Não se pode despersonalizar alguém por força de acordos consensuais.

Ser membro da comunidade moral humana não depende de títulos que se adquire por decretos políticos. Os direitos humanos não podem ser um mero jogo de palavras autodeterminadas pelo corpo político do "momento". A dignidade é uma propriedade intrínseca, objetiva, permanente e universal. Para a democracia relativista fazer tal exigência, porém, pode soar como um enorme contrassenso.

Em um mundo que valoriza acima de tudo a opinião, convocar o silêncio cético como freio de possíveis atitudes tirânicas até que a ignorância esteja superada por alicerces mais seguros é sinal de insanidade. Porque se todos estão o tempo todo certos de suas opiniões e devem anunciá-las, não faz o menor sentido falar em consciência de ignorância e autoexame crítico. Assumir a possibilidade de que certas opiniões políticas podem estar erradas é um problema sério para o sistema que preza acima de tudo pela defesa intransigente de opinião.

Na democracia, todos estão com a razão o tempo todo. Participamos de debates para esmagar adversários e não para encontrar a verdade dos fatos. Na era das redes sociais, alegar conscientemente ignorância, lealdade a si mesmo e convidar ao silêncio crítico podem ser até sinal de doença, só que uma doença incapaz de colocar em risco a tirania da opinião. Contudo, o convite socrático ao debate será sempre o método seguro para frear tais impulsos.

*O silêncio cético contra a tirania —
afinal, como entrar no reino dos fins?*

Desprezar certos debates públicos — como o caso do aborto, por exemplo — significa o silêncio cúmplice diante da possibilidade de injustiças contra inocentes. A filosofia exorta o silêncio como exercício terapêutico de nossas opiniões. Disso não segue a cumplicidade com injustiças. Hoje, o ato de "lavar as mãos" para certos experimentos contra a realidade — para usar uma expressão de Hannah Arendt referente às ideologias totalitárias — não lavará a consciência do sangue inocente derramado. Habilidosos sofistas sugerem que o embrião ainda não é pessoa e, por isso, não participa da comunidade moral nem é merecedor de respeito. Como não é um de nós, a gestante tem todo direito de aniquilá-lo.

No entanto, e se estiverem errados quanto a isso? Se não há consenso filosófico de quando surge uma nova pessoa, isto é, quanto ao *status* pessoal e relevância moral da vida por nascer, condenar à morte o embrião é, no mínimo, um tiro no escuro. De qualquer maneira, não se trata de uma realidade que se descobre por um ato da vontade. Os critérios determinantes do *status* de ser humano como membro da comunidade moral não podem ser satisfeitos por consensos políticos. Há uma margem de arbitrariedade complicada, à primeira vista, nessa ideia aceita por parte significativa da opinião pública favorável ao aborto, de que seres humanos em condição embrionária não são pessoas. A proposta deste livro é demonstrar que eles estão errados, *objetivamente errados*.

A democracia evoca isto: "Dê tua opinião com habilidade retórica." O silêncio cético, marca da atitude filosófica responsável, por outro lado, evoca: "Se não sabe, silencie, não dê sua opinião até encontrar o porto seguro na realidade das coisas." Antes de exercer qualquer atividade política — a atividade cuja vocação principal é a justiça — o filósofo convida todos a fazer meticuloso exame crítico das próprias opiniões. Se não sabe se o ser humano em estado embrionário é uma pessoa, com que legitimidade autorizará a gestante, se assim desejar, matá-lo? Como podemos permitir que uma mulher aborte se não há certezas conclusivas sobre o que vem a ser um embrião? Na dúvida, a filosofia convida: evite agir caso você não esteja convencido diante do tribunal, que é sua própria consciência. Esse é o primeiro passo para evitar praticar injustiças, e deve ser considerado o exercício prudente da razão concreta e vigilante quanto aos ricos de opiniões imprudentes e equivocadas. Para que a justiça não seja apenas a conveniência do mais forte, a filosofia deve se opor à arrogância da racionalidade abstrata, vazia e engenhosa de sofistas.

Para dar um exemplo dos possíveis desvios da racionalidade, a opinião segundo a qual a justiça consiste em nada mais nada menos do que dar privilégios aos amigos mediante o exercício da força contra os inimigos é uma boa opinião? A opinião de que a justiça é a conveniência do mais forte é uma boa opinião? Depende. Na democracia, se o povo assim determinar, assim será. Caso a vontade geral conclua que sim, e que isso beneficie a todos, isso beneficiará a todos. O aparato coercitivo do Estado se encarrega do resto. A guilhotina ou, para ficar mais perto, os campos de concentração estiveram aí para agilizar o serviço.

Sócrates defendia a surpreendente tese de que era melhor sofrer uma injustiça do que praticá-la. Porém, como saber o que é injustiça se toda noção de justiça depende das impressões e da capacidade de persuasão de quem a defende? O problema mais sério para a filosofia não é sofrer nas mãos dos injustos, mas é a incapacidade de perceber que cada um de nós pode ser o principal agente de injustiças. Ao fazer tal convite, Sócrates colocou a democracia em apuros. Apresentou limites e estabeleceu freios aos impulsos da maioria. A prova mais terrível foi que a clássica cidade democrática optou por matá-lo. Sócrates pode até ter sofrido uma grande injustiça, mas se recusou até a morte a praticar uma.

Os riscos da nossa moderna democracia não são diferentes. Pode ter mudado os meios, a tecnologia e o alcance, mas o caso é que inocentes esperam o tribunal deliberar sobre o destino deles. Se ainda restou alguma função importante para a filosofia, uma delas é alertar dos perigos de um sistema de poder baseado só no consenso e na força da persuasão, pois é preciso superar a tentação do niilismo ético implícito nessa mentalidade. Um sistema de direitos precisa ser mais do que um sistema de poder baseado na força da persuasão que se resolve no que o povo delibera; precisa, primeiro, trazer uma realidade além do que é apenas posto nas leis pelo arbitrário decreto dos mais fortes — ou dos mais persuasivos. Essa realidade, para usar uma expressão de Kant, é a *pessoa* compreendida como *fim em si mesma* e cujo valor é a *dignidade*.

Ninguém é sujeito de direito porque assim foi decretado pela vontade geral, mas porque possui propriedade intrínseca de *ser pessoa* e, precisamente por isso, participa como *membro da comunidade moral*. A dignidade não é um valor que se pode dar ou tirar de alguém por força da linguagem retórica, do proselitismo ideológico e da autodeterminação de um consenso. A soberania absoluta da vontade popular é mito político. Só há soberania na medida em que há o reconhecimento de limites, o que invalida a ideia de "absoluta".

A filosofia nasceu quando levantou dúvidas sérias sobre o fundamento da justiça em um sistema político de consenso. O atual debate do aborto não é diferente, já que o embrião é membro da comunidade moral humana como qualquer outra pessoa. A filosofia poderá, analogamente ao seu passado diante de habilidosos sofistas, contribuir com essa discussão ao frear certos impulsos tirânicos da sociedade por saúde, bem-estar e "direitos".

As ações dos homens não dependem de filósofos. Nenhuma pessoa precisa de filosofia para viver e tomar decisões — boas ou ruins. A reflexão dos filósofos auxilia as pessoas a colocarem alguns de seus impasses morais nos eixos, entender com mais clareza o senso de dever e responsabilidades, bem como ser capaz de prever possíveis consequências. Uma adequada e modesta concepção de filosofia avalia opiniões em vez de dar sermão moralista. Essa é a disposição terapêutica na atividade filosófica. A filosofia busca fornecer diagnósticos sobre o estado atual de nossas ideias mais do que prescrever a receita. Porque era e ainda é preciso perguntar pelos limites das nossas ações éticas e políticas antes de a elite representante da vontade do povo decidir o que fazer com a vida dos outros. Enfim, saber se não seremos nós os principais agentes de injustiças.

A natureza da justiça

Se a natureza essencial da justiça é estabelecer limite equilibrado entre os membros da comunidade moral, o que limita o poder? O limite consiste na medida para garantir a manutenção dos direitos. Em essência, o direito é o bem que pertence a alguém. Assim, direito é sempre o *direito de alguém*. Não são entidades abstratas desvinculadas de uma referência pessoal concreta. Direitos estão atrelados a um ser que, primeiro e acima de tudo, existe, depois age em vista dos interesses para preservação de valores que estima, sobretudo o próprio valor de dignidade. Valor de dignidade é a propriedade intrínseca de todo indivíduo membro da comunidade moral e não o que é determinado pela vontade de quem detém o poder. Como explica Abelardo Lobato Casado: "O homem é sujeito de direito pela sua condição de ser pessoal, pela sua mesma dignidade conatural. Para conhecer a fundo os direitos do homem, é necessário voltar constantemente ao núcleo de onde brotam, ao mistério do ser pessoal, onde se encontram o ser, o agir e suas relações." Conclui, pois, que "os direitos humanos não surgem por si mesmos, não foram presenteados ao homem por um outro homem ou por uma instituição humana, como o Estado. São algo que lhe pertence e lhe pertence antes de qualquer instituição humana".[4]

Dizer que alguém tem direitos é dizer o que deve ou não deve ser feito e quais são nossas obrigações e as obrigações que esperamos dos outros neste *reino em que todos são fins em si mesmos*. De um jeito especial, os direitos relacionam as pessoas em uma comunidade moral. Ser considerado *fim em si*, como dirá Kant, é "a condição suprema limitadora da liberdade de ação de todos os homens".

Se os embriões são pessoas, eles são fins em si mesmos. E se são fins em si mesmos, eles impõem uma condição limitadora à liberdade de qualquer outra pessoa, principalmente à da gestante. Isso significa que não devem ser instrumentalizados pelo desejo de ninguém. Por serem fins em si mesmos, já são membros naturais da comunidade moral e, por isso, possuem valor neles mesmos. Logo outras pessoas têm obrigações com *relação* à vida do embrião por nascer. E as gestantes são as primeiras a formarem com os seus filhos uma comunidade familiar. As mulheres não perdem sua dignidade — não deixam de ser *fim em si mesmo* — por essa condição suprema limitadora. Ser obrigada a não matar um filho é diferente de ser obrigada a amar ou aceitar o filho; diferente do que os defensores do aborto alegam, ser obrigada a não matar o filho é reconhecer que o exercício da liberdade, mesmo sobre o próprio corpo, deve ser limitado pela presença concreta de outro ser humano.

Se mulheres têm direito de tomar certas decisões sobre seus corpos, por exemplo, a decisão de ficar grávida, essas decisões dependem — pois se relacionam diretamente — do reconhecimento dos direitos fundamentais dos outros, sobretudo quando esse outro é o seu filho.

O direito ao aborto significa, nesse sentido, ser contrário à constituição de uma comunidade moral, pois trata-se da total destruição do senso de comunidade familiar fundada, primeiramente, na relação entre mãe e filho — falarei melhor dessa relação no último capítulo. Se a existência de uma pessoa é um direito fundamental que precisa ser preservado e depende de sua natureza e não do consentimento de terceiros, e se o embrião é uma pessoa desde a concepção, é justo exigir e até impor certas obrigações e restrições às ações das gestantes — que são as primeiras pessoas a se relacionarem com os embriões. Contrário ao que os defensores do aborto querem fazer parecer, a maternidade não é uma relação social adicional, mas uma relação pessoal fundamental entre mãe e filho que começa logo na concepção — e não quando a mãe simplesmente aceita o filho que vive em seu ventre. Um filho não deixa de ser filho porque é indesejado. Socialmente ele será "um filho indesejado", talvez sofrerá os traumas psicológicos, mas não deixa de ser filho de alguém por esses motivos.

A noção de que os direitos são *relação* implica que as ações humanas não são neutras, totalmente livres e independentes de consequências. As ações devem ser limitadas por certos tipos de obrigações e sanções e exigem responsabilidades de todos os membros da comunidade. Pois os "seres racionais", concluirá Kant, "são chamados *pessoas*, porque a natureza deles os designa como fins em si mesmos, isto é, como alguma coisa que não poder ser usada só como meio, alguma coisa que, por consequência, põe um limite, em certo sentido, a toda liberdade e é objeto de respeito". Então há limites objetivos para além das impressões subjetivas.

A justiça consiste no princípio de medida de distribuição de bens que regulam as nossas ações, deveres e obrigações em uma determinada comunidade sem ferir o que é de direito de cada um de seus membros, ou seja, sem transformar as pessoas em meios. Ser justo, portanto, é reconhecer obrigações perante a dignidade dos outros. E a ação justa refere-se ao equilíbrio entre o que é do interesse de cada um e o que é do interesse de todos. A justiça diz respeito ao equilíbrio das obrigações e sanções. Esse equilíbrio não pode ser fundamentado nas impressões subjetivas das pessoas ou naquilo que uma vontade geral autônoma e de poder absoluto decide, visto que não se trata de algo que se dá ou que se retira por decretos voluntários. Uma reserva mínima de objetividade precisa assegurar a validade, a estabilidade e a permanência do direito. Essa reserva mínima de objetividade deve ser determinada pelo próprio *status* humano e moral das pessoas. E não há consenso e força retórica que estejam acima dessa verdade.

Considerando o âmbito da decisão política e não jurídica, a ação política deve ser, em linhas gerais, a transição justa entre os interesses individuais e os interesses coletivos, a justa medida entre os interesses privados e o interesse público e entre os interesses públicos e os privados.

Se natureza da justiça é impor limites para equilibrar obrigações e sanções que devem ser expressos na forma da lei por meio da decisão política, qual critério determinará esse limite? E, mais do que isso, *quem* determinará esse critério? Como a comunidade política determinará isto: pelo consentimento de uma minoria no poder ou pela efetiva realidade dos seres humanos? O impasse político antecede o que será construído e entregue na forma da lei. Se o que resolve esse impasse é a força do discurso persuasivo, não se pode falar em direitos humanos universais objetivos e, nesse caso, a única medida da justiça é a força imposta pela autonomia da vontade — no relativismo é o mesmo que dizer: qualquer coisa serve; no niilismo: nada importa.

Filosofia e violência

O filósofo Sócrates tentou argumentar para os seus cidadãos atenienses que era preferível sofrer uma injustiça do que praticá-la. A principal razão para evitar ser o agente de uma injustiça é não ter de conviver para o resto da vida na companhia de uma pessoa injusta. Ao sofrer uma injustiça pode-se evitar o convívio dos injustos. Porém, quando sou eu o agente de uma injustiça, eu terei de conviver para o resto da vida com a minha própria companhia. Perdão e arrependimentos são íntimos demais para serem apurados. Ninguém é obrigado a se arrepender ou pedir perdão. No entanto, há um nível objetivo a partir do qual a reflexão filosófica pode se agarrar. Levando em consideração que tudo provém de impressões pessoais, um assassino bem poderia, ao contrário, sentir-se à vontade na companhia de outros assassinos e estar satisfeito com a sua própria consciência assassina. No entanto, qual a possibilidade efetiva de uma comunidade moral dar certo se todos suspeitam o tempo todo de todos? Uma comunidade de assassinos não pode ser considerada, por definição, uma comunidade moral. É uma contradição nos próprios termos.

Seguir cegamente a própria opinião e suas preferências subjetivas pode ter um custo social elevadíssimo: a própria impossibilidade da vida social. O fato é que um nível mínimo de lealdade consigo mesmo faz com que as pessoas se tornem *sócias* de uma comunidade moral sem precisar o tempo todo suspeitar uns dos outros na medida em que, antes, são capazes de suspeitar delas mesmas. A comunidade moral em um reino dos fins deve ter como fundamento esse princípio de lealdade tácita das pessoas consigo mesmas.

A expectativa da filosofia é, portanto, encontrar uma reserva mínima de realidade como fundamento da justiça. Contudo, como isso é possível em uma democracia baseada na noção de que o único sujeito de justiça é a persuasão?

O problema se constrói no dilema vivido pelo filósofo: como evitar praticar injustiça se ainda não sabemos o que é a realidade da justiça? Se justiça for só aquilo que é estabelecido pelo poder das elites representantes soberanas da vontade do povo, viver em sociedade é correr um risco permanente. O eterno risco de a política ser a esfera de privilégio dos amigos contra inimigos e, pelo uso da força bruta, eliminar tudo o que atrapalha a boa saúde da sociedade de amigos. O eterno risco da conveniência do mais forte. Sócrates acreditava em uma medida objetiva para além do consenso de opinião. Mesmo se os mais fortes conseguissem chegar ao poder, pelo menos haveria algum limite real para a atuação política. Ademais, caso desrespeitem esses limites reais, haveria pelo menos uma boa justificativa para confrontá-los, em vez da mera possibilidade de substituição de uma tirania pela de outra. Hoje, os meus inimigos estão no poder, luto contra eles; amanhã, estarão os meus amigos, luto por eles. Como se o que restasse à vida social fosse o ciclo perpétuo de violência como afirmação do mais forte.

A filosofia nasceu a partir dessa tensão no interior da sociedade democrática ateniense. Hoje há o Estado democrático de direito, que é a forma moderna encontrada para enquadrar, estabilizar e limitar o poder político do Estado por meio do império do direito. Vivemos situações semelhantes às vividas por Sócrates. O filósofo convidava o cidadão a resolver a tensão no interior de sua alma antes de sair pela cidade papagaiando suas opiniões sobre justiça e a vida boa sem ter passado pelo devido exame crítico de consciência. O pensamento é conversa interior capaz de interpretar a si mesmo e simular a situação *social* de lealdade. Para usar uma expressão moderna, o filósofo exortava o pensamento interior a fim de que o poder fosse determinado pela força da justiça, em vez de ser determinado pelo direito da força. Entender que a exigência de um direito implica o reconhecimento de obrigações e responsabilidades. De que antes de se fazer política é preciso cuidar da própria consciência, pois, parafraseando a famosa afirmação atribuída ao orador e político irlandês John Philpot Curran, o preço da liberdade interior é a eterna vigilância da consciência.

Ter direitos, no sentido de reclamar certas obrigações, não significa poder agir conforme nossas inclinações e desejos imediatos, mas agir conforme o reconhecimento de uma obrigação objetiva que regula nossa conduta social. Uma ação não se torna boa simplesmente porque foi decretada como lei pela vontade de quem está no poder. E a lei não se torna justa porque quem tem poder ordena o que é justo.

Em síntese, devemos esperar que a vocação da política seja acima de tudo a justiça e não o poder como expressão de força, e que a vocação da justiça seja a lealdade das pessoas consigo mesmas e não a lealdade com um sistema injusto de normas decretadas pelo poder.

Levado ao extremo, o risco de todo relativismo é conduzir a cidade para o domínio exclusivo da força ao fundamentar a justiça no poder, e não o poder na justiça. Chamar a atenção para o fato de que o poder deve estar a serviço do direito, e não o direito a serviço do poder. Separado da justiça, o poder torna-se instrumento de destruição do direito.[5] A tendência lógica do poder sem a devida medição da justiça é a destruição das pessoas, sem chance aos mais fracos. A tirania da opinião baseada só na força de persuasão e nas preferências e desejos pessoais, que é a força da abstração arrogante, conduz à destruição do indivíduo.

Essas são equações perturbadoras que, no caso específico do aborto, ganham contornos ainda mais nítidos.

A Nova Babel

A democracia fundada na força de opiniões e preferências pessoais, opiniões ora expressas na *ágora*, ora expressas na *timeline* das redes sociais ou em qualquer outro meio de troca de ideias, nunca foi, é ou será construída enquanto poder da maioria. O poder será sempre exercido por minorias que dominam os meios mais eficientes de comunicação e persuasão. A maioria das pessoas segue, sem a devida atenção crítica, reproduzindo os lugares-comuns e os jargões em qualquer ponto do globo e em velocidade alucinante. Vivem suas vidas sem pensar nas consequências de suas opiniões. Como se vivêssemos em uma Torre de Babel, as redes sociais prometem edificar a "cidade da liberdade", mas edificam a "cidade da confusão". Nessa cidade, conhecimento objetivo não só não é mais possível como a pretensão de buscá-lo deve ser combatida. Deve-se acreditar em qualquer coisa, defender qualquer coisa e estar o tempo todo com a razão.

O caráter reflexivo da racionalidade, o qual nos auxilia a cuidar da própria consciência, foi profundamente substituído pela habilidade reativa de opiniões "demolidoras". Na democracia das redes sociais, é cada vez mais comum a defesa de ideias descompassadas do exercício de parar para pensar com clareza e precisão a respeito dos seus fundamentos e de suas consequências. Claro que há pessoas pensantes. Porém, os efeitos das redes minimizam a paciência da reflexão e maximizam hábitos irrefletidos. Ambiente em que a única lealdade cultivada é à autoimagem virtual — um subproduto de aparências transitórias. No fim, o que sobra é um conjunto de hábitos irrefletidos em defesa de opiniões que são sempre verdadeiras para nós, e por isso devem trazer benefícios inconfundíveis para todos. Quem discorda que tente convencer do contrário.

Em uma cultura digital e global como a nossa, isso é ainda mais preocupante. Preocupante na medida em que se acredita na tese de que para urgentes problemas mundiais precisamos urgentemente de um governo do mesmo tamanho, como único capaz de representar os anseios de todos os habitantes do planeta. Exemplos não faltam: Organização das Nações Unidas, Organização Mundial do Comércio, Organização Mundial da Saúde e por aí vai. O caso é que todas essas organizações mundiais pretendem se engajar na saúde geral dos povos. E têm poder para isso, porque têm os instrumentos adequados. Como não há verdades objetivas, o sofisticado domínio da persuasão presente em seus programas de cooperação internacional constitui o alicerce para garantia do benefício de todos. O mais famoso programa é a Declaração Universal dos Direitos Humanos de 1948, que passou a ter peso político em 1966 com o Pacto de Direitos Civis e Políticos e o Pacto de Direitos Econômicos, Sociais e Culturais. Um verdadeiro substituto para as religiões históricas, criado pelos humanistas seculares para minimizar os efeitos catastróficos de duas grandes guerras mundiais.

Estamos diante de um ideal muito bonito de paz, justiça e humanidade. E o que estiver fora desse ideal abstrato — lembrando: sempre determinado pela força infalível da Assembleia Geral das Nações — deve ser rechaçado como perigoso, injusto e até inumano.

Por causa da internet, a sensibilidade para os supostos problemas globais e humanos é diluída em uma opinião pública impessoal cujo senso de justiça se distancia cada vez mais da objetividade. Acentua-se a isso o efeito psicológico combatente contra todos os que estão colocados para fora do ideal abstrato de "bem-estar", "saúde pública", "justiça social" e, principalmente, "humanidade".

Na era da informação e do livre debate público de ideias, a busca paciente pelo conhecimento é substituída pela autopromoção de certezas inabaláveis — em escala reduzida, foi assim na Grécia antiga dos sofistas e, em escala global, é assim hoje. Como bem mostrou o professor de filosofia Gabriel Ferreira, "a crença amplamente difundida na igualdade *a priori* de opiniões" determina que o saber objetivo "não é somente alvo de uma desconfiada indiferença, mas ele é agora odiosamente renegado em favor de uma equidade estúpida. E daí segue-se um dos deliciosos paradoxos da modernidade, que consiste no fato de que ao mesmo tempo que vivemos na assim chamada era do conhecimento, talvez nunca tenhamos tido tamanho desprestígio público e raivoso pelo saber".[6] Por que haveria necessidade de buscar o conhecimento se toda impressão pessoal é imediatamente verdadeira e as decisões do povo são infalíveis? Filosofar é perder tempo, e a violência pode ser o único método da Nova Babel.

É o preço por ter se esquecido da história

O historiador Timothy Snyder escreveu em seu livro *Sobre a tirania*: "Poderíamos ser tentados a pensar que a nossa herança democrática nos protege automaticamente dessas ameaças. É uma ideia equivocada. Nossa própria tradição exige que se examine a história a fim de compreender as fontes mais profundas da tirania e de refletir sobre as respostas apropriadas."[7]

Dessa forma, as grandes disputas ideológicas da primeira metade do século XX deveriam ensinar muita coisa. Nacionalistas e internacionalistas, liberais e socialistas, militaristas e pacifistas, todos exerceram, mediante uso da força da persuasão, o privilégio dos amigos e o total aniquilamento ou desejo de aniquilamento dos que eram considerados inimigos da saudável sociedade justa, determinada pela autossuficiência da vontade geral.

Não foram só tolices que a nova ordem democrática niilista e as revoluções ideológicas ajudaram a produzir e a reproduzir à exaustão. Nos casos históricos específicos, a democracia também contribui para a construção de um arsenal de estupidez com generosa potência para destruir tudo aquilo que atrapalhava a realização do melhor dos mundos. E não foi só um exercício de força bruta. Havia técnica. Havia engenho. Havia ciência — da Raça, da História, da Sociedade, do Indivíduo e da Guerra. E havia, acima de tudo, consenso. A vontade, pura e simples, era a condição necessária e suficiente dos sofisticados sistemas jurídicos. A promessa de final feliz da história justificava a mobilização total para combater toda forma de degeneração como causa de decadência da civilização. No fim, o resultado foi apenas o horror.

As democracias dominadas pelos ideais utópicos de liberdade, autonomia e entusiasmo em torno do bem-estar de seus membros foram longe no exercício de destruição de tudo que aquilo que atrapalhava a autodeterminação do povo. Foram democracias fundamentadas no puro ato de vontade. De uma vontade sem limites. Tudo em nome do aperfeiçoamento do homem para o bem-estar da nação e, agora, da humanidade. Pois é o que acontece quando se está sobre a tirania dos tolos.

Há um preço pelo esquecimento da história. O pós-guerra foi uma tentativa de superar as ideologias catastróficas da primeira metade do século XX. Só que o tribunal da história elegeu como juiz a linguagem humana como ilimitada medida de si mesma. A partir disso, as famosas fórmulas de Protágoras e Górgias alcançaram o ápice com a *Declaração Universal dos Direitos Humanos*. Aprovado em 1948 pela Assembleia Geral da Organização das Nações Unidas, esse importante documento tem servido como horizonte sagrado dos ideais de direito universal do homem, que devem ser aplicados a cada cidadão do planeta. Com a ONU, o relativismo niilista somado ao ideal utópico da liberdade e autonomia da vontade do povo foi elevado às suas últimas consequências lógicas.

O fato de a crença nos direitos universais do homem ter como fundamento o consenso global e abstrato não muda em nada a ideia de que a única medida de todas as coisas é o poder de persuasão. Pelo contrário, só confirma. Continua não havendo *nada* entre linguagem e realidade. Ou seja, não há nada entre os anseios de uma minoria que exerce controle dos meios de persuasão no interior da sociedade civil e o frágil sistema de justiça. A diferença entre o relativismo dos gregos clássicos e o nosso, de nível planetário, é só o tamanho da cidade. Uma cidade era do tamanho de um condomínio, a outra é do tamanho do planeta. O que mudou foi que a arte retórica está potencializada na tecnologia de comunicação e controle em larga escala, e o poder de destruição, por ser mais higiênico, minimiza os riscos de uma crise de consciência.

Chamar atenção para a fragilidade dessas certezas em um desordenado mundo globalizado e dominado por informações e vaidades é uma tarefa primordial para investigação filosófica. A filosofia não volta a ocupar o banco dos réus. Dessa vez, não será condenada à morte; talvez, no máximo, será ridicularizada. Quem ocupa o banco dos réus é o nascituro. No entanto, tal como Sócrates, a filosofia tem a obrigação de nos alertar dos riscos desse ideal abstrato da razão persuasiva. Quando desvinculada da realidade, perdemos o critério para diferenciar o justo do injusto na consciência e na sociedade. A nobre função da atividade filosófica é também denunciar a vocação para a violência do atual relativismo democrático.

O naufrágio de Noé

O esforço para excluir o embrião da comunidade moral não tem precedentes na história. E nem o de incluir macacos, golfinhos, girafas e todos os animais não humanos sencientes. Nada contra os discutíveis direitos dos animais não humanos. Mas foi graças à nossa benevolência e empatia com o sofrimento alheio que o animal não humano pôde ser protegido e incluído como parceiro de uma comunidade ambiental. Embora nenhum animal não humano consiga partilhar do senso de justiça, responsabilidade, dever e compaixão. Se um leão tiver de comer alguém, fará sem nenhum peso na consciência, não passará por qualquer remorso e não responderá na justiça por isso.

Ao fazer referência aos animais não humanos, pretendo apenas chamar atenção de como o dogma do relativismo utilitarista, materialista e hedonista atua no caso do aborto. Trata-se, pois, do pano de fundo presente nas tentativas de excluir a vida em gestação da comunidade humana de direitos e incluir arbitrariamente animais não humanos — só para registrar, sou a favor da criação de leis rigorosas para maus-tratos de animais.

O utilitarismo ético elegeu sentimentos tanto de prazer quanto de dor como parâmetros objetivos para a moralidade. O modelo ético do tipo consequencialista mais conhecido — e, hoje em dia, sem dúvida o mais influente — é o utilitarismo. Muitos defensores do aborto partilham dessa visão de mundo. A ética consequencialista, por definição, defende a tese segundo a qual valores morais deverão ser calculados pela análise de consequências, e não pela qualidade das intenções ou a disposição de caráter do agente moral. Por ser uma avaliação *quantificável* do ponto de vista empírico, independente da qualidade da intenção ou do caráter moral do agente, cabe à ciência natural julgar procedente se uma ação deve ser considerada moral ou imoral, se uma vida é digna ou não de continuar viva, e quem deverá ou não ser considerado pessoa e membro da comunidade moral.

Para essa mentalidade, análises filosóficas acerca da moralidade deverão ser colocadas de lado em nome da ciência natural — única capaz de determinar os critérios objetivos para os valores morais, visto que dor, sofrimento, bem-estar e prazer são propriedades passíveis de serem aferidas pela experiência, e o *status* dos valores morais responsáveis por orientar a conduta poderá ser oferecido pelo método científico. Se um ser tem a capacidade de sentir, merece algum respeito moral. Se não tem essa capacidade, não merece qualquer atenção moral.

A exigência para considerar algo *pessoa* depende do reconhecimento de certas funções, e não da realidade subjacente ao ser racional.

Virtudes como benevolência, coragem, caridade, prudência, amizade, compaixão e justiça são reduzidas a meras expressões de sensação de dor ou prazer. O "bem" define-se por "qualquer coisa que desperte a máxima felicidade total". Com efeito, a avaliação quantitativa da "felicidade total" se reduz às análises de sensações como único instrumento objetivo do qual dispomos para avaliar e julgar o valor da conduta. Tem validade moral se houver alguma disposição, mesmo que rudimentar, para interesse do "bem-estar".

A vantagem desse tipo de ética consiste na possibilidade de ser ampliada para os animais não humanos e poder limitar alguns casos da vida humana. Animais sentem? Sim. Devem ser incluídos como membros da comunidade moral. Os embriões humanos sentem? Nessa fase do desenvolvimento, ainda não há qualquer sistema capaz de sentir. Não precisam ser incluídos, e por isso protegidos, como membros da comunidade moral. Doentes mentais? Peter Singer defende: "Não devemos preservar uma vida simplesmente porque ela é humana. Imagine alguém com um problema cerebral sério, alguém que nunca terá consciência própria nem será capaz de se comunicar."[8] A expressão "nunca terá consciência" aqui se refere apenas à incapacidade de desenvolver função para sentir e dispor do interesse em agir em conformidade com o bem-estar. É uma visão bastante reduzida da subjetividade humana.

Em um futuro hipotético, se a ciência descobrir que um pé de alface sente dor, o simples ato de temperar uma salada será considerado imoral. ONGs pelo direito dos vegetais pressionarão as Nações Unidas para incluir as plantas como membros da comunidade de direitos universais. Em tempos mais distantes, humanos evoluídos se alimentarão de luz. Paradoxalmente, o último passo da evolução humana será fazer fotossíntese.

O utilitarismo é limitado. Trata-se de uma concepção ética; no fundo, relativista. Não obstante estejam presentes elementos como o dogmático princípio da maximização do "bem-estar" e a crença na ciência como única forma de conhecimento capaz de resolver problemas éticos — embora muitos filósofos utilitaristas sejam bem mais cuidadosos na exposição de seus argumentos —, os efeitos no senso comum são esses.

A principal dificuldade ao reduzir a ética à experiência de dor é explicar o prazer sentido por um sádico ao submeter outra pessoa e a si mesmo à dor. Se é o que eles gostam, vale? A perversidade, que assinala no homem a disposição profunda para praticar o mal pelo prazer de praticar, impõe barreiras difíceis de contornar para o defensor desse tipo de mentalidade. O utilitarismo é a forma moral da metafísica naturalista e funcionalista. No fundo, é a visão de mundo capaz de prescrever: "Não há motivo para manter viva toda pessoa indiscriminadamente." Se tudo é relativo, como discriminar a pessoa que deve ou não viver? Graus de sofrimento, função cerebral. Por isso a facilidade para descartar o embrião humano do cálculo de maximização de bem-estar.

De qualquer modo, o termo "ética" define a maneira de viver dos seres humanos. É o que nos diferencia do determinismo cego da natureza. Não faz sentido falar em ética dos animais, uma vez que a transferência de qualquer tipo de valor moral aos animais não humanos diz respeito à capacidade essencialmente humana de atribuir valor a tudo, incluindo os animais. O "animal ético", por definição, é o ser humano. Ético por ser livre, racional, autoconsciente e capaz de agir por força de sua própria vontade e pelo senso de dever. Nenhum animal não humano até onde se sabe foi, é ou será capaz de compreender os critérios determinantes de sua conduta. Senso de dever, responsabilidade e justiça são exclusivos dos seres racionais.

Mas por que essa necessidade de excluir o nascituro da comunidade moral? A pergunta mais importante: é possível excluí-los ou incluí-los só porque a força deliberativa dos acordos nacionais e internacionais assim determina? Será o valor a ser pago pelo relativismo? Por fim, só uma concepção ética fundamentada em realidade objetiva para além do funcionalismo hedonista pode superar o *niilismo* — caso contrário, é preciso estar preparado para o naufrágio de nossas expectativas.

3. Imposturas intelectuais e políticas: a propaganda pró-aborto

*A força histórica do ativismo pró-aborto
depois do caso* Roe versus Wade

Quando o assunto é força de persuasão em uma época relativista, o caso do aborto torna-se emblemático. A defesa intransigente para a legalização da prática abortiva é proposta *ad nauseam* — fazer com que uma afirmação seja repetida várias vezes até parecer e ser aceita como verdadeira — por setores influentes da sociedade civil que atuam em consonância com diversas entidades não governamentais, governamentais e intergovernamentais. Indiretamente, os Estados nacionais soberanos, ideia de unidade política criada para garantir identidade, unidade, segurança e estabilidade social, cedem cada vez mais suas autonomias a pressões da comunidade internacional e a influentes movimentos sociais que atuam em várias camadas da sociedade.

Argumentarei que a discussão do aborto, para ser bem compreendida, precisa antes de tudo ser pensada a partir desse panorama retórico e político, e o que se promove como "debate" não passa de propaganda em defesa do aborto. Mostrarei como esse suposto debate se impõe de cima para baixo por mentalidades materialista-hedonistas (que carregam forte componente racista, preconceituoso e eugênico) presentes, primeiro, em organizações internacionais e, segundo, em uma complexa rede de influência formada por grupos engajados em vários níveis de atuação e com amplo respaldo de intelectuais, acadêmicos, filósofos, jornalistas, juristas, médicos e até teólogos.

Para se ter apenas uma ideia, atuam em parceria hoje no mundo algumas instituições internacionais não governamentais como Planned Parenthood, Ipas, Instituto Guttmacher, Catholics For Choice, NARAL Pro-Choice America e Our Bodies Ourselves. A ONU e as suas subordinadas, subvertendo o sentido da própria Declaração Universal dos Direitos Humanos, formam a rede de instituições intergovernamentais interessadas na liberação do aborto. No Brasil, temos Cfemea (Centro Feminista de Estudos e Assessoria), Católicas Pelo Direito de Decidir, GEA (Grupo de Estudo Sobre Aborto), Anis — Instituto de Bioética, Direitos Humanos e Gênero.

O tema da liberação do aborto surge no interior da sociedade como discurso humanitário preocupado com os direitos reprodutivos e sexuais das mulheres. Como o aborto é tematizado só a partir do domínio da mulher sobre o próprio corpo, qualquer discussão filosófica acerca da humanidade do embrião precisa ser rechaçada, ridicularizada e combatida.

Em 1981, quando o debate nos Estados Unidos despontava por causa do caso *Roe versus Wade*, Ayn Rand, filósofa americana de origem russa, promovia as bases do atual ativismo retórico a favor do aborto: "Um embrião *não possui direitos*. Os direitos não *pertencem* a um *potencial*, apenas a um ser *real*. Uma criança não pode adquirir direitos até que ele nasça. A vida tem precedência sobre o não vivo — ou o nascituro." Para ela, e outros irão compartilhar e aperfeiçoar essa ideia até hoje, "uma definição adequada, filosófica e válida do homem como 'um animal racional' não permite que alguém atribuísse o *status* de 'pessoa' a algumas células humanas". As palavras de

Ayn Rand abririam as portas do discurso retórico-padrão para a defesa do aborto: "Um pedaço de protoplasma não tem direitos — e nenhuma vida no sentido humano do termo. Ao atribuir direitos aos nascituros, isto é, aos não vivos, os que se opõem aos abortistas aniquilam os direitos dos vivos: o direito de os jovens estabelecerem os rumos de suas próprias vidas."[1] Tirando o fato de que hoje se usa a expressão "amontoado de células" e não "pedaço de protoplasma" para fazer referência ao processo de despersonalização do embrião, esse texto na verdade parece ter sido escrito por um ativista atuando nas redes sociais.

É preciso considerar a força histórica do ativismo pró-aborto. Os ativistas impõem pauta e ritmo a esse debate há pelo menos meio século.

No nível da opinião pública, o tema do aborto está longe de ser conduzido como "debate" por aqueles que defendem o aborto. O que é anunciado como "debate" ganha nítidos contornos na sociedade civil a partir do declarado jogo de interesses políticos e financeiros conduzido por influentes movimentos internacionais atuando em parceria com entidades organizadas, articuladas e financeiramente poderosas. Entidades notoriamente marcadas por políticas de controle de natalidade e uma perigosa agenda eugenista promovida, acima de qualquer suspeita, como ajuda humanitária.

Não estou afirmando com isso que as boas reflexões filosóficas em defesa da libertação do aborto não existam. Estou afirmando, pelo contrário, que em uma camada mais politizada e engajada da sociedade, de reconhecida atuação na opinião pública, não há nada digno de ser chamado "debate". O nome correto é um só: propaganda retórica. Isso não significa ausência completa de um nível de discussão equilibrado, ponderado e racional. Filósofos, filósofos do direito, médicos, juristas e cientistas sociais, bioéticos e da natureza têm se empenhado em formular e propor discussões em alto nível de seriedade — o mínimo esperado quando se trata de compreender o *status* moral da vida não nascida, em particular, e da vida humana, em geral.

O problema é que o lado mais difícil desse debate está reservado, normalmente, aos acadêmicos mais discretos. Em contrapartida, os acadêmicos pró-aborto transitam melhor entre academia e opinião pública. De qualquer maneira, os elementos mais técnicos da discussão ficam restritos a uma camada intelectualizada e distante dos sensíveis problemas sociais, que só recebem o subproduto já depurado da discussão acadêmica. O debate filosófico mais duro não tem apelo social porque tal apelo não faz sentido em um nível rigoroso de reflexão filosófica, não é divertido e não atende às exigências retóricas. Com raras exceções, o desinteresse dos filósofos em divulgar seus trabalhos para a opinião pública e o desinteresse da opinião pública com o trabalho dos filósofos abrem o vácuo para o "debate" ser conduzido por movimentos sociais engajados e comprometidos com a defesa dos direitos sexuais e reprodutivos das mulheres. Por ser mais intuitivo, atuar muito mais no nível da emoção ao alegar uma preocupação humanitária com a situação das mulheres e, principalmente, ter um controle mais flexível no uso dos termos adotados na difusão de suas ideias, o ativismo panfletário pró-aborto alcança um bom nível de pessoas suscetíveis a aceitá-lo como verdadeiro; por outro lado, a reflexão filosófica mais rica, porém fria, muitas vezes, não ultrapassa o distante mundo das abstrações.

Diante do fato de que mulheres morrem ao se submeterem ao aborto clandestino, de que a cada duas horas uma mulher é assassinada no Brasil, de que 40% das mulheres brasileiras já sofreram algum tipo de violência física ou verbal, de que só em 2014 foram mais de 45 mil casos de estupro,[2] enfim, diante da realidade bruta, é difícil acreditar que a filosofia possa ter alguma relevância para melhorar esse quadro atual de coisas deploráveis. Médicos, juristas e ativistas feministas favoráveis à interrupção da gravidez se aproveitam da sensibilidade social provocada por esses dados aterrorizantes para pautar o "debate".

Será preciso regressar e rastrear as origens históricas desse apelo e dessa bem-sucedida estratégia retórica em defesa do aborto.

O debate do aborto, entendido como direitos sexuais e reprodutivos das mulheres e não mais como proteção à vida do nascituro, foi impactado pelo julgamento da Suprema Corte dos Estados Unidos em 1973: o famoso caso *Roe versus Wade*. Fundamentados na 14ª Emenda da Constituição, os juízes naquela ocasião julgaram procedente que a mulher tem o direito de interromper a gravidez se assim desejar, pois se trata de um direito fundamental de privacidade da mulher sobre o próprio corpo. Porém, havia um critério: o da viabilidade do feto. A viabilidade determina que o aborto só será permitido enquanto não existir a possibilidade de sobrevivência do feto fora do útero e, sem ajuda de equipamentos, isso corresponde a uns sete meses de gestação. A partir desse julgamento, o debate público do aborto contornaria toda discussão filosófica a respeito do *status* antropológico e moral do nascituro e se concentraria com todas as suas energias no tema da liberdade da mulher sobre o próprio corpo — um slogan bem comum entre feministas radicais, médicos, juristas e políticos atualmente engajados com a causa da liberação do aborto.

Essa decisão jurídica mudou para sempre a história do direito e do debate sobre o aborto nos EUA e no mundo. *Jane Roe* era o pseudônimo de Norma L. McCorvey. Na época, ela alegava que sua gravidez era resultado de violação sexual. Como o processo durou três anos, sua filha nasceu. A menina foi encaminhada para adoção. McCorvey tinha 21 anos e essa era a gravidez do terceiro filho. Depois de algum tempo, já convertida ao catolicismo, ela revelou que seu interesse — e principalmente o interesse de suas duas advogadas, Linda Coffee e Sarah Weddington —, na verdade, era revogar a lei do aborto nos EUA. McCorvey só não contava com o desenrolar da história e de sua vida. Embora o nome de Norma L. McCorvey seja um patrimônio dos defensores do "direito de aborto", na década de 1990, ela se tornaria uma importante ativista contra o aborto. Inclusive esteve ligada à Operation Rescue — uma das maiores entidades americanas que buscam reverter a lei julgada pela Suprema Corte em 1973 e que leva o nome McCorvey; a propósito, umas das estratégias adotadas é a desobediência civil pacífica e os manifestos em frente às clínicas de aborto, que ganham destaque na mídia. McCorvey narra sua trajetória de vida com relação ao aborto no livro *Won by Love* [Vencida pelo amor], publicado em 1998. Pouco antes de morrer, em 2010, ela ainda insistia que fora manipulada por grupos pró-aborto e que ter apoiado o aborto foi o maior erro de toda sua vida.

A filósofa feminista libertária e defensora declarada do aborto, Camille Paglia, descreveu a importância desse processo jurídico no contexto das propagandas políticas que instrumentalizam o tema do aborto para eleições nos seguintes termos: "A verdadeira questão é que por muito tempo a política dos EUA tem sido dominada e sufocada por histriônicos da guerra do aborto, que se enfurecem desde *Roe versus Wade*." E completa: "Não obstante eu seja firmemente a favor e defenda o acesso irrestrito ao aborto, durante décadas fiquei perturbada e repelida com o fato de que os direitos reprodutivos das mulheres se tornaram uma ferramenta ideológica explorada implacavelmente pelo meu próprio partido, os democratas, para inflamar paixões, arrecadar dinheiro e conduzir a votação."[3]

No atual debate do aborto aqui no Brasil, fica claro que nós importamos o lado mais "histriônico" e "raivoso" dessa guerra — os debates eleitorais não mentem.

Uso e abuso do "debate" e os argumentos altamente falaciosos

Não se pode dizer que o tema "aborto" se apresenta na opinião pública como "debate". É muita ingenuidade acreditar nisso. O que se divulga como debate é, pelo contrário, pura expressão de propaganda pró-aborto articulada em uma complexa rede de interesses ideológicos, políticos e econômicos. "Debate" é um termo usado com a finalidade de criar falsa impressão de tolerância. Em uma sociedade pluralista e democrática, a tolerância é uma das principais virtudes. Quem se recusa a participar do debate é tachado de intolerante. Como ninguém deseja ser intolerante, todo mundo precisa estar de coração e mente abertos para dialogar, ofertar excelentes opiniões e, acima de tudo, concordar.

Debate, nesse contexto semântico, não significa o confronto de opiniões contraditórias que precisa ser satisfeito pelos critérios objetivos da racionalidade, do rigor analítico e da honestidade. Pelo contrário, debate é o esforço retórico pronto para repelir qualquer menção ao *status* pessoal e moral da vida do nascituro. Tudo sustentado por uma mentalidade permissiva, materialista e eugênica — mas desde que se fale em nome do bem-estar da humanidade.

O jogo de palavras chega a ser sujo. No contexto retórico, o debate do aborto é proposto, acima de qualquer suspeita e escondido embaixo de um verniz humanitário, como "direito à saúde sexual e reprodutiva das mulheres". Como vimos, há pelo menos meio século essa tecla é apertada com insistência e intensidade. Sem definições precisas a respeito do que se deve entender por "direito", "vida sexual" e "responsabilidade reprodutiva", esses termos são lançados no espaço público com forte apelo emocional e extrema imprecisão conceitual. Pessoas fragilizadas são presas fáceis, especialmente quando se envolvem dramas familiares, a pesada responsabilidade de ter filhos e a liberdade sexual feminina. Tudo para criar o efeito psicológico de que a liberação do aborto é urgente, benevolente com as mulheres e, mais do que isso, beneficente para a saúde da sociedade. Afinal de contas, quem poderia se opor aos direitos das mulheres em ter uma vida saudável, sexualmente ativa, autônoma e realizada?

O biólogo e moralista francês Jean Rostand assegurava já em 1972, em ocasião do processo conhecido como "processo de Bobigny", o qual desencadeou a liberação do aborto na França, que "respeitar a vida e, parece-me, respeitar aquelas que dão a vida, e, em primeiro lugar, a mulher, que por tempos imemoriais tem sido objeto da vontade do homem ou da razão do Estado, e respeitar a sua liberdade — singularmente — a liberdade de dar a vida — parece-me indispensável para abrir à humanidade os caminhos da verdadeira vida humana".[4] Qual a correlação entre "respeitar a mulher e sua liberdade de dar a vida" com "liberdade de aborto"? Nenhuma. Alegar que o aborto seja objetivamente imoralidade não segue "desrespeitar aquelas que dão a vida" ou fazer retornar "os tempos imemoriais de subordinação". Nenhum vínculo necessário segue daí. Como se aquele que se opusesse ao aborto só pudesse ser contra a vida, a liberdade e a dignidade da mulher. É uma estratégia de controle semântico, uma jogada "Humpty Dumpty", como o personagem do livro *Alice através do espelho*, que usei para epígrafe deste livro. Pois a questão — replicou Humpty Dumpty — é saber quem é que manda. É só isso.

Na prática, o que vem anunciado como debate não passa de discurso retórico — vale enfatizar, embora meus meios não sejam os mais poderosos: materialista, permissivo, racista e eugênico. Ganha quem domina o poder, a economia e os meios técnicos de persuasão. Como essa é uma discussão formulada nos limites temáticos da autonomia da mulher sobre o próprio corpo, a referência será sempre no âmbito do conflito político como relação de poder: o poder da mulher sobre o embrião, o poder do Estado sobre a mulher.

Tematizar o *status* humano e moral da vida por nascer seria colocar a discussão no âmbito da filosofia — tudo o que o ativista não deseja. No cenário retórico, a vida humana na condição intrauterina sequer é tematizada. Quando muito, menciona-se a vida do nascituro como a de um minúsculo amontado de células, nada além de um desprezível resíduo biológico.

A filósofa e feminista Marcia Tiburi chega ao ponto de dizer que "quem defende o argumento bastante tosco e facilmente descartável relativo à 'vida' do embrião" incorre na "falácia do apelo à 'vida' do embrião". Segundo a ativista, sem oferecer qualquer razão filosófica para sustentar tal afirmação, pois seria o mínimo que se espera de uma filósofa, essa falácia "escamoteia a desvalorização da vida das mulheres".[5] O problema é que não há em qualquer manual sério de falácias alguma cujo nome seja "falácia do apelo à vida". Se falácias são definidas como artimanhas argumentativas para fazer uma afirmação *parecer* verdadeira, quem incorre em falácia é Marcia Tiburi. É como um militante nazista dizer que quem defende a vida dos judeus "incorre em falácia do apelo à 'vida' do judeu"; o militante stalinista dizer que quem defende a propriedade privada "incorre em falácia do apelo à 'vida' do pequeno-burguês"; o católico radical dizer que quem defende a vida dos hereges "incorre em falácia do apelo à 'vida' do herege"; o senhor de engenho dizer que quem defende a abolição da escravidão "incorre em falácia do apelo à 'vida' do negro", ou qualquer variação desse tipo.

Com essa invenção retórica proposta por ela, cria-se a falsa impressão de que, ao se questionar o direito de a mulher abortar, a ela está sendo negado algo comparado ao direito a tratamento dentário ou a serviços de manicure. A vida humana por nascer é colocada no mesmo nível de um dente cariado ou de unha encravada. Quando não se apresenta com precisão o significado dos termos que circulam no suposto "debate", a gravidez pode ser reduzida a um mero problema de saúde pública e não apresentada como genuína experiência humana de maternidade e paternidade — ou, para ser mais preciso, como experiência familiar. No fim, é preciso inclusive desassociar a própria noção de mulher da noção de família. No sentido de que a mulher representará a liberdade, a realização, o progresso e a autonomia; a família, pelo contrário, a subserviência, o fracasso e a opressão e o atraso.

O próprio termo "saúde pública", tal como "justiça social", é uma dessas noções indefiníveis ou de vaga precisão conceitual que surge no discurso dos defensores do aborto com o objetivo de monopolizar a virtude do debate. Há muita vantagem política em manter sobre o controle retórico essa indefinição e vagueza. A difusão de ideias nesse nível lastimável de imprecisão conceitual produz o devastador efeito psicológico de que qualquer posição em defesa da vida do nascituro representa o pior do fundamentalismo religioso, do retrocesso machista e da temível ameaça conservadora contra as mulheres. Avalia Marcia Tiburi que "nestes argumentos altamente falaciosos, a vida dos filhos e do embrião é sempre mais importante do que a da mulher que os sustenta" e, ainda segundo ela, o "discurso típico da dominação masculina é biopolítico de qualquer esfera", pois, ela declara, "está presente na sociedade, configurando o machismo estrutural ao qual todos estão submetidos, uns como sujeitos oprimidos, outros como sujeitos privilegiados". Traduzindo: para a propaganda pró-aborto, posicionar-se em defesa da vida do embrião é, necessariamente, o mesmo que se colocar contra as mulheres, fazer defesa intransigente dos machos privilegiados e subjugar os oprimidos.

Diferente do que julga Marcia Tiburi, o que é recorrente em termos de falácia — e essa é possível encontrar nos melhores guias de falácias disponíveis no mercado — é o *argumento do espantalho*. O espantalho é uma artimanha argumentativa que forja, de maneira deliberada, a má reputação da posição de um oponente e não diz nada dos argumentos ou de um argumento enquanto tal. Dessa maneira, se Marcia Tiburi estiver correta — e essa é uma hipótese tentadora —, não há pior reputação do que ser contra o aborto. O opositor do aborto levará consigo a reputação de ser machista, opressor, fundamentalista, extremista e torturador de mulheres.

No entanto, essa é uma construção imaginária. Só para dar um exemplo, nos Estados Unidos, em 2015, o jornal *The New York Times* fez uma matéria sobre o estereótipo de que o aborto seria uma guerra contra as mulheres. A constatação interessante, ao contrário do que ativistas pró-aborto divulgam, foi a de que "mulheres conservadoras são o segmento mais antiaborto da população, e as mulheres liberais são as mais favoráveis aos direitos do aborto".[6] Em outras palavras, do ponto de vista do conflito público, aborto é uma disputa entre as próprias mulheres e não a imposição de homens contra mulheres.

E não há razão para pensar que no Brasil isso seja diferente, pois os movimentos pró-vida no Brasil são liderados por mulheres. O que circula na bolha retórica dos ativistas é que a defesa da mulher passa necessariamente pela liberação do aborto. Mas essa é só uma defesa dos interesses pró-aborto e não dos interesses da mulher como um todo. Com qual autoridade ativistas pró-aborto podem falar em nome de todas as mulheres? A autoridade do imaginário ativista.

Por outro lado, a respeito dos "argumentos altamente falaciosos" do opositor do aborto, não se diz uma só palavra — exceto que são "altamente falaciosos". Nesse nível, caso não se demonstre por que os argumentos dos opositores do aborto são falaciosos, a proposta de "debate" só pode ser compreendida como nada mais do que pura propaganda retórica com o objetivo de se fazer, além de chacota ao adversário, pressão política para liberação do aborto.

Aceitar argumentos desse tipo é mais ou menos como aceitar a pergunta: você já parou de bater em sua mulher? Esse é o exemplo clássico da falácia da pergunta complexa que induz o interlocutor ao erro. Responder "sim" ou "não" é admitir bater em mulher. Defensores do aborto querem fazer o mesmo tipo de insinuação com quem se opõe ao aborto. "Você é contra o aborto, acha que mulheres devem continuar morrendo em clínicas clandestinas e que não devem ter seus direitos fundamentais respeitados? Então você não se opõe à violência contra as mulheres. Eu sabia..."

Analisarei apenas alguns exemplos de como esse e outros truques são lançados no atual debate público. São pérolas de imposturas.

Vós sois o sal da terra

Um dos grupos mais emblemáticos para defesa do aborto é o Catholics for Choice, que surgiu em 1973, em Washington, DC, nos EUA. Seus fundadores, católicos dissidentes, adotaram a expressão "católicos" para confundir fiéis e deturpar os ensinamentos tradicionais da Igreja Católica em relação ao aborto.[7] O objetivo é sobrepor o interesse deles à doutrina tradicional da Igreja — notória pela forte oposição ao aborto. Segundo o site da organização, a missão é "servir de voz aos católicos que acreditam que a tradição da religião apoia o direito moral e jurídico de uma mulher de seguir sua consciência em questões de sexualidade e saúde reprodutiva", isto é, servir de voz à causa pró-aborto.

Não dá para ser católico e, ao mesmo tempo, contra o ensino tradicional da Igreja. Se eles querem defender o aborto, tudo bem, desde que façam isso sem falar em nome da Igreja. Mas quando esse tipo de informação chega ao fiel, que por inúmeros fatores não é capaz de depurar uma coisa da outra, o que há — pura e simplesmente — é confusão.

Em 2001, Brian Clowes publicou um livro expondo em detalhes como a Catholics for Choice atua no mundo, *Catholics for a Free Choice Exposed* [Católicas pelo Direito de Decidir expostas].[8] Ele mostra que a organização pró-aborto usa três estratégias: confusão, trapaça e mentira.

Segundo Clowes, a primeira estratégia é criar confusão, discórdia e dissensão entre os católicos em relação ao que a Igreja Católica ensina sobre o aborto. Os estrategistas da organização sabem que, se conseguirem plantar uma semente de dúvida na mente das pessoas sobre a resposta católica tradicional ao aborto afirmando que a Igreja nem sempre se opõe à matança pré-natal do bebê, a Igreja parece inconsistente e punitiva quando se opõe ao aborto. A segunda estratégia é persuadir as pessoas de que a disponibilidade irrestrita do aborto é necessária para que possam desfrutar da plena liberdade religiosa. Os ativistas pró-aborto afirmam que, se o aborto é restrito de alguma forma, a liberdade religiosa está sendo comprometida. Eles dizem que, se o aborto é criminalizado, uma crença religiosa particular sobre o início da vida está sendo imposta às pessoas. Já a terceira estratégia é persuadir as pessoas de que podem ser bons católicos e ainda matarem sem qualquer remorso seus filhos por nascer. Na verdade, os ativistas insistem que as pessoas não podem ser boas católicas, a menos que apoiem o aborto.

Nos EUA, o debate se distingue em dois grupos: *pro-choice* (pró-escolha) e *pro-life* (pró-vida). A expressão *for choice* em Catholics for Choice remete ao costume em diferenciar os posicionamentos, a favor ou contra o aborto. Eles alegam, em vários níveis de campanha publicitária, que o aborto é um valor defendido pela "justiça social da Igreja". Um absurdo. Vários bispos nos Estados Unidos já denunciaram a entidade. Mas isso faz parte do jogo democrático; ganha quem domina os meios de persuasão. Como eles mesmos se autopromovem: "Catholics for Choice está na vanguarda dos debates nacionais e internacionais sobre a interseção da fé, da saúde das mulheres e da justiça reprodutiva" — eles usam a expressão "debates" como eufemismo, porque não há qualquer "debate" sobre fé e saúde das mulheres. Há, pelo contrário, proselitismo.

Para se ter uma ideia da rede de influências da Catholics for Choice, a entidade possui sedes em toda a América Latina e mantém ativistas no Parlamento Europeu e em toda a Europa. Além do mais, trabalham em estreita colaboração com filiados católicos e de saúde reprodutiva no mundo todo. A Catholics for Choice está credenciada na ONU e participa de muitas conferências e fóruns promovidos pelas Nações Unidas. Segundo o próprio relatório do grupo, o orçamento anual chega a 3 milhões de dólares e possuem "parceiros ativos no apoio à justiça social e aos direitos humanos, tanto na Igreja como na sociedade". Como se vê, o aborto pode ser um excelente negócio.

A Catholics for Choice atua de forma simples e direta. Em seu programa, eles imaginam e anunciam um mundo bonito e pacífico — lembra a canção de John Lennon: *"Onde* todas as mulheres e os homens são confiáveis — para tomar decisões morais sobre suas vidas. *Onde* a decisão de iniciar uma família é pensada e planejada. *Onde* os políticos e os advogados são livres para apoiar políticas capazes de criar uma sociedade mais justa e bondosa." E, por fim, claro, o mais importante, *"onde* aborto deve ser seguro, legal e verdadeiramente acessível". Pois o mundo no qual vivemos só não é um lugar melhor porque, segundo eles, "aborto permanece ilegal ou não está disponível para milhões de mulheres em todo o mundo, mesmo quando pode salvar vidas". Nada como reencontrar os meios de reconciliação do paraíso perdido e assim poder entrar na Terra Prometida.

Segundo a organização, vive-se em um mundo triste e sombrio, *"onde* uma mulher que precisa de contracepção de emergência em um hospital ou farmácia é negada por causa das crenças religiosas do farmacêutico atrás do balcão ou da enfermeira na sala de emergência; *onde* políticos são condenados ao ostracismo em suas igrejas e assediados pelo clero por causa de seu apoio à educação sexual ou à saúde reprodutiva para mulheres pobres; *onde* um sobrevivente de estupro em um país devastado pela guerra pode ser informado pelo Vaticano que ela deve continuar a gravidez; um mundo *onde* o poderoso *lobby* da hierarquia católica desempenha papel importante na influência das políticas públicas e afeta todos — católicos ou não — ao limitar a disponibilidade de serviços de saúde reprodutiva". Porque, afinal de contas, "a proibição da contracepção e do aborto pela hierarquia católica tem um impacto devastador na vida das mulheres, especialmente a vida de mulheres pobres que dependem de programas dirigidos por governos para o acesso seguro a serviços de saúde reprodutiva". Concluem: "são mulheres e suas famílias que pagam o preço toda vez que a teocracia supera a democracia no *debate sobre a saúde das mulheres*" [os destaques são meus].[9] E toda vez que a democracia relativista supera o bom senso, são mulheres e suas famílias a entoar hinos de louvores pela vida dos pequeninos que não chegaram a nascer nessa Terra Devastada.

Francis Kissling, que foi presidente da entidade pró-aborto, explica, em uma entrevista de setembro de 2002, as razões de atacarem a Igreja Católica: "A perspectiva católica é um bom lugar para começar, tanto em termos filosóficos e sociológicos como teológicos, porque a posição católica é a mais desenvolvida. Assim, se você puder refutar a posição católica, você refutou todas as demais. Ok. Nenhum dos outros grupos religiosos realmente tem declarações tão bem definidas sobre a personalidade, quando começa a vida, fetos etc. Assim, se você derrubar a posição católica, você ganha."[10]

No Brasil, a boa-nova é anunciada pelo grupo Católicas pelo Direito de Decidir — uma filial da Catholics for Choice —, que atua em várias frentes pela liberação do aborto no país desde 1993, quando foi fundada. Sua equipe conta com o apoio dos principais ativistas pela legalização do aborto no Brasil. Entre eles estão Debora Diniz, Ivone Gebara, Maria José Rosado-Nunes, Silvia Pimentel, entre outras.

Debora Diniz é professora da Universidade de Brasília e pesquisadora da Anis. Diniz é uma das mais atuantes ativistas e foi uma das principais responsáveis pela entrada do pedido de liberação do aborto no Supremo Tribunal Federal, em 2017.

Ivone Gebara, freira, teóloga, escritora e feminista, em entrevista para as "Páginas Amarelas", da revista *Veja*, em outubro de 1993, afirmava que "aborto não é pecado", pois "foram os padres, homens celibatários, fechados em seu mundo, que vivem com suas manias" os responsáveis por fabricar a "dogmática em relação ao aborto".[11] Nada como confundir fiéis, já fraturados com seus dramas, de que seus pequeninos pecados são invenções de homens sedentários e cheios de manias. Nada como fazer um argumento parecer verdadeiro e incontestável ao apontar a suposta "origem psicológica" de uma doutrina.

Maria José Rosado-Nunes, professora da Pontifícia Universidade Católica de São Paulo, ligada à Cfemea, e indicada, junto com outras 51 mulheres, ao Prêmio Nobel da Paz, possui vários artigos a respeito do aborto como "defesa da vida e dignidade das mulheres". Para se ter uma ideia, quando, em 2006, as Católicas pelo Direito de Decidir organizaram um livro em favor do aborto com o título *Em defesa da vida: aborto e direitos humanos*, Maria José Rosado-Nunes explicou a intenção dos autores: "Nós escolhemos esse título exatamente porque defendemos a legalização do aborto e estamos defendendo a vida das mulheres." De acordo com ela, "nós queremos que se pense a maternidade como um processo que é resultante de um ato humano de desejo, de vontade e de um assumir realmente aquela gravidez, e não como um resultado de um processo biológico que começou e que não me sinto no direito de interromper". Porque se ela se sentisse no direito de interromper, qual seria o problema? O processo começou, foi resultado de um ato humano de parceria entre homem e mulher, mas é a mulher e só ela que tem o direito de se sentir no direito de interromper a gestação. O homem? Um mero coadjuvante. Notável o truque retórico de usar como título do livro a expressão "em defesa da vida", uma "bandeira" consagrada no debate público do aborto por aqueles que se opõem à interrupção da gravidez.

Em um texto chamado "Aborto, maternidade e a dignidade da vida das mulheres", Maria José Rosada-Nunes afirma, ao referir-se ao direito da mulher interromper a gravidez: "Impor a qualquer mulher, mesmo seguidora de um credo religioso, uma norma que restringe sua liberdade é impedi-la de exercer sua capacidade moral de julgamento e decisão. É negar-lhe sua humanidade." Segundo ela, o aborto e a maternidade são situações que "envolvem decisões e escolhas, são objeto de direitos — direitos de cidadania e direitos humanos", pois "só assim pode-se reconhecer as mulheres como agentes morais capazes de julgamentos éticos e decisões morais". Ela conclui: "O que está em questão é o fato de que a capacidade humana de fazer um novo ser é também, e ao mesmo tempo, a possibilidade de fazê-lo ou não",[12] isto é, abortá-lo. Sobre a dignidade do nascituro? Nenhuma palavra; o nascituro não é sujeito de direito e membro da humanidade, mas mero parasita.

Maria José Rosado-Nunes confunde o leitor ao comparar "maternidade" e "aborto" como se fossem duas escolhas equivalentes: a primeira, maternidade — e por que se recusar a incluir também paternidade? —, trata-se da escolha de dar vida a uma nova pessoa. A segunda, aborto, de tirá-la. Mulheres e homens têm todo o direito de não querer fazer um novo ser, mas depois de feito não é o tipo de coisa que se desfaz, assim, apenas porque se deseja desfazer. Filho não é um produto que você desiste ou devolve, como desiste ou devolve uma mercadoria — às vezes apenas por estar estragada. O erro está em presumir que o aborto é a possibilidade de não se fazer o novo ser, quando, na verdade, o aborto é precisamente a decisão de matá-lo.

Silvia Pimentel também é professora de Direito da Pontifícia Universidade Católica de São Paulo. Ela foi cofundadora do Comitê Latino-Americano e do Caribe para a Defesa dos Direitos das Mulheres e presidiu o Comitê sobre a Eliminação da Discriminação contra as Mulheres da ONU.

Em 1985, ou seja, dez anos antes da fundação das Católicas pelo Direito de Decidir, Pimentel já escrevia um artigo com o título: "Aborto: um direito da mulher". Na abertura do texto, evoca a feminista francesa Gisèle Halimi: "Sim, o meu corpo me pertence. Mas, se ele me pertence, é, acima de tudo, porque sou mais do que um corpo. Sou também uma razão, um coração, uma liberdade. Sou a responsável pela mais importante das escolhas de um ser humano: dar — ou não — a vida." Como se mulher, sozinha, sem a parceria de um homem, pudesse gerar um novo ser e como se o fato de gerar um novo ser fosse razão moral suficiente para matá-lo.

Silvia Pimentel, nesse artigo de 1985, fez um levantamento programático a respeito daquilo que ficaria conhecido como "o debate sobre o aborto no Brasil".

Primeiro, ela constata: no "meu país [há] a dramática realidade de milhares de mulheres que, por não poderem se valer da Saúde Pública, provocam interrupção de gravidez que não podem ou não querem assumir, das maneiras mais precárias e com sérios prejuízos para a sua saúde, quando não a própria morte". Em seguida, indaga:

"Tem o Estado brasileiro o direito de considerar criminosa a mulher que não se julga em condições de pôr um filho no mundo?" E responde: "Não! Esta é uma intervenção arbitrária, descabida. Um desrespeito a um direito fundamental da mulher: dar ou não dar a vida." Por fim, conclui: "É ainda imatura e emocional a discussão, se distantes estamos da modificação da lei penal, mais remota ainda é a possibilidade de se estabelecer preceito constitucional sobre o direito da mulher de interromper gestação não desejada." E evoca: "A grandeza das dificuldades não as torna insuperáveis. Obriga, sim, a uma ação organizada e articulada em nível nacional, que viabilize um amplo e fundo debate a respeito do aborto, o que exige a definição de um cronograma de ações e de metas."[13]

Quarenta anos da mesma ladainha, e pelo jeito, de tanto insistirem, está dando certo. Os erros, todavia, são os mesmos. O primeiro e mais comum: parte-se da constatação *do fato* de que mulheres abortam em condições precárias e conclui-se um *dever ser*. O segundo: "A mulher que não se julga em condições de pôr um filho no mundo" como escolha equivalente ao "aborto".

O Estado não intervém na decisão da maternidade e da paternidade. O Estado não obriga ninguém a pôr filhos no mundo. A função mínima do Estado é a de garantir alguns direitos fundamentais, como vida e integridade dos indivíduos, por exemplo. Uma vez grávida, a mulher tem obrigação de pelo menos não destruir o filho, mesmo se ele for indesejado. Ao Estado cabe a obrigação de protegê-lo, caso alguém tente matá-lo. Porém Silvia Pimentel, como tantos outros defensores do aborto, precisa fazer de tudo para negligenciar qualquer menção à vida do nascituro. E quando lamenta ser "ainda imatura e emocional a discussão" e "a grandeza das dificuldades [...] obriga uma ação organizada e articulada que viabilize um amplo e fundo debate a respeito do aborto", na verdade, deixa claro o convite programático para o proselitismo e para a imposição nacional de uma agenda ideológica pró-aborto.

Isso se confirma quando ela diz que "a proibição moral e legal à interrupção da gravidez não desejada pela mulher não encontra motivos razoáveis ou racionais, de ordem pública, que a justifiquem. Ao contrário, ela representa um verdadeiro tabu, pois não é racional nem razoável valorizar mais a vida do feto — vida humana em formação — do que a vida da mulher — ser humano pleno. Representa a tácita subvalorização da mulher". Esse tipo de estratégia retórica, embora chame atenção para a falta de "motivos razoáveis e racionais", não aponta argumentos concretos nem razoáveis e nem racionais em defesa do nascituro que desvalorize a vida da mulher. É, na verdade, aquilo que se chama de *falso dilema*: "Se você valoriza mais a vida do embrião, desvaloriza a vida da mulher; se você valoriza mais a vida da mulher, desvaloriza a do embrião." Por isso é mais fácil acusar de injustificável do que apontar a falta de justificativa racional.

O crítico do aborto, ao chamar atenção para o valor intrínseco da vida do nascituro, não desvaloriza a vida da mulher; pelo contrário, reafirma e enfatiza o valor da mulher adulta como sendo um valor inalienável *desde a concepção*. Não se trata de "valorizar mais a vida" de um para desvalorizar a vida do outro. O defensor do aborto, como nesse caso de Silvia Pimentel, incorre exatamente no erro que acusa seu adversário imaginário de cometer, pois desvaloriza a vida do embrião em nome do valor da vida da mulher. O crítico do aborto, por outro lado, não distingue "vida em formação" e "ser humano pleno", porque acredita que o valor pleno de um ser humano está em todas as fases de sua formação. Uma mulher não é menos pessoa e sua relevância moral não será diminuída porque o embrião é considerado pessoa. E o contrário não faz o menor sentido.

Podem defender o aborto? Sem problema nenhum. A sociedade plural e democrática garante livre circulação de ideias conflitantes. Mas as Católicas pelo Direito de Decidir têm como missão apoiar--se "na prática e teoria feministas para promover mudanças em nossa sociedade, especialmente nos padrões culturais e religiosos". Se dizem católicas como recurso estratégico para atraírem católicas incautas; falam em "debate" com objetivo programático em criar a impressão de tolerantes. Usar o nome "católica" e falar em "debate" depõe contra a honestidade bem ao estilo *novilíngua* de *1984*, a distopia de George Orwell que descreve como um regime totalitário controla o pensamento das pessoas por meio do controle da linguagem. É de grande astúcia adotar expressões capazes de informar exatamente o contrário do que significam. Todo esse esforço de controle semântico não é inocente, e o objetivo é alcançar os fins mediante o controle do pensamento. Ao alterar o significado das palavras, os autores evitam a rejeição da opinião pública, que, com palavras mais brandas, aceita as ideias ali transmitidas. A exaustiva repetição dos termos tem a finalidade de provocar hábitos irrefletidos nos falantes, pois escapam da necessidade de justificar a validade das expressões. Nesse caso, a confusão é tão diabólica que as palavras assumem significado contrário do que expressam: escravidão passa a significar liberdade, o assassinato de um filho se identifica com direitos reprodutivos, um movimento anticatólico é visto como manifestação do direito de católicos, o mal significa o bem e a mentira passa a ser vista como a verdade.

A rede de articulação e proselitismo não é pequena. Promovem cursos, oficinas, debates e seminários em todo o país, "especialmente no Norte e Nordeste, com mulheres envolvidas com organizações religiosas e movimentos sociais, sobre os argumentos ético-religiosos favoráveis aos direitos das mulheres". Na verdade, o importante, segundo a entidade, é que "essas mulheres se tornem multiplicadoras em suas comunidades e seu trabalho é acompanhado por uma integrante da equipe de Católicas". Como se vê, isso pode ser tudo, menos "debate". Fora a produção acadêmica. Elas desenvolvem "pesquisas, artigos, editoriais, publicações, peças publicitárias, criações gráficas, intervenções artísticas, materiais audiovisuais, campanhas de comunicação digital para melhor disseminar [suas] ideias e contribuir com os movimentos pelos direitos humanos no Brasil". Um verdadeiro *sal da terra*.

Elas também desejam "dialogar diretamente com a sociedade brasileira, especialmente as mulheres e os jovens, por isso, estamos nas redes sociais, onde compartilhamos tudo que produzimos".[14] Mas "dialogar diretamente" é figura de linguagem, estratégia retórica para camuflar a real intenção; não querem diálogo, mas, pelo contrário, seduzir mulheres e jovens social e psicologicamente fragilizados. O bem-sucedido desafio da organização busca induzir mulheres religiosas ao erro de que não tem problema algum em interromper a gravidez, de que o Estado é laico, e que a religião, que essas mulheres professam, não pode interferir nas escolhas individuais.

Desde sua fundação, em 1993, o grupo Católicas pelo Direito de Decidir reconhece como atuar no interior da sociedade civil, mais suscetível a aceitar esse tipo de propaganda. Principalmente ao criar a sensação de que precisamos "debater" e "discutir" com urgência. Segundo o próprio grupo, o "debate sobre o direito ao aborto entra em cena e a Igreja Católica, que contava com a força das mulheres na organização das Comunidades Eclesiais de Base, perde lideranças femininas que agora querem garantir não só a luta contra as injustiças sociais, mas também sua autonomia individual". Com essa estratégia, criam a ideia de falar em nome de antigas "lideranças femininas" dissidentes da Igreja Católica, dando a impressão de que agora representam a voz de todas as mulheres da sociedade — católicas e não católicas.

Para se ter uma ideia do grau de ingenuidade de muitos católicos brasileiros acerca do modo de atuação das Católicas pelo Direito de Decidir, em 2007 as livrarias católicas puseram à venda um DVD produzido pela Verbo Filmes, trazendo na capa o cartaz da Campanha da Fraternidade 2008, com o lema *"Escolhe, pois, a vida"*. A Campanha da Fraternidade é uma campanha realizada pela Igreja

Católica no período da quaresma e tem como objetivo trazer para a reflexão dos fiéis os problemas sociais do país. Como relatou o padre. Luiz Carlos Lodi da Cruz, presidente do Pró-Vida de Anápolis: Neste vídeo de promoção da Campanha "pró-vida", Dulce Xavier, que é uma renomada ativista das Católicas pelo Direito de Decidir, aparece no vídeo falando sobre "a defesa da vida". Sua fala, que não foi autorizada pela CNBB, teve aproximadamente cinco minutos, em que ela aproveita o tempo para criticar a Igreja Católica e defender a realização do aborto pela rede hospitalar pública para preservar "a vida das mulheres".[15]

Em 2008, Dom Geraldo Lyrio Rocha, que na época presidia a Conferência Nacional dos Bispos do Brasil, publicou uma nota discreta esclarecendo que o grupo Católicas pelo Direito de Decidir "trata-se de uma entidade feminista" e que "não fala em nome da Igreja Católica". Eu quero crer que essa discrição da CNBB em torno das Católicas pelo Direito de Decidir seja só o "jeitão" milenar de a Igreja Católica enfrentar seus inimigos. No entanto, não deixa de ser interessante o silêncio em permitir ativistas pró-aborto como catedráticos em suas universidades, que não falam em nome da Igreja Católica, mas usam e abusam de instituições católicas para promover o aborto. Deve ser o lado democrático e pluralista da catolicidade.

A Igreja Católica contratar membros da Católicas pelo Direito de Decidir para lecionar em suas instituições seria mais menos como se o McDonald's começasse a contratar ativistas vegetarianos (os veganos) para trabalhar em seus departamentos. Os funcionários veganos criam um grupo interno chamado McDonald's Pelo Direito de Decidir com o objetivo de sabotar o cardápio trocando a carne do hambúrguer por berinjela, dão palestras, promovem eventos para os funcionários e até fazem passeatas dentro das lojas em nome dos direitos dos animais, acusando o McDonald's de especismo. Um diretor da empresa descobre e, pelo bem da divergência de ideias, sua única atitude é emitir um comunicado: "McDonald's Pelo Direito de Decidir trata-se de uma entidade vegana, não fala em nome do McDonald's."

Grupo de Estudos Sobre o Aborto —
ou Confraria do Dr. Thomaz Gollop

Um dos grupos mais atuantes no Brasil é o GEA — Grupo de Estudos sobre o Aborto, criado em 2007 a partir de "discussões informais com médicos e integrantes de ONGs que trabalham com Direitos Sexuais e Reprodutivos e sentiam também a necessidade de trocar informações e aprender sobre o tema com especialistas de diferentes áreas do conhecimento". São militantes pró-aborto interessados em estabelecer um plano de ação para legalizar o direito de a mulher interromper a gestação se assim desejar. Em geral, o que eles chamam de "debate" e "discussões" são nada mais do que encontros para discutir estratégias para liberação do aborto. O GEA se apresenta como "liderado pelo médico Thomaz Rafael Gollop, não é uma ONG e não tem verbas próprias. Seu objetivo maior é promover discussões acerca do tema 'aborto' sob o prisma da saúde pública e retirá-lo da esfera do crime".[16]

Thomaz Rafael Gollop, médico geneticista, ginecologista, obstetra e professor universitário. Desde 1997, já dizia que o aborto deveria ser considerado um problema de saúde pública e legalizado.[17] A missão de seu grupo é estar "diante do desafio político de produzir fatos, matérias para a imprensa, debates institucionais, artigos para revistas das mais diversas sociedades". Nada como fazer proselitismo de qualidade apto a "produzir fatos" e não "analisar fatos".

O GEA promove uma série de seminários abertos ao público e conta com especialistas de várias áreas cooperando com a divulgação do tema dos direitos reprodutivos das mulheres. O grupo recebe apoio da

Área Técnica da Saúde da Mulher do Ministério da Saúde e do Ministério Especial para as Políticas para as Mulheres — apoio não significa "tapinha nas costas". É por meio da rede de contatos dessas autarquias que o grupo "tem realizado uma série de seminários envolvendo diretórios acadêmicos com o objetivo de enfatizar essa discussão entre estudantes universitários", cujo objetivo é legalizar o aborto.

Em 2008, quando ocorreram as audiências públicas sobre a ADPF 54 — que trata da ação hoje aprovada pelo STF que permite às mulheres decidirem livremente manter ou interromper a gravidez de feto anencéfalo —, a Sociedade Brasileira para o Progresso da Ciência (SBPC) esteve representada, e sua apresentação foi preparada pelo GEA.

Nessa reunião, Alberto Silva Franco, na época desembargador, fez suas considerações a respeito da anencefalia: "O anencéfalo constitui um projeto embriológico falido, não sendo um processo de vida, mas um processo de morte; destarte, não há como considerá-lo tecnicamente vivo, pois é ele carente de toda capacidade biológica para a concretização de uma vida humana viável", pois, "não cabe, num Estado laico, dentro de uma sociedade pluralista, o entendimento de que a opção da mulher, portadora de anencéfalo, pela interrupção da gravidez ou pela antecipação do parto, deva ficar subordinada a considerações morais ou a dogmas religiosos."[18]

Thomaz Gollop, a respeito do futuro de sua "confraria", declarou: "As entidades nele representadas, sociedade civil, mídia, e todos quantos possíveis empreenderam todos os esforços *para discutir amplamente* o tema anencefalia, criando uma verdadeira força-tarefa que permitisse ver aprovada a ADPF 54 no STF. Uma de nossas tarefas futuras será estender na mídia não apenas a discussão da anencefalia, como já foi feito, mas também do aborto legal e seu acesso na rede pública."[19] Eu fico me perguntando o que significa para um grupo que se propõe a *estudar* o aborto criar "uma verdadeira força-tarefa" — com objetivo de criar fatos — para pressionar o STF a *liberar* o aborto.

Levando em consideração o fato de que não cabe à mais alta Corte do Poder Judiciário legislar sobre isso, o mais curioso é saber como alguns ministros parecem ter cedido à pressão da "verdadeira força-tarefa" e reconhecido como lícita a prática de aborto para fetos anencéfalos.

Vale recuperar um trecho do voto do ministro Ricardo Lewandowski, que na ocasião votou contra e ainda recordou as funções atribuídas a um juiz como guardião das leis e não como criador: "Caso o desejasse, o Congresso Nacional, intérprete último da vontade soberana do povo, considerando o instrumental científico que se acha há anos sob o domínio dos obstetras, poderia ter alterado a legislação criminal vigente para incluir o aborto de fetos anencéfalos, dentre as hipóteses de interrupção da gravidez isenta de punição. Mas até o presente momento os parlamentares, legítimos representantes da soberania popular, houveram por bem manter intacta a lei penal no tocante ao aborto."[20] Em outras palavras: esse é um problema do Legislativo, e não do Judiciário. O povo ainda não cedeu à pressão da força-tarefa pró-aborto.

Números maniqueístas e dogmáticos:
o Estado laico e como o aborto é pautado

O aborto é pautado por entidades a favor de que a mulher possa interromper a gravidez caso ela deseje. As linhas dos argumentos são sempre as mesmas: descrição de dados estatísticos seguida de uma prescrição moral e política. Portanto, reduzir o problema à saúde pública e aos direitos reprodutivos e sexuais. Insistentemente falar da "importância do debate sobre aborto".

Dos grupos mais atuantes no Brasil, destaca-se a Anis. É uma das primeiras organizações não governamentais, sem fins lucrativos, voltada para a pesquisa, assessoramento e capacitação em bioética na América Latina.

Fundada em 1999, a Anis é "reconhecida pela pesquisa social, incidência política, litígio estratégico e projetos de comunicação sobre violações e defesa de direitos, em campos como direitos sexuais, direitos reprodutivos, deficiências, saúde mental, violências e sistemas penal e socioeducativo". E uma de suas principais missões é "promover a cidadania, a igualdade e os direitos humanos para mulheres e outras minorias" — leia-se: promover o aborto e incluir todas as minorias, exceto a minoria mínima em condição embrionária.

Os especialistas membros da Anis participaram ativamente nas audiências públicas do Supremo Tribunal Federal em 2007 sobre o uso de células-tronco embrionárias e desenvolveram estratégias para reconhecimento do direito à interrupção da gestação para mulheres grávidas de fetos anencéfalos.

Em 2010, a Anis foi responsável pela Pesquisa Nacional do Aborto (PNA), coordenada entre outras por Debora Diniz, ativista pró-aborto e membra da equipa do grupo Católicas pelo Direito de Decidir. A mesma organização entrou, junto com o partido PSOL, com pedido de Arguição por Descumprimento de Preceito Fundamental 442 para liberação do aborto no Supremo Tribunal Federal em março de 2017. A Pesquisa Nacional de Aborto de 2016 apontou que apenas no ano anterior 503 mil praticaram o aborto. No relatório concluíram que "o aborto é comum entre as mulheres brasileiras" e, pelo jeito, bem democrático, pois "os resultados indicam que o aborto é um fenômeno frequente e persistente entre as mulheres de todas as classes sociais, grupos raciais, níveis educacionais e religiões".[21] A PNA de 2010, porém, já indicava que o aborto é tão comum no Brasil que, ao completar 40 anos, mais de uma em cada cinco mulheres já fez aborto.

São dados impressionantes.

No entanto, o mais impressionante é a maneira como os ativistas favoráveis ao abortamento usam esses mesmos números para justificar o direito da mulher de interromper a gestação.

Assumirei, para fins de análise, a veracidade dos dados — embora Isabella Mantovani,[22] especialista em Bioética, e Lenise Garcia, professora da Universidade de Brasília e presidente do Movimento Brasil sem Aborto,[23] contestem esses números.

Por exemplo, a médica e pesquisadora Nilcéa Freire, que foi Secretária Especial de Políticas para as Mulheres do Governo Lula, em 2012, escreveu um artigo perguntando: "Aborto seguro: um direito das mulheres?" Segundo ela, "em termos de mortalidade materna, se aprofundarmos as estatísticas, considerando os aspectos socioeconômicos, verificamos que as maiores vítimas são mulheres negras e pobres" e que, portanto, "independentemente das condições econômicas, sociais, de escolaridade, entre outras, em que se encontram essas mulheres, a criminalização da prática do aborto as iguala sonegando-lhes o direito à saúde e impondo-lhes as consequências no campo psíquico e social de uma gravidez não desejada". E daí se deve concluir que "é imprescindível superar os paradigmas estigmatizantes do machismo e do sexismo que obstaculizam a verdadeira promoção da igualdade entre homens e mulheres e avançar rumo a uma sociedade garantidora da totalidade dos direitos humanos".[24]

Para o médico José Gomes Temporão, ministro da Saúde de 2007 a 2010, os números também devem justificar a liberação do aborto no Brasil. Segundo descreve em artigo chamado "Direitos sexuais e reprodutivos das mulheres no Brasil: conquistas recentes e desafios prementes", "não existem dúvidas de que ainda é alto o número de abortos feitos em condições de clandestinidade nos países da América Latina e Caribe" e "o aborto feito em condições de insegurança representa em nosso país sério problema de saúde pública". Sendo assim, prescreve, "é premente estabelecer amplo debate público para que a sociedade possa se manifestar em torno da atual legislação. As mulheres devem ter autonomia sobre sua sexualidade e seu corpo, e o debate do aborto deveria ser guiado pelo bem comum da sociedade". Logo, a única conclusão aceitável e prescritiva com relação a esse estado atual de coisas é que a "descriminalização do aborto seria, do nosso ponto de vista, medida de grande impacto para a reversão dos atuais indicadores de morbimortalidade feminina".[25]

O recurso da linguagem aqui é importante. Repetem "vítimas são mulheres negras e pobres", "saúde pública", "questão urgente", "superar machismo", "sexismo" e "direitos humanos" como em um mantra hipnótico, um verdadeiro transe coletivo. Proferir frases de efeitos como essas impede que as pessoas realmente reflitam a respeito do que elas exaustivamente repetem.

Em 2013, foi a vez do Conselho Federal de Medicina sair em defesa do aborto. Nenhuma surpresa — as alegações são as mesmas. A partir da constatação dos *dados* postula-se o *dever ser*: "Com relação aos aspectos epidemiológicos e de saúde pública, concluiu-se que a prática de abortos não seguros (realizados por pessoas sem treinamento, com o emprego de equipamentos perigosos ou em instituições sem higiene) tem forte impacto sobre a Saúde Pública." Descrição dos números: "No Brasil, o abortamento é uma importante causa de mortalidade materna no país, sendo evitável em 92% dos casos. Além disso, as complicações causadas por este tipo de procedimento realizado de forma insegura representam a terceira causa de ocupação dos leitos obstétricos no Brasil. Em 2001, houve 243 mil internações na rede do Sistema Único de Saúde (SUS) por curetagens pós-abortamento."[26]

Tais médicos não poderiam concluir outra coisa com dados tão alarmantes: "Os Conselhos de Medicina concordaram que a Reforma do Código Penal, que ainda aguarda votação, deve afastar a ilicitude da interrupção da gestação [descriminar] em uma das seguintes situações: a) quando "houver risco à vida ou à saúde da gestante"; b) se "a gravidez resultar de violação da dignidade sexual, ou do emprego não consentido de técnica de reprodução assistida"; c) se for "comprovada a anencefalia ou quando o feto padecer de graves e incuráveis anomalias que inviabilizem a vida independente, em ambos os casos atestado por dois médicos"; e d) se "por vontade da gestante até a 12ª semana da gestação". Em outras palavras, defendem a liberação do aborto repetindo os mesmos jargões dos ativistas.

A Abrasco, Associação Brasileira de Saúde Coletiva, em 2014, esteve no Seminário Grupo de Estudos Sobre o Aborto, e nas atas das reuniões segue o relatório se posicionando: "A Abrasco tem posição clara a favor da descriminalização do aborto como uma política de Estado para fazer face aos efeitos da sua penalização." Segundo Cristiane S. Cabral, responsável pelo relatório, "precisamos insistir na laicidade do Estado e no fato de que a atenção dispensada por parte dos profissionais precisa ser pautada por uma postura ética e independente de valores morais e religiosos, superando a discriminação e desumanização do atendimento às mulheres", pois "precisamos que a discussão sobre interrupção voluntária da gravidez seja incluída na formação dos profissionais de saúde como um todo, tratando o aborto como um evento reprodutivo e seus aspectos sociais e éticos". E conclui: "há uma enorme tarefa da sociedade civil organizada, e neste ponto a Abrasco obviamente está colocada, que é a de qualificar o debate, produzindo evidências sobre as desigualdades sociais das mulheres frente ao aborto, seu impacto na saúde pública, e reclamando por políticas públicas que respeitem os direitos reprodutivos e humanos das mulheres".[27] Como se "evidências" fossem o produto de interesses, e não o que é constatado na realidade das coisas. Talvez Cristiane S. Cabral quisesse dizer "coletar e expor evidências"; talvez, não estou certo que seja só um equívoco. Agora, não é equívoco tratar o termo "aborto" como "um evento reprodutivo", mas o mais claro exemplo do método Humpty Dumpty — isto é, manda quem tem poder.

Contudo, gostaria de entender outra coisa: o que tem a ver insistir na laicidade do Estado se o Estado brasileiro já é laico? Na verdade, Cristiane S. Cabral, ao ecoar a agenda programática das Católicas pelo Direito de Decidir, deseja calar aqueles que defendem, em público, valores morais distintos dos dela. Moral cristã não pode, mas a moral naturalista, secular, tudo bem? Ela diz que a "atenção dispensada por parte dos profissionais precisa ser pautada por postura ética e independente de valores morais e religiosos". Mas como pode haver "postura ética" sem "valores morais"? Toda postura ética expressa valores morais. Distinguir "ética" de "moral" confunde o leitor. Ética é uma palavra de origem grega; moral, de origem latina. Dizem respeito à conduta humana, livre, consciente e orientada por valores. Ela tem os valores dela; um cristão, os dele. Outro absurdo: ela confunde "sociedade civil", que não é laica, com "Estado", que já opera com uma Constituição laica há uns cem anos. Nesse caso, insistir na laicidade do Estado significa nada além do que insistir que pessoas religiosas não participem do debate público. No Estado laico não há nada escrito que você deve "guardar sua moral na privacidade da vida doméstica". Pelo contrário, nossa Constituição Federal garante precisamente que ninguém seja discriminado por manifestar *publicamente* sua moral baseada no que quer que seja. Laico não significa dizer que a experiência religiosa deva ficar reservada à vida privada. Diz apenas que o nosso Estado não fundamenta os seus princípios em uma ordem religiosa específica. Ela deveria saber que as democracias representativas nas quais temos a sorte de viver hoje são em seu fundamento de origem cristã, e que não faz sentido falar de separação das ordens do poder político e religioso fora de um quadro de referência teológico cristão. Com a introdução da antropologia cristã, todas as pessoas sem qualquer distinção de posição social, política e econômica passaram a ser reconhecidas como membros da comunidade moral e de direito fundamental.

A Federação Brasileira das Associações de Ginecologia e Obstetrícia, que também esteve no Seminário dos Grupos de Estudos sobre Aborto, foi representada pelo médico Olímpio Moraes. No relatório de participação do seminário, ele escreveu: "Poucos se dão conta de que uma tragédia assola o país, sem alardes no noticiário. No Brasil, por ano, de 250 a 300 mulheres morrem em decorrência de abortos clandestinos. A maioria delas é jovem, negra, analfabeta, tem baixa escolaridade e nível socioeconômico. Por ser crime, a conta é incerta, mas o impacto da perda dessas vidas desestrutura famílias e enterra sonhos." Daí deve-se concluir: "A análise de tema tão complexo não pode ser tratada de forma maniqueísta, de reserva teológica ou de fé dogmática. Espera-se o equilíbrio e a isenção que permitam enxergar no aborto a relevância de um grave quadro de saúde pública. Nesse debate, o tema do aborto deve ser analisado sob o prisma da autonomia individual e da realidade trágica que leva mulheres a arriscarem a vida."[28]

Pergunta: como "poucos se dão conta"? Não poderia ser "muitos se dão conta, mas só uma minoria insiste em liberar o aborto"? Se milhares de mulheres estão morrendo por causa de aborto clandestino, e os ativistas em defesa do aborto estão falando disso há uns quarenta anos, é difícil acreditar no eufemismo "poucos se dão conta". Outro detalhe a ser observado no relatório de Olímpio de Moraes é apontar para a "forma maniqueísta" presente em uma "reserva teológica ou fé dogmática". A teologia cristã, presumida no argumento dele, combateu o maniqueísmo já no século IV. As *Confissões* de Santo Agostinho não me deixam mentir. Quem, na verdade, usa de estratégia maniqueísta é o defensor do aborto ao excluir da discussão quem levanta suspeitas acerca desse suposto ilimitado direito reprodutivo e sexual da mulher. Este raciocínio é maniqueísta: "Se você é contra o aborto, então você é religioso dogmático e maniqueísta."

Voltando agora às estatísticas, o jornalista Renan Barbosa, ao analisar a instrumentalização dos números sobre aborto pelo ativista pró-aborto, concluiu que "quando se comparam os dados ao redor do mundo sobre mortalidade materna, legalização do aborto, e o número de abortos efetivamente realizados, é difícil encontrar uma correlação significativa. Inúmeros fatores estão em jogo, mas a complexidade é ignorada pela retórica pró-aborto". Ele mostrou em sua pesquisa como "há países que reduziram drasticamente a mortalidade materna nas últimas décadas, embora tenham leis extremamente restritivas, como é o caso do Chile. O Brasil mesmo derrubou os índices de mortalidade materna sem mexer na legislação penal sobre o aborto". E, para encerrar, propõe a seguinte analogia importante: "Se porventura se descobrisse que descriminalizar o homicídio reduziria o número total de assassinatos no Brasil, uma vez que isso 'acolheria' os potenciais homicidas 'na rota crítica' do crime, 'sem perseguição penal ou receio de estigma', aceitaríamos legalizar o assassinato? Para que esse argumento faça sentido no caso do aborto, está operando, mesmo contra a suposição das autoras [do pedido Arguição por Descumprimento de Preceito Fundamental 442], a premissa de que a vida de embriões e fetos tem menos valor que a vida dos seres humanos já nascidos e das mulheres, em particular."[29]

Esse apelo aos números me faz lembrar do filme de suspense *Uma noite de crime*, de 2013, dirigido por James DeMonaco, com argumento muito interessante a respeito da construção de uma sociedade segura. Em 2022, os Estados Unidos liberam um período anual de doze horas para a prática de crimes — assaltos, estupros a homicídios. Esse período de barbárie foi batizado de "expurgo". Graças ao "expurgo", os índices de criminalidade no resto do ano despencaram, e o país passou a viver os menores índices de criminalidade e desemprego de toda sua história. A sociedade vive, exceto nessas doze horas anuais, em um confortável e humano estado de paz. O argumento de que a liberação do aborto diminuirá a prática de aborto traz exatamente a mesma lógica, mas com a diferença crucial de que a barbárie do "expurgo", nesse caso, é praticada por um higiênico procedimento hospitalar em qualquer época do ano.

Por fim, gostaria de recordar os riscos inerentes ao se tornar legal um ato imoral a partir de uma objeção apresentada por Elio Sgreccia a respeito do problema de criarem, como álibi, leis como prevenção para combater a mortalidade da mulher em decorrência de abortos clandestinos. Ele diz: "O que está em discussão não é o fato em si, que todos consideram negativo — ou, de qualquer modo, deixado à consciência moral e religiosa de cada um —, mas a necessidade de encontrar lei que regule a prática que de fato existe", ora, "o aborto clandestino é uma exploração econômica da mulher em dificuldade, é perigoso para a saúde e a vida da mulher, e para combatê-lo não existe outro meio senão sua regulamentação legal [...]. Vamos procurar responder racionalmente: a constatação é de que a lei não elimina o aborto ilegal, mas, talvez, o aumente; e se entende também o motivo ou a série de motivos: a clandestinidade não depende apenas nem primeiramente do temor da punição infligida pelo Estado, mas de razões de segredo familiar e social que a lei não pode tutelar: concepções devidas ao adultério, concepções em moças solteiras e muito jovens. Além disso, uma vez admitido pela lei que uma pessoa pode eliminar o feto à luz do dia, não se entende mais por que não se possa realizar a mesma coisa no segredo de um ambulatório ou de uma casa, uma vez que foi deixado de lado o valor moral. A lei estabelece formalidades e restrições que nem sempre coincidem com o interesse imediato da mulher ou do casal. Mas ainda que se admita, embora não se conceda, que a lei sirva para conter abortos clandestinos, transferindo-os para o plano da legalização, não resultaria daí um juízo de licitude, pois não é a lei que faz com que uma coisa se torne moralmente lícita, quando muito a lei supõe a moralidade de um ato, mas não a constitui. E mais: quando uma lei aprova uma conduta moralmente ilícita, ela se torna, essa mesma lei, negativa e perverte o juízo ético, especialmente a respeito de um fato de valor primordial como é a vida".[30]

Hashtag "precisamos falar sobre aborto" e você fica na tua!

Em 2014, a revista *TPM*, importante publicação brasileira de cultura dedicada ao público feminino, lançou a campanha "Precisamos Falar Sobre Aborto". A campanha pegou tanto na internet quanto nos meios tradicionais de comunicação. De famosos artistas a adolescentes que acabaram de entrar na puberdade, internautas adotaram a "tag" da campanha.

Por meio do uso de *hashtags*, um excelente recurso para associar e fazer circular informações pelos usuários das redes, e filtros de fotos de perfis, outro recurso poderoso para mobilizar simpatizantes de uma determinada causa, formam-se as campanhas com o objetivo de fortalecer a sensibilidade da opinião pública para discussões em larga escala. No caso do aborto, circulou nas mídias tradicionais e sociais o apelo para a urgente necessidade de se "falar sobre o aborto". Tratava-se, segundo a própria revista, de uma campanha pelo "debate e descriminalização".[31] Entretanto, o que de fato não se viu foi "debate". Pelo contrário, tudo girava em torno da propaganda pela descriminalização. E quem se opusesse à mobilização sem dúvida era porque devia bater em mulher. A campanha apelava com insistente disseminação de que aborto tem de ser liberado, já que milhares de mulheres pobres morrem por causa do aborto clandestino, enquanto mulheres ricas podem pagar por tratamento seguro — induzindo o leitor à equivocada crença de que clínicas de "mulheres ricas" não são clandestinas, enquanto clínicas de "mulheres pobres", sim.

Na época, o ator, comediante e militante político Gregório Duvivier, além de aderir à campanha, chegou a dizer que "um dia ainda vamos achar a proibição do aborto um absurdo, assim como achamos um absurdo a escravidão ou o Holocausto". O problema é que a comparação nesses termos não tem pé nem cabeça. Você é contra aborto? Então você só pode ser racista e nazista! Acontece que o grande problema da escravidão e do Holocausto foi o esvaziamento da dignidade da pessoa referente aos negros e aos judeus baseado em *falsas opiniões* sobre a realidade humana, como no atual caso do aborto — só que nessa situação referente à vida intrauterina. Negros e judeus não foram escravizados e aniquilados por serem criminosos, na verdade foram escravizados e aniquilados porque deixaram de ser considerados pessoas merecedoras de respeito moral, assim como estão fazendo com a vida humana em condição embrionária. Apresentando os termos na forma correta, talvez, um dia, consideraremos a liberação do aborto um absurdo, tal como hoje consideramos absurdo a escravidão e o Holocausto. E se depender do atual engajamento dos defensores do aborto, esse dia demorará.

Em 6 de setembro de 2016, fui convidado para assistir a um "debate" sobre o aborto promovido por outra revista on-line chamada *AzMina*. Na página da revista, ela se descreve como "uma instituição sem fins lucrativos cujo objetivo é usar a informação para combater os diversos tipos de violência que atingem mulheres brasileiras, considerando as diversidades de raça, classe e orientação sexual". O principal campo de atuação é realização de "consultorias, palestras e debates para aprofundar a discussão sobre os direitos da mulher". O nome do evento organizado pela revista foi "Precisamos Falar Sobre Aborto" e coincidia com o Dia Mundial pela Descriminalização do Aborto.

A chamada para o debate era: "Em ano de zika vírus e microcefalia, mais do que nunca é importante discutir este tema que segue sendo enorme tabu." Segundo as organizadoras, "a proposta é levar a discussão sobre esse tema tão complexo para além do tão simplório 'contra ou a favor'". Na mesa de debate estavam presentes: a vlogueira, escritora e jornalista conhecida como Jout Jout, que seria responsável por mediar o debate; Djamila Ribeiro, filósofa, feminista e ativista pró-aborto; Debora Diniz, conhecida antropóloga e ativista pró-aborto; José Henrique Torres, juiz de Direito, professor de Direito Penal; e, por fim, Thomaz Gollop. Sem exceção, todos na mesa eram a favor da legalização do aborto. Só o médico Thomaz Gollop se dizia "contrário" (como demonstrei, é um dos principais nomes da defesa do aborto hoje no país). Porém, a divulgação do evento informava que "Jout Jout é convidada a *conduzir o debate para fazer desta uma conversa plural e democrática*, garantindo que todas as contribuições dos nossos debatedores e perguntas de jornalistas e convidados sejam explicadas de maneira acessível para um público leigo".[32]

No convite que recebi por e-mail, um texto-padrão para convidados dizia o seguinte: "Tornar o debate jovem e acessível é metade do nosso objetivo. A outra metade é alcance, e é aí que você entra. *Os convidados serão apenas imprensa e influenciadores*. A gente está chamando gente que tem potencial de amplificar o tema. Queremos que as pessoas saiam de lá provocadas a falar e escrever sobre aborto pra todo mundo, porque já chega de esse ser um tema secundário" [os destaques são meus].

Fui e fiquei até o final. Em seguida, publiquei o seguinte texto acerca das minhas impressões do evento: "Chamar de 'debate' um encontro marcado em sua totalidade pela declarada 'apologia ao aborto', em que todos os membros da 'mesa de debate' — do juiz e professor de direito, do médico ginecologista, da antropóloga, da filósofa e da mediadora — e, presumo, a grande maioria, se não todos, os membros da plateia convidada [exceto eu e um amigo] era de ativistas pró-aborto. De qualquer maneira, uma das expressões mais usadas durante toda conversa, e usada por todos os palestrantes da mesa, foi 'precisamos discutir'. Perdi a conta de quantas vezes esse termo foi exaustivamente repetido. Porém, 'precisamos discutir' não significava naquele contexto semântico outra coisa senão 'precisamos, com todos os meios que dispomos e com toda energia que conseguimos acumular, aparelhar o Estado a fim de combater a religião católica (como representação de uma cultura conservadora e retrógrada) e impor nossas pautas abortistas, progressistas e higienistas'. Todos usaram 'discutir' como slogan de 'luta contra tudo o que atrapalha a nossa própria narrativa pró-aborto', isto é, como um postulado de fé, um anúncio de força e uma exortação ao combate. A suposta 'discussão' e a suposta 'conversa plural e democrática' passaram a ser, portanto, um dogmático credo ideológico de autoafirmação, autocomplacência e autobajulação."

Eu poderia encher páginas só com exemplos dessa natureza. Como eles não variam muito, esses cumprem a tarefa de mostrar como uma campanha de nível nacional bem articulada circula nas mídias e exerce influência na sociedade civil. Um percurso que vai da filósofa ao comediante, da revista feminista ao médico ginecologista, da ativista pelos direitos reprodutivos das mulheres ao adolescente no Ensino Médio.

*Planned Parenthood e Nações Unidas —
porque todos lutam pela Paz Mundial*

Analisarei dois exemplos de entidades internacionais engajadas na liberação do aborto. A Organização das Nações Unidas e a Planned Parenthood. Em seguida mostrarei como as ações dessas entidades internacionais formam uma rede de influência e pressão políticas aqui no país. Médicos, escritores, antropólogos e até teólogos saem em defesa da importância de se "debater" o aborto.

Em um documento de 2 de maio de 2016, o Comitê de Direitos Econômicos, Sociais e Culturais da ONU afirmou: "Países têm a obrigação de garantir o acesso universal à assistência médica para mães, informação sobre contracepção e aborto seguro" e "esses serviços, no entanto, ainda permanecem um objetivo distante para milhões de pessoas, especialmente, para mulheres e meninas em todo o mundo". Por fim, o documento conclui: "A falta de serviços obstetrícios emergenciais ou a negação da realização de um aborto levam, frequentemente, à mortalidade e à morbidade maternas, o que, por sua vez, constitui uma violação do direito à vida ou à segurança e, em certas circunstâncias, pode equivaler a tortura ou a tratamento desumano, cruel ou degradante."[33]

Três pontos chamam atenção nesse trecho do documento. Primeiro, a ideia de que países têm obrigação de garantir o aborto seguro porque a ONU assim recomenda. E na mesma medida em que recomenda que os países devem oferecer acesso à assistência médica e informações sobre contracepção. Segundo, de que a negação do aborto leva à mortalidade materna. E, por fim, de que negar o aborto viola o direito à vida da mulher — e, em apelo retórico, isso deve ser comparado à tortura. Você é contra o aborto? Então já sabe!

Nenhum desses pontos passa pelo crivo da crítica séria; eles só funcionam como estratégia de persuasão e pressão internacional para controle de natalidade travestido como defesa dos "direitos reprodutivos das mulheres". Como haveria "debate" diante da imposição — recomendação é só eufemismo — de uma organização como a ONU? Não, não há debate. E mais uma vez isso fica bem claro com esse documento. Por outro lado, há retórica — pura e simples. Ser contrário ao aborto é desejar a tortura e a morte de mulheres.

A ideia de que os países têm obrigação de garantir o aborto seguro é um disparate. Quando a ONU foi fundada, logo após a Segunda Guerra Mundial, seu grande objetivo era evitar novos conflitos mundiais, garantir os direitos universais dos homens e promover a paz. O mundo vive uma de suas piores crises humanitárias depois do "pós-Guerra" e uma das preocupações da Organização das Nações Unidas tem sido lutar pela liberação do aborto no mundo, sobretudo em países mais pobres — mentalidade que a ativista nigeriana pró-vida Obianuju Ekeocha tem insistentemente denunciado como uma nova forma de neocolonialismo. Pelo "tom" do documento, associa-se gravidez indesejada a uma severa doença responsável pela mortalidade das mulheres; e o principal empecilho para a realização da *paz perpétua* entre as nações é o conservador pró-vida.

Além do mais, alegar que "a negação do aborto leva à mortalidade materna" consiste em negligenciar o fato tão claro quanto óbvio de que o que leva à mortalidade materna não é a *oposição ao aborto*, mas a *decisão de abortar* — hoje não necessariamente ligada, mas suficientemente inspirada em campanhas pró-aborto promovidas por entidades como a própria ONU.

Pois bem, se mulheres morrem por que decidiram abortar, não faz sentido alegar que quem se opõe ao aborto deva ser, de alguma forma, ainda que indireta, o responsável pela morte dessas mulheres. Salvo o dito popular de que "proibido é mais gostoso", o caso seria análogo a culpar quem combate o consumo de bebida alcoólica como o principal responsável pelo excessivo número de acidentes de trânsito causados por motoristas que dirigem embriagados. Entendo que possa haver inúmeras e complexas razões para uma mulher decidir abortar, porém é uma decisão que, mesmo que a mulher não trate a vida humana em gestão como merecedora de respeito moral, ela assume riscos com relação à própria vida. Ao decidir abortar, além de colocar a própria vida em risco, uma mulher desejou se livrar da responsabilidade de cuidar do próprio filho. E não importa, nesse contexto, quais foram os motivos psicológicos, sociais ou econômicos para tomar essa decisão. O caso é que o ônus pelo aborto é da mulher e de todos os cúmplices que a conduziram a isso, bem como de quem faz apologia de que o aborto não passa de uma mera "decisão de foro íntimo" e de que o filho em gestação não passa de um desprezível resíduo biológico.

Proibir o aborto não é proibir que a mulher receba tratamento adequado para conduzir sua gestação, pois uma mulher que decide abortar precisa de amparo psicológico a fim de compreender as louváveis responsabilidades de ter um filho. Não só ela. Toda a família também precisa de atenção e cuidado. Uma gestação não pode ser reduzida à simples relação de uma mulher consigo mesma. Vale lembrar que a gestação é resultado da mais íntima parceria entre a mulher, seu companheiro e o filho. Relação que exige o engajamento de toda comunidade familiar. Mulheres não são úteros ambulantes que de repente engravidam. Nesse sentido, ela, o embrião e seu companheiro precisam de adequado acompanhamento pré-natal. O que eles não precisam é de um mórbido acompanhamento "pré-mortal". Embora não seja uma relação de causa e efeito simples, o fato é que clínicas clandestinas existem porque há demandas e há demandas porque há propaganda em massa de que o aborto é só uma decisão da mulher e nada mais. O perfil materialista-hedonista da atual sociedade contribui para esvaziar a experiência de maternidade e fazer da gestação um empecilho fácil de se livrar. Basta tratar a vida humana por nascer como resíduo biológico responsável por atravancar o bem-estar de mulheres empoderadas.

Por fim, ao alegar que a negação do aborto constitui violação do direito à vida ou à segurança e, em certas circunstâncias, pode equivaler a tortura ou tratamento desumano, cruel ou degradante, a ONU em nenhum momento leva em consideração a violação do direito à vida ou à segurança do nascituro. O caso é que para todo procedimento abortivo — e não tem como fazer diferente — será necessário mutilar, destroçar, esmagar e triturar uma pessoa ainda no ventre. O tipo de coisa que não desejaríamos nem para os piores inimigos. De fato, o aborto é desumano, cruel e degradante. Por isso é mais fácil para a consciência tratar aquela vida humana por nascer só como resíduo irrelevante. E é por isso também que a defesa dos Direitos Humanos da ONU não passa da defesa de um ideal abstrato de humanidade. Um mero consenso de justiça entre nações.

Nem tudo é teoria da conspiração — o evangelho segundo Margaret Sanger

Rede de informações, campanhas publicitárias e receitas robustas das entidades envolvidas com o assunto do aborto são tão complexas e difusas que só de mencionar tais fatos se corre o risco de parecer um teórico da conspiração. A teoria da conspiração, todavia, depende de um elemento oculto descoberto pelo teórico da conspiração. Esse elemento oculto deve funcionar como "elo perdido" capaz de fornecer o sentido do estado atual ameaçador de coisas que impede o desenvolvimento seguro da sociedade. O teórico da conspiração nunca consegue provar sua teoria. Pois a peça-chave para o entendimento é o "elemento oculto" controlado por uma minoria perigosa atuando de forma articulada e subterrânea que nunca revela o "elemento oculto". Só o teórico da conspiração sabe disso. Mas não há nada de conspiratório na propaganda abortista. As entidades governamentais ou não governamentais que defendem o direito reprodutivo da mulher, que em linhas gerais é o direito de abortar, fazem isso de forma explícita, como mostra o documento da ONU.

Referente ao aborto, não há qualquer "elo perdido" ou "elemento oculto" a ser desvendado. Os defensores do aborto são militantes que atuam em plena luz do dia e com o prazeroso clarão dos holofotes projetados pelos meios de comunicação e persuasão de massa. Usarão quaisquer meios — econômicos, políticos, educacionais, artísticos e jurídicos — para que países que ainda não liberaram o aborto liberem. Apelarão para os governos, para as associações de saúde, para juristas, ONGs, redes de ensino, emissoras de TV...

A mais famosa organização não governamental defensora do aborto no mundo é a Planned Parenthood. Em seu site, define-se com as seguintes palavras: "Fornecedor confiável de cuidados de saúde, educador informado, defensor apaixonado e parceiro internacional ajudando organizações similares em todo o mundo." Só para se ter uma ideia da dimensão e força de atuação, só nos EUA, a Planned Parenthood conta com mais de 10 milhões de ativistas, apoiadores e doadores. Seus serviços têm como principal objetivo facilitar "o cuidado vital da saúde reprodutiva, educação sexual e informações para milhões de mulheres, homens e jovens de todo o mundo". Em outras palavras, uma verdadeira indústria para facilitar o acesso ao aborto.

Em 2016, a Planned Parenthood completou cem anos de atividade. Fundada em 1916 por Margaret Sanger, uma feminista racista, ativista pelo controle da natalidade e ardente defensora da eugenia, a Planned Parenthood atuava no controle da natalidade e incentivava a esterilização de pessoas consideradas inaptas e que vivessem em condições precárias — em geral a comunidade negra. O moderno movimento pelos direitos do aborto nascia a partir dos defensores do controle de natalidade para pobres, negros e deficientes. Em outras palavras: racismo e eugenia. Hoje esse discurso não é tão explícito como foi no começo. Mas no início do programa, tudo o que ameaçava o bem-estar da sociedade e o desenvolvimento dos mais aptos precisava ser combatido mediante programas de controle de natalidade. Era a forma de colocar freios no que ameaça o progresso da "civilização". No Relatório Anual da Planned Parenthood de 2016, a entidade reafirma o legado de Margaret Sanger para o controle de natalidade. Só nesse ano foram mais de 300 mil procedimentos abortivos.[34]

Em seu livro *O eixo da civilização*, publicado em 1922, Sanger escrevia que "o problema mais urgente hoje é limitar e desencorajar a superfertilidade dos deficientes mentais e físicos". O surgimento da Planned Parenthood estava ligado ao movimento em prol da eugenia racista. Margaret Sanger esteve na linha de frente desses projetos: "Mais crianças dos qualificados, menos dos desqualificados — essa é a principal questão do controle de natalidade." Hoje o discurso racista é bem mais implícito, nada diferente do que alegar que abortos em comunidades negras fazem diminuir a criminalidade.

Argumentos assim ganharam repercussão e força com o lançamento, em 2005, do livro *Freakonomics — O lado oculto e inesperado de tudo que nos afeta*, do economista Steven Levitt e do jornalista Stephen J. Dubner. Não acredito que Levitt e Dubner sejam racistas ou endossem as teses de Sanger, mas é preciso atenção quando Levitt diz que "a ideia é simples: crianças indesejadas têm risco maior de envolvimento em crimes, e a legalização do aborto reduz o número de crianças indesejadas. Portanto, não é difícil ver por que legalizar o aborto reduziria a criminalidade". Por trás dos cálculos do economista existe apenas a fria expectativa de maximização de bem-estar. Um tipo peculiar de cálculo sem grandes pretensões morais.

Infelizmente, alguns defensores do aborto suprimiram o resto do raciocínio dele: "Eu devo ressaltar, porém, que crime não é a única ou mais importante preocupação quando se fala em aborto. Se aborto é assassinato, então obviamente sua legalização não é um bom jeito de combater o crime."[35] O estrago já estava feito.

Raciocínios desse tipo repercutiram de maneira constrangedora na opinião pública. O ponto mais alto do vexame foi o ex-governador do Rio de Janeiro e condenado por corrupção na Operação Lava Jato, Sérgio Cabral Filho, que chegou a dizer, em agosto de 2007, que "a interrupção da gravidez tem tudo a ver com a violência pública" e propôs a legalização do aborto como forma de combate à violência no Rio de Janeiro. Um verdadeiro exercício de humanidade: "A questão da interrupção da gravidez tem tudo a ver com a violência pública. Tem tudo a ver com violência. Você pega o número de filhos por mãe na Lagoa Rodrigo de Freitas, Tijuca, Méier e Copacabana, é padrão sueco. Agora, pega na Rocinha. É padrão Zâmbia, Gabão. Isso é uma fábrica de produzir marginal. Estado não dá conta. Não tem oferta da rede pública para que essas meninas possam interromper a gravidez. Isso é uma maluquice só."[36] Sérgio Cabral não é o tipo de pessoa que se leve a sério, mas o problema é que muita gente acredita nesse tipo de argumentação.

Um bebê fulano de tal

Voltando à Planned Parenthood — que está na origem dessa mentalidade higienista, racista e preconceituosa —, hoje, sua divisão internacional conta com uma rede de 152 associações que trabalham em mais de 170 países. Seu lema é: "A saúde é um direito que pertence a todas as pessoas na Terra. Mas, para um número de pessoas que têm os recursos necessários para viver uma vida saudável é apenas um sonho. Por quarenta anos, a Planned Parenthood Global tem trabalhado em termos de quebrar as barreiras que impedem as pessoas de fazer este sonho. A Planned Parenthood Global funciona em áreas rurais e em favelas urbanas. Temos de lidar com todas as questões de saúde sexual e reprodutiva, sexualidade adolescente e o problema do aborto inseguro. [...] Através de parcerias com organizações em vários países da África e América Latina, a Planned Parenthood Global tem um modelo de desenvolvimento cujo único objetivo é capacitar e melhorar a prestação de serviço e advocacia. Ao apoiar, através de modelos inovadores, uma nova geração de educadores, ativistas e prestadores de serviços de saúde, a Planned Parenthood Global capacita jovens líderes para se tornar defensores da saúde e dos direitos sexuais e reprodutivos em suas sociedades."[37]

Em 2015, a entidade esteve envolvida em um dos maiores escândalos de tráfego de órgãos e tecidos fetais para fins lucrativos. A indústria do aborto é uma máquina poderosa para gerar gordas receitas. O que parecia ser uma preocupação com a saúde reprodutiva das mulheres não passa de um grande esquema para o enriquecimento dos mais ricos e aptos e a esterilização dos mais pobres e ineptos. Os escândalos vieram à tona depois que David Daleiden, um ativista pró-vida e fundador do Center for Medical Progress, divulgou uma série de vídeos que registram importantes líderes da Planned Parenthood negociando a coleta e a venda de corações, pulmões, fígados e cérebros de fetos abortados.[38] Um grupo de investigadores do Center for Medical Progress se passou por compradores de uma empresa de biotecnologia e foram apresentados ao Dr. Taylor pela Dra. Deborah Nucatola, diretora-sênior de serviços médicos da Planned Parenthood Federation of America.

A seguir, um trecho da conversa. Uma pessoa chamada Dra. DeShawn Taylor confirma que faz abortos eletivos em fetos saudáveis e mulheres grávidas de até 24 semanas. Quando perguntaram para ela sobre a obtenção de órgãos fetais intactos, ela responde: "Não se trata de como eu me sinto em relação [ao bebê] saindo intacto, mas eu me preocupo com a minha equipe e como as pessoas se sentem quando sai parecendo um bebê... Temos as pessoas que fazem nossa papelada para os atestados de óbito fetal, eles nos mandam e-mails chamando-os de 'bebês'. Bebê isso, bebê aquilo, bebê fulano de tal, e eu penso, isso é horrível! No Arizona, se o feto sai com algum sinal de vida, devemos transportá-lo para o hospital."

Ao ser perguntada se "existe algum procedimento padrão para verificar sinais de vida", a Dra. Taylor responde: "Bem, o lance é que, quer dizer, é fundamental prestar atenção em quem está no local, certo?" Ela então ri enquanto repete o que a lei do Arizona exige e diz: "É uma bagunça. É uma bagunça."

Nesse momento, a Dra. Taylor reconhece que a digoxina não pode ser usada em um aborto onde partes do corpo do feto serão colhidas para venda, mas ela nota que em um aborto-padrão de evacuação e desmembramento, "meus bíceps agradecem quando a digoxina funciona", para matar o feto antes do procedimento. "Eu me lembro quando eu era pesquisadora [da Family Planning] em treinamento, eu pensava: "Putz, tenho que fazer academia para conseguir fazer isso."

O próprio David Daleiden fez algumas importantes observações sobre os vídeos: "Este vídeo mostra uma médica de longa data do Planned Parenthood disposta a vender órgãos de bebês para fins lucrativos, usando métodos criminosos de aborto para obter mais órgãos intactos e até mesmo encobrir infanticídio. Esta médica foi treinada pela diretora de Serviços Médicos da Planned Parenthood e incentivada por ela a participar da comercialização de órgãos fetais. Este vídeo é apenas uma prévia das confissões contundentes e incriminatórias da Planned Parenthood em nossas gravações inéditas, que estão sendo censuradas por uma ordem de mordaça inconstitucional de um juiz federal em São Francisco."[39]

Lembrando que nos EUA a comercialização de tecido proveniente de aborto é crime federal punível com até dez anos de prisão, a atual presidente da Planned Parenthood, Cecile Richards, anunciou que a entidade continuaria "a doar tecido para pesquisa médica, mas não aceitaria compensação". Ela disse também que "a organização não fez nada de errado" e que "decidiu dar esse passo para desarmar seus críticos"[40] — embora não seja o que os vídeos revelam. Desarmar os críticos e continuar armando seus agentes de saúde chocados quando um bebê é chamado de... bebê — eis um claro exemplo do que é o poder da linguagem desassociada dos fatos.

Abby Johnson, ex-diretora da Planned Parenthood no Texas e hoje uma proeminente ativista pró-vida nos Estados Unidos, em 2010, publicou um livro revelando como e por que deixou de trabalhar na Planned Parenthood. Em *Unplanned: The Dramatic True Story of a Former Planned Parenthood Leader's Eye-Opening Journey across the Life Line* [Não planejada: a verdadeira história dramática da jornada de descoberta de uma ex-diretora da Planned Parenthood pela linha da vida], Abby Johnson narra sua experiência de como se envolveu com a indústria do aborto e como a retórica da Planned Parenthood sobre direitos reprodutivos não passa de fachada para o fornecimento de serviços lucrativos. Em entrevista, ao comentar as denúncias de vendas de tecidos, ela disse: "Eu vivi essa vida. Trabalhei na Planned Parenthood por oito anos em uma clínica de aborto. E isso foi bem comum para nós depois de um longo dia de trabalho — depois de um longo dia de abortos, os funcionários vão comer, beber e falar sobre o dia."[41]

Na narrativa sobre os anos que trabalhou na Planned Parenthood, Abby Johnson conta como foi seduzida pela retórica da saúde pública: "Suponho que isso possa parecer estranho vindo de uma profissional que dirigia uma clínica da Planned Parenthood há apenas dois anos, que aconselhava mulheres em crise, agendava abortos, revisava relatórios mensais do orçamento da clínica, contratava e treinava o pessoal. Porém, estranho ou não, fato é que eu nunca tinha me interessado em promover o aborto. Eu cheguei à Planned Parenthood oito anos antes, e acreditava que seu objetivo principal era evitar gestações indesejadas, e assim reduzir o número de abortos. Esse certamente foi o meu objetivo. E acreditava que a Planned Parenthood salvava vidas — a vida de mulheres que, sem os serviços prestados por essa organização, poderiam recorrer a algum açougueiro."[42]

Para encerrar essa parte, gostaria apenas de registrar que a Planned Parenthood é a maior fornecedora de serviços de saúde reprodutiva dos Estados Unidos, incluindo abortos. Para se ter uma ideia, a receita registrada em 2015-2016 chega a um total de 1,354 bilhão de dólares. A metade desse valor foi proveniente de subsídios e reembolsos de serviços de saúde do governo norte-americano. Uma das primeiras medidas de Donald Trump na presidência foi encerrar os contratos milionários do governo com o braço internacional da Planned Parenthood.

Poema de Sete Faces e zika vírus

No Brasil, a maioria das pessoas ainda é contrária ao aborto. Em 2016, o Instituto Brasileiro de Opinião Pública e Estatística (Ibope) apontou que 78% da população brasileira é contrária à legalização do aborto. Mas os detentores dos meios de persuasão não estão nem aí para o que a sociedade civil brasileira pensa ou como se sente com relação a isso. É um exemplo clássico de democracia alinhada ao consenso de uma minoria autoritária e que controla os meios de comunicação ou que atua de forma sincronizada com uma série de instituições não governamentais de defesa dos abstratos direitos humanos e reprodutivos das mulheres.

Em fevereiro de 2016, Jacqueline Pitanguy — socióloga brasileira, membro do Conselho Nacional dos Direitos da Mulher e coordenadora executiva da ONG chamada Cepia (Cidadania, Estudo, Pesquisa, Informação e Ação), cuja missão principal é contribuir "para a ampliação e efetivação dos direitos humanos e o fortalecimento da cidadania especialmente dos grupos que, na história de nosso país, vêm sendo tradicionalmente excluídos de seu exercício" — fez um comentário para a *BBC Brasil* sobre a posição da ONU acerca do aborto para casos de microcefalia. Interessante notar como uma entidade influencia outra por meio de seus espirituosos agentes. Na ocasião, a ONU saiu em defesa da descriminalização do aborto em países que enfrentavam a epidemia do zika vírus.

O problema da epidemia do zika vírus gerou imediata comoção nacional e forte pressão internacional devido à microcefalia em bebês de gestantes contaminadas pela doença. Países da América do Sul estavam na mira das agendas abortistas. Era o momento oportuno para falarem em direitos humanos e direitos reprodutivos das mulheres. Jornais prestaram o grande serviço de mostrar em noticiários semanais o drama das mães com bebês portadores dessa severa e dramática deficiência. Como é uma doença com forte apelo visual, devido à deformação da cabecinha do bebê, é difícil acreditar que alguém não tenha se comovido. É a partir dessa experiência dramática das famílias que os defensores do aborto, com todo senso de humanidade e justiça social que alegam representar, passam a atuar e divulgar insistentemente o quanto as mães não devem ser obrigadas a suportar os dramas de ter um filho debilitado e indesejado. O quanto a vida delas nessa condição é difícil, sobretudo se a mulher for pobre e não tiver apoio do governo. E, por fim, como as mulheres sofrem e se sacrificam para cuidar dos filhos doentes. Como se a mulher e o bebê não tivessem família, e a única solução fosse o aborto como uma conquista legal promovida por tais entidades beneficentes. Nesses verdadeiros anúncios para a liberação do aborto, as mulheres e os seus filhos são entidades isoladas do mundo, sem pais, mães, avós, tios, irmãos, primos, maridos, companheiros etc. Ser contrário ao aborto é ser "altamente falacioso", o que implica desejar as piores coisas para pessoas nessas condições.

Quando todos estão mais fragilizados, as propagandas sobre aborto ganham força, sentido e visibilidade. O apelo a dados sólidos das estatísticas de que o aborto é um grave problema de saúde pública é a primeira estratégia do especialista. Trata-se de verdadeiro absurdo a mulher pobre ser obrigada a gestar o filho nessas condições precárias e de extremo sofrimento. O filho nascerá deformado e terá pouquíssima perspectiva de vida. Enfim, como doente indesejado, ele só trará despesas e será "gauche" na vida — para lembrar de Carlos Drummond: será um filho que sofrerá por ser "incompatível" com o bem-estar da sociedade, um filho que "não funciona", um resíduo biológico inútil que precisa ser descartado, caso contrário causará ainda mais danos a essa mulher e à sociedade.

Jacqueline Pitanguy, preocupada com os direitos humanos — exceto em casos de ele ser o nascituro portador da deficiência —, afirma: "A ONU não pode interferir em governos, os países são soberanos. Entretanto [sempre há uma restrição], há uma questão que se chama de legitimidade ao argumento: o discurso que diferentes grupos de mulheres no Brasil vêm levantando há tantos anos *ganha peso* após um comunicado como este." E encerra: "É muito mais fácil para governos e para o Legislativo prestarem atenção na fala da ONU no que na destas mulheres. *A voz das Nações Unidas fala mais alto*", pois, para este contexto, "*o tom do comunicado está correto. Vem de um órgão internacional que lida com governos, e a gente sabe que a linguagem é política*" [os destaques são meus].[43] Sim, a gente sabe. É a força da persuasão e, de vez em quando, a persuasão pela força.

O Comunicado da ONU que Pitanguy está comentando foi feito pelo Comissário de Direitos Humanos da Organização, Zeid Ra'ad Al Hussein. Ele diz com clareza kafkiana: "As leis e as políticas que restringem acesso a esses serviços [de aborto] *devem ser urgentemente revistas em consonância com os direitos humanos*, a fim de garantir na prática o direito à saúde para todos." Todos exceto o nascituro portador da deficiência. Segundo ele, a ONU está "*pedindo aos governos para mudar essas leis*, porque como eles podem pedir a estas mulheres para não engravidar? Mas também não lhes oferecer informação que está disponível e também a possibilidade de interromper a gravidez se assim desejarem"[44] [os destaques são meus].

O engajamento da ONU pela liberação do aborto no mundo fere um dos alicerces da própria Declaração Universal dos Direitos Humanos. Antes de a Assembleia Geral proclamar, no Artigo III, que "todo ser humano tem direito à vida, à liberdade e à segurança pessoal", o preâmbulo do documento considera que "o reconhecimento da dignidade inerente a todos os membros da família humana e de seus direitos iguais e inalienáveis é o fundamento da liberdade, da justiça e da paz no mundo".[45] A ONU desconsidera a dignidade inerente de pessoas não nascidas e, portanto, embriões não são membros da família humana. Não há nada acerca do aborto que desperte atenção da ONU, exceto qualquer restrição.

O engajamento da ONU com relação ao aborto se tornou mais ativo a partir de 2005, quando o Comitê dos Direitos Humanos das Nações Unidas definiu o aborto como um direito humano que deve ser garantido pelos governos segundo o Pacto Internacional dos Direitos Civis e Políticos. O caso, na verdade, começou em 2001 no Peru depois que uma jovem de 17 anos teve negado o aborto do filho anencéfalo. Os médicos de um hospital público de Lima diagnosticaram o feto com anencefalia depois de 14 semanas da gestação. Visto que seguir com a gravidez colocaria a vida e a saúde dela em risco, eles recomendaram o aborto. Contudo, o hospital se recusou a proceder alegando que o Estado peruano não fornecera regulamentação clara. A jovem, que ficou conhecida como KL, teve o filho. Ela chegou a amamentá-lo durante quatro dias — tempo em que o bebê permaneceu vivo. Segundo a ONU, essa decisão "forçou KL, que desenvolveu sérias consequências mentais e físicas de saúde".

Em 2005, uma denúncia foi encaminhada para o Comitê de Direitos Humanos da ONU contra o Estado do Peru. Na denúncia, alegavam que os direitos humanos de KL foram violados por ela não dispor do procedimento legal do aborto. O governo peruano foi obrigado a pagar uma indenização para KL. Essa foi a primeira vez que um órgão da ONU responsabilizou formalmente um Estado por "não garantir acesso a serviços legais de aborto". Segundo o Comitê dos Direitos Humanos da ONU, foi violada uma série de direitos estabelecidos no Pacto Internacional dos Direitos Civis e Políticos, tais como o direito a medicamento específico, a proibição da tortura, a submissão a tratamentos cruéis, desumanos, degradantes e a violação do direito à privacidade e o direito de menores a medidas de proteção.[46] Na ocasião, Fabián Salvioli, presidente do Comitê de Direitos Humanos, disse que "quando um Estado cumpre uma decisão do comitê, então ele honra com suas obrigações e proporciona esperança ao resto das vítimas envolvidas em casos perante o comitê", pois "os Estados devem cumprir suas obrigações de direitos humanos garantidos pelo Pacto, porque isso contribui para criar sociedades mais justas". Nancy Northrup, diretora-geral dos Serviços de Reprodução, fez um comunicado à imprensa a respeito da ação movida pelo comitê da ONU contra o Estado peruano: "É hora de o Peru esclarecer e implementar suas diretrizes de aborto seguro e continuar a melhorar o acesso a serviços de saúde reprodutiva para todas as mulheres e meninas." Em outras palavras: é bom liberarem o aborto logo, porque nós somos a ONU e decidimos quem são os membros da família humana e quem não são.

Resumindo a tragédia: crianças começam a nascer com uma severa deficiência neurológica. Uma epidemia de zika vírus assusta a população e as autoridades de alguns países. Pesquisadores, ativistas pelos direitos humanos e agentes de saúde suspeitam de uma relação causal direta entre a epidemia do vírus e a microcefalia. De fato, é uma realidade preocupante e deveria chamar a atenção da sociedade civil e das autoridades nacionais e internacionais. E chama. Porém não apenas para prever, combater e evitar a doença, mas também para exterminar os doentes em nome dos "direitos humanos" e da "saúde reprodutora das mulheres" — e, como não poderia deixar ser, com o "respaldo" da ONU. Para que lutar contra doenças se podemos eliminar os doentes? A receita para a paz mundial é tão simples.

"Não quero ver essa gente feia" e a lei de Hume

O fato é que não existe nome adequado para isso, embora tentem chamar pelo eufemismo "aborto terapêutico" — e esse não passa de uma nova nomenclatura para uma velha fantasia eugênica. Eugenia diz respeito àquela arrogante presunção de como tornar o mundo um lugar melhor, mais justo, mais perfeito e mais limpo — destaque para o mais limpo. O ódio ao defeituoso, a aversão sistemática à imagem do sofrimento e o nobre sentimento de repulsa diante do risco de ter de perder o precioso tempo com aqueles que se tornarão um insuportável peso para as mães solteiras e para a sociedade fazem da opção pelo aborto a única opção saudável para a explícita consciência higienista.

No nível da opinião pública, o principal debate em torno da microcefalia não foi a causa da doença e como combatê-la. Não se fez campanha sobre a declarada discriminação contra pessoas portadoras dessa deficiência. De longe se falou em ajuda humanitária para as famílias necessitadas de amparo material e social. Porém, o direito de as mulheres abortarem seus resíduos biológicos microcefálicos foi o carro-chefe dos "debates" e propagandas. Como se o doente, no caso o nascituro em formação, fosse nada mais nada menos do que o maior de todos os problemas. Como um câncer, remova-o do útero e preserve os direitos humanos reprodutivos das mulheres. Em geral, as campanhas giram em torno de dois eixos: por um lado, um eixo mais explícito, a guerra contra o *Aedes aegypti* — "um país contra um mosquito". Por outro, um mais implícito, a declarada guerra contra os fracos — para lembrar o título do livro de Edwin Black sobre a eugenia —, isto é, o declarado ódio ao doente, ao feio e ao defeituoso presentes nessas campanhas em nome dos direitos humanos.

Em uma democracia relativista, se eu tenho a impressão de que o aborto de embriões microcefálicos é injusto, então o aborto de embriões microcefálicos é injusto para mim. Se você tiver a impressão de que há algum nível de justiça no aborto de embriões microcefálicos, então haverá algum nível de justiça no aborto de embriões microcefálicos para você. Ganhará quem dominar os meios adequados de persuasão e poder. E nunca se deve dispensar o apoio político oferecido pela ONU e o generoso apoio financeiro de entidades como a Planned Parenthood.

A influência dos médicos, que antes deveriam zelar pela manutenção da vida em todas as suas condições, também é notável. O obstetra Olímpio Moraes, diretor do Centro Integrado de Saúde Amaury de Medeiros (Cisam) — o primeiro serviço médico a realizar abortos legais no Norte-Nordeste —, disse a respeito do caso da microcefalia algo que merece ser destacado: "Já fazemos o diagnóstico precoce da zika, mas não sabemos qual o percentual de grávidas com zika que terá microcefalia, nem qual a gravidade. *Mas é lógico que (o aborto) é um direito da mulher*" e "tecnicamente, quanto mais precoce o procedimento, mais simples ele é e menos traumático para a mulher" [os destaques são meus].[47] Para que se preocupar com os traumas do nascituro se podemos, *tecnicamente*, eliminá-lo? De qualquer maneira, no comentário do médico obstetra há uma inferência socialmente muito séria e filosoficamente muito problemática. Ele apresenta, como médico, as dificuldades de oferecer o diagnóstico seguro para o caso da microcefalia vinculada ao zika vírus. Nesse âmbito, fala como especialista da área médica. Tem propriedade para isso. A partir daí ele se aproveita do prestígio social de se expressar como médico e insere a conjunção designativa de oposição "mas" a fim de vincular, com a sentença técnica da área médica, a sua opinião pessoal sobre direito, que a princípio não tem nada a ver com sua especialidade médica. Acredito ser um truque retórico não intencional, porém, ainda assim, um deslize argumentativo.

Olímpio Moraes expressa tudo isso em uma única sequência capaz de criar um efeito psicológico atraente e que pode ser resumida assim. "Como médico, não sabemos qual gestante terá um bebê com microcefalia, *mas*, aproveitando meu prestígio social de médico, também darei minha opinião sobre direitos fundamentais: é lógico que o aborto é um direito da mulher." O uso da expressão "é lógico" foi pura retórica. Nada como criar a falsa ideia de uma relação necessária entre "um embrião portador de microcefalia" e "direito da mulher abortar", mesmo diante da dificuldade de saber o porcentual de grávidas. Ou seja, a expressão "é lógico" implica o direito de a mulher abortar para quaisquer casos possíveis, reforçando o suposto caráter *lógico* e não *empírico* de sua opinião ou a suposta *ideia universal* do direito de aborto independentemente de casos concretos constatados por método empírico.

O problema é como o Dr. Olímpio Moraes consegue derivar o direito universal — que está na ordem do *dever ser* — de análises estatísticas baseadas em dados empíricos. Com a descrição de um estado concreto de coisas específicas de sua área médica baseada em sua metodologia profissional, ele pretende derivar um mundo de deveres, direitos e obrigações. Em síntese, ele diz o seguinte: "Como médico, constato que as coisas são assim e assim, *mas é lógico* que, segundo minha opinião pessoal, as mulheres podem ou devem fazer isso e aquilo."

Como se sabe, trata-se de "salto" problemático e leva o nome de "falácia naturalista" ou "lei de Hume". Porque não há nada relacionado à análise empírica dos fatos fornecida pelo método das ciências naturais que indique ou se possa dela deduzir um *dever ser*. Imperativos morais dependem de contextos teóricos distintos para serem justificados pela opinião médica. E a única garantia de um médico para dizer que mulheres têm direito ao aborto é a opinião dele, baseada em suas impressões pessoais — ou a tentativa de justificá-la com argumentação jurídica ou filosófica, que ele não apresentou. O especialista poderia fornecer boas razões para inferir o direito de as mulheres abortarem, mas não fez. Não precisa ser médico, jurista ou filósofo para isso. Basta ser honesto. Porém, optou pela vantagem de médicos gozarem de certos prestígios na sociedade apenas por serem médicos e não açougueiros. Embora, nesse caso específico do direito ao aborto para microcefálicos, a opinião dele e a opinião de um açougueiro não façam muita diferença.

Aedes brasilis: a nossa guerra contra os fracos

O debate sobre o aborto em casos de microcefalia, o qual repercutiu na opinião pública, pode ser visto em dois artigos de opinião escritos por duas ativistas dos direitos reprodutivos das mulheres: Eliane

Brum e Debora Diniz. As duas defendem o aborto, mas trazem opiniões distintas para o caso da microcefalia.

Analisarei a opinião de Eliane Brum intercalando com a de Debora Diniz. Com isso mostrarei o quanto a preocupação que Eliane Brum levanta — com razão — torna-se irrelevante e endossa as teses de sua colega de ativismo. Ou seja, ela acerta no mérito, mas erra na forma. No fundo, sem trocadilhos, ela joga fora o bebê com a água do banho. E finalizarei com um exemplo baseado nas opiniões de dois médicos.

Jornalista e escritora, Eliane Brum saiu em defesa dos direitos humanos das mulheres. O direito de não precisar arcar com o ônus de cuidar de um filho doente se assim desejarem. É sempre mais fácil eliminar o doente e garantir a autonomia da mulher, e é ainda mais fácil para intelectuais ativistas defensores dos direitos humanos não precisar arcar com suas crenças até as últimas consequências. Em artigo publicado em fevereiro de 2016, Brum se mostrou preocupada com o "tom" criado em torno do debate sobre o zika vírus, microcefalia e aborto. Preocupada com o fato de uma deficiência neurológica não configurar razão suficiente para a decisão do aborto. Quanto a isso, ela está certa.

No jornal *El País*, Brum publicou um longo artigo criticando os defensores do aborto para microcefalia. O título do artigo apresenta honesto grau de preocupação: *Sobre aborto, deficiência e limites*. O termo "limites" parece denunciar que o aborto para microcefálicos causa desconforto até nos mais ardentes defensores dos direitos incondicionais de uma mulher abortar. O texto denuncia a mentalidade materialista-hedonista e eugênica para abortos nesses casos. Porém sua crítica não apresenta nada além de um diagnóstico superficial, que não consegue dar um passo além da mera indignação subjetiva e se limita a alegar que, em última análise, mesmo diante desse quadro de doença severa, o aborto "é um direito das mulheres".

Ela escreve: "Uma doença nunca é só uma doença. Ela nos conta de desigualdades e falências, e também de paixões. O zika vírus, desde que foi associado à microcefalia, tem revolvido as profundezas do pântano em que a sociedade brasileira esconde seus preconceitos e totalitarismos, muitas vezes trazendo-os à superfície cobertos por uma máscara de virtude. É dessa matéria fervente o debate sobre a permissão do aborto em casos de microcefalia. Diante da crise sanitária revelada pelo *Aedes brasilis*, como o mosquito vetor já foi chamado de forma tão oportuna, o futuro próximo depende de que sejamos capazes de pensar, mesmo que isso signifique chamuscar as mãos. Pensar e conversar, o que implica vestir a pele do outro antes de sair repetindo os velhos clichês usados como escudos contra mudanças. Se não formos capazes de superar o comportamento de torcida de futebol, nem mesmo diante de uma epidemia considerada 'emergência global', o mosquito é o menor dos nossos problemas."[48]

A primeira sentença é precisa. Uma doença também nos conta como um doente será visto como um fardo para a saúde da mãe e da sociedade. Protágoras não desaprovaria o uso que Eliane Brum faz da figura de linguagem para garantir benefícios a uma sociedade mais saudável e justa. Ela mesmo questiona: Como podem juntar aborto e deficiência? Pois é, o pequeno zika vírus "tem resolvido as profundezas do pântano em que a sociedade brasileira esconde seus preconceitos e totalitarismos". E por falar em profundezas do pântano e totalitarismos, aqui entra Debora Diniz.

Bastou a epidemia de zika seguida de casos de microcefalia para a antropóloga, ativista dos direitos reprodutivos da mulher (aborto) e membro do instituto de bioética Anis entregar uma proposta ao Supremo Tribunal Federal prevendo a possibilidade de aborto em casos de embriões identificados com microcefalia. Ela foi categórica em entrevista: "Não é possível nos resignarmos a um contexto retrógrado e não proporrmos nada. Estamos diante de uma epidemia e precisamos dar respostas às pessoas afetadas por ela." E finaliza: "É preciso reconhecer a existência de um ato de negligência do Estado que não conseguiu erradicar o *Aedes aegypti* e, a partir disso, *criar mecanismos de reparação e proteção às mulheres e futuras crianças. O aborto, como uma possibilidade de proteção a esse dano, é apenas uma peça nessa discussão que é muito maior*" [os destaques são meus].

O caso não é diferente daquele do médico obstetra. Ela faz o mesmo salto entre a constatação de um estado de coisas e inferência de um dever ser. A diferença é que Debora Diniz vai ao Supremo Tribunal Federal a fim de "criar mecanismos de reparação e proteção às mulheres e futuras crianças" ao propor o direito de elas abortarem seus filhos com microcefalia, enquanto o médico pratica o aborto. Ela limpa a consciência das mulheres que abortam, enquanto o outro lava as próprias mãos sujas de sangue. O importante é proteger as futuras crianças, mas só as que não forem portadoras de uma deficiência neurológica. As que, afortunadamente, contraíram microcefalia não podem atrapalhar o futuro da mulher e da sociedade. Nada de se resignar ao retrógrado contexto contrário ao aborto. É preciso enfrentá-lo e propor alguma coisa, já que o direito ao aborto seria uma "resposta às pessoas afetadas" pela epidemia.

O aborto, nesse caso, é concebido como método terapêutico contra uma doença, e uma doença que criará transtorno para mulheres e para a sociedade. Mas nada como se livrar dos transtornos se livrando dos doentes. Por que colocar no mundo a imagem e semelhança da nossa desgraça se somos capazes de interromper, sem pudor, sem culpa, sem dramas, sem ritos, remorsos e mistérios, a gestação de uma pessoa maculada por uma severa doença e pela desgraça de se tornar um tormento para os pais e sociedade? A ciência, a tecnologia, a filosofia contemporânea, o direito, os estetas, os artistas e os políticos desenvolveram ferramentas redentoras para que a opção saudável aconteça sem que haja necessidade de lidar com a constrangedora presença da enfermidade no mundo. A desgraça pode ser curada por meio desse gesto nobre de só dar à luz o que seja digno desse belo, justo e higiênico mundo em vias de ser concluído. O desgraçado, o doente, o sujo e o tortuoso não são dignos da nossa perfeição, do nosso conforto, das nossas ambições. Portanto, não deixa de ser um favor para o feto abortá-lo enquanto ele não passa de um pequeno saco de células degeneradas. Ele não se enquadraria no nosso irresistível senso de funcionalidade, justiça social, prazer e, sem deixar de ser, felicidade. Aqui, decididamente, não há lugar para os degenerados, os doentes e os tolos.

Infelizmente, a resposta de Eliane Brum para sua colega de ativismo não consegue sair da indignação superficial. É um emblema notável de como o relativismo aprisiona a todos na mesma caverna de sombras. "Meu incômodo com a proposta de permitir que mulheres com gestações de fetos com microcefalia façam aborto é a relação estabelecida com a deficiência. Penso que mulheres grávidas de fetos com microcefalia devem poder abortar, se assim o quiserem, porque têm o direito de decidir sobre o seu corpo — e não porque o direito ao aborto é justificado pelo nascimento de uma criança com deficiências, ainda que essa situação tenha sido causada por negligência do Estado. Ter ou não um filho é uma decisão individual, íntima, de cada mulher. Ao Estado cabe garantir que sua escolha seja protegida, em qualquer um dos casos."

Em outras palavras: se você tiver a impressão de que é melhor para você fazer o aborto de embriões microcefálicos, então... não há nada que a impeça, pois diz respeito só a você. E a função do Estado é proteger com dinheiro público as suas escolhas íntimas. No limite, Eliane Brum não resolve o evidente problema da eugenia ao mantê-lo como uma decisão de foro íntimo da mulher. Ela diz que as mulheres podem abortar os fetos microcéfalos não porque eles são doentes, mas porque a mulher decide por força de sua consciência e liberdade o que é melhor para ela.

A justificativa de abortar para casos de fetos microcéfalos não é boa, porém pouco importa, já que as razões da decisão são sempre do foro íntimo da mulher. Sendo assim, abortar um feto com microcefalia é o menor dos problemas. Se é uma decisão pessoal da mulher, as razões íntimas não fazem a menor diferença no âmbito do espaço público — tanto para efeitos de juízos morais quanto legais. Ela deseja, ela pode, então ela faz. Ela deve? Não importa, pois é só ela quem decide enquanto o Estado paga a conta. Ao ter total garantia de autonomia sobre o próprio corpo, não precisa dar qualquer satisfação pública sobre as escolhas de eliminar o filho, portador de doença ou não. A preocupação de Eliane Brum é uma preocupação do foro íntimo de Eliane Brum. E, por causa desse relativismo declarado, a conclusão do artigo não passa de lamento pessoal sem qualquer alcance objetivo: "Defendo ativamente a autonomia das mulheres sobre os seus úteros. Defendo, portanto, o direito amplo ao aborto. *Os motivos de cada uma para fazê-lo a cada uma pertencem.* Não acho que o Estado ou a sociedade possam interrogá-las sobre razões íntimas, apenas garantir que sua opção seja assegurada na esfera pública. Ponto. Mas o argumento público do direito ao aborto porque dessa gestação resultará uma criança com deficiências para mim é um limite. Um limite que escolho não ultrapassar" [os destaques são meus].

Ao atualizar o problema dos direitos democráticos para o caso do aborto em uma sociedade tal como a nossa, voltada para o debate erístico e ampla circulação de opiniões, deve-se levar em consideração que qualquer análise filosófica precisa ser feita com rigor, clareza e honestidade. Se a filosofia pode contribuir com o tema do aborto, deverá mostrar que o embate entre opiniões nem sempre deve ser resolvido com a força da retórica, o controle dos meios mais eficazes de persuasão de massas e o estímulo de emoções confusas e vagas. O relativismo é uma tentação eficiente porque a partir dele podemos ficar em cima do muro e com a consciência tranquila.

O caso de Eliane Brum revela bem essa fragilidade da democracia. Perplexa com a relação entre aborto e microcefalia e impotente com as próprias premissas, o limite que ela escolheu não ultrapassar atualiza a tese do "homem medida" de Protágoras e abre espaço para o "niilismo" de Górgias. Mães, influenciadas por essa lógica de que filhos doentes atrapalharão suas vidas e não terão valor na sociedade, farão o aborto porque é um limite que elas escolherão ultrapassar. E ativistas como Eliane Brum, do conforto de suas impressões pessoais, apenas assistirão perturbadas ao fato de uma doença nunca ser só uma doença. Fora o fato de não perceber o contrassenso desse tipo de premissa. Visto que só a mulher pode decidir sobre ter ou não um filho, não faz sentido qualquer exigência de responsabilidades por parte dos homens depois que os filhos nascerem. Se só e somente só as mulheres são detentoras dos direitos reprodutivos, cabe ao homem irresponsável um generoso aceno de agradecimento.

Em março 2016, na Livraria Cultura do Shopping Bourbon, em São Paulo, aconteceu um "debate" promovido pela revista *Saúde!Brasileiros* e com a participação do Circuito Mulheres Mobilizadas SP, onde, como informa o próprio site do evento, "os especialistas Daniela Pedroso, Thomaz Gollop e Artur Timerman destrincham com coragem quais são os impasses históricos descortinados pelo zika que teremos de enfrentar de uma vez por todas" — lembrando que nesse contexto as expressões "destrinchar com coragem" e "enfrentar de uma vez por todas" significam "defender o direito de as mulheres abortarem e debater apenas com quem concorda com as nossas ideias".

Ao discutirem sobre os tópicos: "Há omissão sobre as graves consequências das anomalias associadas ao zika" e "A mulher não tem o direito de decidir. Mães serão obrigadas a cuidar de crianças com graves problemas sem o direito de optarem pela interrupção da gravidez", o infectologista Artur Timerman "conta sua experiência e também corrobora que o problema é muito maior do que está sendo colocado". Ele diz: "Fui visitar um colega no Rio Grande do Norte e ele me disse: 'Estamos vendo coisas que nunca vimos antes. Crianças com excesso de pele, bebês com a aparência de idosos de 90 anos, totalmente deformadas. Se tem algo muito sério que o Ministério está falhando, e está falhando em várias, uma das mais importantes é a falta de orientação para que essas mulheres posterguem a gravidez."

E ele narra como tem trabalhado em seu consultório reservando algumas horas para ajudar as mulheres: "Eu, no consultório, estou reservando uma hora todo dia para atender telefonema de mulheres angustiadas e inquietas. Eu me coloco na posição de uma mulher com vinte semanas de gravidez que vai fazer um ultrassom. Deve ser um momento muito angustiante para ela." E relata uma conversa:

> Mulher: "Eu tenho chance de ter tido zika?"
> Médico: "Tem. Lógico que tem. A secretaria aqui de São Paulo acha que não, mas tem."
> Mulher: "Tem como eu saber?"
> Médico: "Ainda não. Nós não temos o teste sorológico."
> Mulher: "Se eu tive, tem chance de transmitir para o meu filho?"
> Médico: "Tem. Segundo um estudo recém-publicado, há 30% de chance, que é um número elevadíssimo, muito maior do que para a rubéola e para outras infecções."
> Mulher: "O senhor acha que eu devo abortar?"
> Médico: "As informações eu já te dei."[49]

Se o valor semântico da expressão "as informações eu já te dei" for compreendido baseado no que praticamente todos esses defensores do aborto têm defendido, isto é, da análise de *dados*, segue o dever ser; então quando ele imediatamente responde "as informações eu já te dei" para a pergunta "o senhor acha que eu *devo* abortar?", sua resposta significa, no contexto semântico analisado até aqui, *deve*.

Na sequência do "debate", Thomas Gollop, líder do GEA, responde: "Permitir essa opção não significa de maneira nenhuma que a mulher vai ser obrigada a interromper a gestação. Ela vai ter a possibilidade legal de ter assistência médica, se ela decidir que ela não tem ombros para carregar um bebê com esse tipo de problema." Claro, em vez de "dar ombros" para ela, o médico receberá um bom valor pelo procedimento cirúrgico. Ele completa e ainda acusa de hipócrita quem se opõe ao aborto: "Se 70% é contra o aborto, os outros 30% devem decidir segundo o que acham. *Eu não quero saber o que a minha vizinha acha que eu devo fazer com o meu bebê que é anormal*, ela não vai criar o meu filho deficiente. É muita hipocrisia" [os destaques são meus].

Gaia se defende. Mãe-Terra quer nos abortar

Quando se fala de aborto, infelizmente, uma avalanche de opiniões sentimentais e confusas afetam aquilo que deveria ser, de fato, um debate. Na maior parte das vezes, contudo, como demonstrei, monopoliza-se inclusive a noção de "debate" e "discussão". Nada como reproduzir à exaustão a "necessidade de discutir e debater" desde que você não seja homem, religioso e contra o aborto. Mas essa discussão pública pró-aborto envolve médicos, ativistas, assistentes sociais, políticos, professores, feministas, jornalistas, antropólogos, sociólogos, escritores, comediantes, juristas e não poderia deixar de envolver também teólogos.

Para Leonardo Boff, teólogo ligado à Teologia da Libertação, é "farisaica a atitude daqueles que de forma intransigente defendem a vida embrionária e não adotam a mesma atitude em face dos milhares de crianças nascidas e lançadas na miséria, sem comida e sem carinho, perambulando pelas ruas de nossas cidades". Boff não percebe que uma coisa é ser negligente com uma criança em precárias condições sociais, enquanto outra, completamente distinta, é desejar matar uma criança. A indiferença, o desinteresse, a passividade, a covardia, a omissão, o individualismo e o egoísmo são vícios bem diferentes do desejo de aniquilamento, morte e destruição da vida de uma pessoa indefesa.

Por pior que seja a condição social de algumas crianças, não há qualquer movimento em massa tomando ruas, redes sociais, universidades, escolas, parlamentos, tribunais, editoras, jornais, programas de televisão e rádio, hospitais; não há professores escrevendo artigos, dando palestras, intelectuais publicando livros, ONGs internacionais e nacionais promovendo a causa, a ONU emitindo documento e ministros da Suprema Corte fazendo proselitismo em "prol da miséria das crianças" ou em "defesa do direito de crianças serem abandonadas pelos pais e morrerem de fome". Porque se fizessem, seriam combatidos da mesma forma intransigente e farisaica como se combate o aborto.

No livro *Em defesa da vida: Aborto e direitos humanos* publicado pelo grupo Católicas pelo Direito de Decidir em 2007, Leonardo Boff contribuiu com uma entrevista na primeira parte do livro em que as autoras "discutem" a noção de *vida*. Ao ser questionado *o que seria viver com dignidade*, ele responde: "Viver com dignidade é ser reconhecido como valor e membro da família humana e elo da comunidade maior de vida. É ser tratado sempre humanamente." Mas estabelece um critério: "E principalmente é poder participar da construção do bem comum." A vida que não participa da "construção do bem comum" não tem dignidade. Como o embrião não participa dessa construção, ele não é reconhecido como membro da família humana. Portanto, a vida nessas condições pode ser interrompida.

Só que a mentalidade *new age* de Boff, no caso do aborto, não consegue superar suas próprias contradições. Ele alega: "Mesmo depois de nascido, não estamos ainda prontos, pois não temos nenhum órgão especializado que garante nossa sobrevivência. Precisamos do cuidado dos outros, das intervenções na natureza para criar nosso *habitat* e garantir nossa sobrevivência. Estamos sempre em gênese. Todo esse processo é humano. *Mas ele pode ser interrompido numa das fases, quando não chegou ainda a sua relativa autonomia. Isso quer dizer, houve a interrupção de um processo que tendia à plenitude humana, mas que não foi alcançada.* Nesse quadro pode ser situado o aborto. Devemos proteger o máximo possível o processo, mas devemos também entender que ele pode ser interrompido por múltiplas razões, uma delas pela determinação humana. Ela não é isenta de responsabilidade ética. Mas essa responsabilidade deve atender ao caráter processual da constituição da vida. Não é uma agressão ao ser humano, mas ao processo que tendia constituir um ser humano" [os destaques são meus].

Diante dessa paisagem teórica, pode ser situado também o infanticídio, a esterilização compulsória, o genocídio daqueles seres humanos considerados inaptos à "plenitude humana não alcançada". Se a responsabilidade ética deve atentar ao "caráter processual da constituição da vida", e "vida" é compreendida por ele como um processo cósmico abrangente em que "a vida humana é só um subcapítulo", não se trata de agressão à dignidade singular de uma pessoa. Trata-se, na verdade, de uma genérica e difusa "agressão ao processo que tendia constituir um ser humano". Um embrião, um feto, um recém-nascido, um bebê, uma criança, um adolescente, um adulto e um velho não são pessoas, mas "pequenos processos" dentro de um processo sistêmico e holístico que expressa o grande processo de evolução cósmica.

Leonardo Boff considera farisaica a atitude de quem defende a vida humana em todas as condições. Mas ele não acharia intransigente caso os embriões fossem de tartaruga. Para ele, a "Terra é um gigantesco superorganismo que se autorregula, fazendo com que todos os seres se interconectem e cooperem entre si" — exceto quando uma mãe deseja interromper a gestação. Leonardo Boff, como guru da Nova Era, escreve que "nada está à parte, pois tudo é expressão da vida de Gaia, inclusive as sociedades humanas, seus projetos culturais e suas formas de produção e consumo" e "ao gerar o ser humano, consciente e livre, a própria Gaia se pôs em risco", mas ainda bem que a Mãe-Terra não nos abortou.

Afinal, ele é um de nós — mas e se os doutrinadores disserem que não?

Ser contrário ao aborto significa insistir com as perguntas: e como fica o direito à vida do nascituro, ele não é objetivamente um de nós? E defender a resposta: sim, é um de nós. É uma pessoa desde o momento da concepção.

A resposta daqueles que são favoráveis ao aborto é imediata: "A vida potencial do feto é evidentemente relevante, mas a criminalização do aborto antes de concluído o primeiro trimestre de gestação viola diversos direitos" das mulheres — como argumentou o ministro do Supremo Tribunal Federal, Luís Roberto Barroso em seu *voto-vista* para um *habeas corpus*.[50] Há duas dificuldades implícitas na primeira sentença desse raciocínio: "A vida potencial do feto é evidentemente relevante." Primeiro e antes de tudo a ideia de "a vida em potencial do feto". O ministro, acriticamente, assume a tese de que o feto é só uma vida em potencial sem precisar adequadamente o valor semântico de "vida" e "potência". Se vida aqui se refere à "vida biológica", não faz sentido falar em "vida em potencial", já que feto já é um ser vivo membro da espécie humana cujo potencial é para a vida adulta e não potencial para ser pessoa.

Como ele compõe o sentido da sentença com "evidentemente relevante", presume-se que esteja se referindo à noção de "vida" como valor, portanto um *fato* moral e não um *fato* biológico. No entanto, o complemento "evidentemente relevante" não é nada evidente. Que tipo de "evidência" e "relevância" está em jogo aqui? Luís Roberto Barroso não explica e mesmo assim finaliza que "a criminalização do aborto antes de concluído o primeiro trimestre de gestação viola diversos direitos". Essa conclusão não procede de qualquer premissa registrada; as premissas e a validade de cada uma delas estão pressupostas pelo ministro — e por alguns defensores do aborto. Por que proibir o aborto "antes de concluído o primeiro trimestre de gestação viola diversos direitos", e no quarto, quinto ou sexto mês, não? A condição que satisfaz a violação dos diversos direitos das mulheres antes do primeiro trimestre não se aplicaria igualmente para qualquer outro período da gestação? O problema de fundo é o mesmo: desconsiderar a relevância moral e o *status* pessoal do embrião porque ele não desenvolveu o sistema nervoso. Três meses é um critério meio que padrão entre os defensores moderados do aborto. Já defensores como Michael Tooley, Peter Singer e Mary Anne Warren não têm dificuldades de levar essa lógica materialista às últimas consequências e defenderem não só o aborto como também o infanticídio para recém-nascidos e doentes mentais. Pelo menos são "consequentes" com suas premissas.

Há também os argumentos das autoras responsáveis por ter dado entrada com a petição ADPF 442 no Supremo Tribunal Federal para descriminalização do aborto até a 12ª semana de gravidez: mesmo se embriões e fetos tiverem direitos fundamentais, eles não têm direitos constitucionais garantidos, porque não são "pessoas constitucionais". Nesse sentido, explica o jornalista Renan Barbosa, que fez uma série de análises demonstrando os "furos" jurídicos da ADPF 442: a proibição irrestrita do aborto seria inconstitucional, porque viola desproporcionalmente uma série de direitos das mulheres: dignidade, liberdade e vida. A proibição gera tortura, tratamentos desumanos e degradantes às mulheres. E viola o direito à saúde e o direito ao planejamento familiar.[51] Ele conclui: "A relativização do direito à vida marca diversos argumentos da ação ajuizada pelo PSOL [e Anis] no Supremo Tribunal Federal para descriminalizar o aborto até a 12ª semana de gestação." E o mais importante deles, a distinção entre "pessoa" de "pessoa constitucional", como se, nesse caso, direito constitucional não tivesse como princípios os direitos fundamentais.

A principal linha de raciocínio alega o seguinte: não importa se o ser humano tem direitos fundamentais mesmo antes de nascer, porque o que importa é ser uma "pessoa constitucional". Na prática, mesmo que sejam considerados pessoas, a proposta pretende privar os nascituros de seus direitos constitucionais, excluí-los, pela força do decreto político, da comunidade moral, já que se trata de uma entidade "não recepcionada pela Constituição de 1988". A dificuldade desse tipo de estratégia é não considerar que normas constitucionais só fazem sentido em virtude das garantias dos direitos fundamentais. E direitos fundamentais não são criados pela decisão constituinte, mas orienta e impõe limites a toda decisão dessa natureza. O problema, nesse caso, é tornar absoluta a norma e relativizar o direito. E como toda norma constitucional surge do ato constituinte político, segue a subordinação do direito ao poder e não do poder ao direito. A Constituição de 1988 não funda ou marginaliza direitos fundamentais, mas os evoca como aqueles direitos a impor os limites necessários ao poder do Estado. Portanto, se fetos têm direitos fundamentais, é a realidade deles que limita e legitima o poder político implícito na Constituição.

No entanto, Luciana Boiteux, uma das autoras da petição, defende que "uma pessoa constitucional, para ter a plenitude de todos os direitos, precisa nascer. Na verdade, o embrião em formação tem uma expectativa, mas ele ainda não é uma pessoa". Curioso, ela mesma reconhece que esse raciocínio não está na Constituição: "Literalmente, a Constituição não faz [essa distinção], mas isso é uma interpretação que se faz à luz de uma compreensão mais ampla.

Esse conceito de pessoa constitucional é desenvolvido por doutrinadores." E eu acrescento: doutrinadores dispostos a forçarem a letra da lei para liberar o aborto. Porque o Artigo 1º da Constituição Federal, que trata dos Princípios Fundamentais, reconhece a dignidade da pessoa humana como um de seus fundamentos limitadores de todo exercício de poder.

O Brasil, além disso, é membro signatário de algumas convenções internacionais de direitos humanos: o Pacto Internacional de Direitos Civis e Políticos no Artigo 6º, no primeiro parágrafo, declara: "O direito à vida é inerente à pessoa humana. Esse direito deverá ser protegido pela lei. Ninguém poderá ser arbitrariamente privado de sua vida."[52] E a Convenção Americana sobre Direitos Humanos (Pacto de São José da Costa Rica), que no Artigo 4º, sobre o direito à vida, declara: "Toda pessoa tem direito de que se respeite sua vida. Esse direito deve ser protegido pela lei e, em geral, desde o momento da concepção. Ninguém pode ser privado da vida arbitrariamente."[53] Em outras palavras: se o nascituro for uma pessoa desde o momento da concepção, o direito à vida lhe é inerente. Não faz sentido apelar para "compreensão mais ampla", que distingue "pessoa constitucional" para além da própria Constituição, como critério para interpretar aquilo que é transparente e incisivo na letra objetiva da lei.

A pergunta filosófica, contudo, não foi respondida: o nascituro é uma pessoa? O *fato* filosófico precede a retórica jurídica. Segundo o ministro Luís Roberto Barroso, cuja função era a de "guardar a Constituição" e não a de legislar em causa própria: "Não há solução jurídica para esta controvérsia. Ela dependerá sempre de uma escolha religiosa ou filosófica de cada um a respeito da vida." Como se filosofia fosse uma simples escolha pessoal e não um empreendimento teórico em busca da estrutura objetiva da realidade. Mas ao colocar de lado o debate filosófico acerca do *status* pessoal e moral do embrião como irrelevante e subjetivo para o direito, e querer solucionar o problema só à luz da decisão jurídica supostamente objetiva, que de maneira arbitrária força a diferença entre "pessoa constitucional" e "pessoa", conclui-se o perfil relativista e tirânico do poder — esse mesmo raciocínio matou Sócrates, escravizou negros, subjugou mulheres, castrou compulsoriamente doentes mentais etc. Aliás, raciocínio muito bem-arquitetado e habilmente desenvolvido por "doutrinadores" da lei. Nunca é demais lembrar que grandes tragédias sociais foram legitimadas, antes de tudo, por especialistas da lei e praticadas por pessoas politicamente obedientes, cientificamente seguras, voluntariamente dedicadas e extremamente éticas.

Basta o abandono dos *fatos* — antropológicos e morais —, em nome de um poder determinado apenas por critérios autodeterminados pelo discurso político-jurídico, e já está dado o passo decisivo para a "tirania silenciosa" da legalização do aborto.

O combate à tirania depende do quanto se acredita na verdade objetiva. "Abandonar fatos", lembra o historiador Timothy Snyder, "é abandonar a liberdade. Se nada for verdadeiro, ninguém poderá criticar o poder, porque não haverá base para fazê-lo. Se nada for verdadeiro, tudo é espetáculo". E a renúncia de um ministro do Supremo Tribunal Federal, quando afirma ser a filosofia uma mera escolha de cada um e não a busca objetiva da verdade, entre o que se deseja e o que de *fato* as coisas são, é a atual maneira para submeter o país a uma tirania.[54] Permitir que mulheres matem seus filhos porque, graças à insistência de ativistas, começaram a acreditar que são donas absolutas do próprio corpo também é um tipo de tirania — talvez não uma tirania política, como estamos historicamente acostumados a pensar as desordenadas relações de poder, mas a tirania da cidade interior cujo reino, prestes a desmoronar, é a própria consciência.

Em razão de todos os exemplos expostos e analisados, e diferente do que o lugar-comum possa pensar a respeito da vida não nascida, o tema do aborto consiste em um problema específico da filosofia que foi tomado de assalto pela impostura dos intelectuais. Como áreas privilegiadas do saber, pois a filosofia moral e, no caso do aborto, a antropologia filosófica — única área responsável por fornecer os critérios que definem a vida humana em sua essência — não podem sucumbir a tais pressões.

Meu próximo e último passo demonstrará que o nascituro já é um de nós desde a concepção, pessoa inocente incapaz de se autodefender, e por isso o Estado e os membros da sociedade civil organizada têm o dever e a obrigação de protegê-lo.

4. Contra o aborto

Seres humanos e pessoas — como perder nossas almas

Em 1995, a escritora Naomi Wolf, ao avaliar a estratégia dos movimentos feministas em favor do aborto nos Estados Unidos, denuncia os equívocos retóricos de se negligenciar do debate público o *status* pessoal do nascituro como um grave e inconsequente problema moral dos ativistas.

Basicamente ela afirmava que defensores do aborto perdiam a própria alma ao desconsiderar a realidade do nascituro. Wolf publicou um artigo intitulado "Nossos corpos, nossas almas" alegando que "o movimento abandonou aquilo que os americanos sempre exigiram de seus movimentos: um núcleo ético. E em vez disso, o movimento depositou toda confiança em uma retórica política que está se revelando fatal: a de que o feto não significa nada". No fundo, conclui: "Corremos o risco de perder algo mais importante do que votos; corremos o risco de perder o que só pode ser chamado de nossas almas. Ao aderir a uma retórica sobre o aborto em que não há vida e morte, misturamos nossas crenças a uma série de autoilusão, farsas e evasões."[1]

Argumentarei em defesa da realidade pessoal da vida humana desde os primeiros estágios de sua existência. O recém-concebido não é uma pessoa ou uma vida em potencial, como alegam alguns, ele já é *integralmente* uma pessoa que não pode ser marginalizada porque a força taxativa da militância simplesmente deseja converter o aborto em direito reprodutivo da mulher. Que se defenda, então, a licitude do aborto sem correr o risco de perder a própria alma.

Quando uma mulher decide abortar, independentemente das crenças subjetivas que a motivaram e dos direitos que amparam sua escolha, além de ela matar uma pessoa, esse ato é objetivamente imoral. Como perguntaram os filósofos Robert P. George e Patrick Lee: *o que é morto em um aborto?* Trata-se do *status* pessoal e moral dessa entidade morta o tema central que não se deve colocar de lado, inclusive e sobretudo pelos defensores do aborto, como denunciou Naomi Wolf duas décadas atrás. Defender o aborto é, acima de tudo, defender o direito de uma mulher matar uma pessoa objetivamente determinada e moralmente relevante desde o momento da concepção e não apenas, como articulam os retóricos, eliminar uma vida humana em potencial — ou como dizem: um "amontoado de células".

Os seres humanos não são pessoas em virtude apenas de possuir certas qualidades e funções psicológicas, pelo contrário, são pessoas em virtude de sua própria realidade objetiva — e, no caso dos embriões, estão *concretamente* presentes como corpo e em um corpo. Ser pessoa é uma condição ontológica radical e não resultado de certo desenvolvimento neurobiológico. O conceito "ontológico" refere-se à sua realidade enquanto tal, em sim mesma, e que não depende de nossas percepções psicológicas para ser o que se é. Aspectos físicos, biológicos, psicológicos, econômicos e sociais só fazem sentido quando pensados à luz da ontologia: o terreno de todas as nossas reflexões é filosófico.

Negarei, com isso, o artifício retórico que distingue "pessoa" de "ser humano" adotado pela estratégia dos defensores do direito de uma mulher decidir o que fazer com o próprio corpo, como se o corpo do embrião fosse só uma parte do organismo materno ou só uma entidade biológica sem qualquer valor ontológico próprio. Assumo, e me comprometo filosoficamente por isso, uma visão conhecida como *personalismo ontológico* a qual se distingue de um *personalismo* do tipo *funcionalista*. Como definiu o filósofo Juan Manuel Burgos, personalismo ontológico defende a tese segundo a qual uma pessoa é considerada um ser integrado e unitário configurado conforme estruturas que atuam de maneira harmônica e cujo corpo não deve ser reduzido aos fenômenos físico e biológico. Em decorrência disso, o contraste conceitual para "pessoa em potencial", "vida em potencial" do embrião seria "pessoa em ato" desde a concepção, mas prefiro adotar o termo *pessoa objetivamente determinada* que se autodesenvolve para a vida adulta. Ser pessoa é o ponto de partida, e não um ponto qualquer, fruto de arbítrio e artificialismos no desenvolvimento de um indivíduo.

Foi o filósofo John Locke um dos principais responsáveis por introduzir as categorias que dissociam o homem entre "pessoa" e "ser humano", atribuindo caráter psicológico na medida em que esvazia o ontológico. Locke alegava que nem todos os seres humanos são pessoas. Ele define pessoa como "um ser pensante inteligente, que possui razão e reflexão e pode se considerar a mesma coisa pensante em diferentes momentos e lugares". Para ele, ser humano só pode ser considerado pessoa quando desenvolver certas funções psicológicas. Portanto, utiliza o termo pessoa para designar indivíduos que dispõem das capacidades psicológicas de percepção, racionalidade, autointeresse e consciência de si. São apenas seres humanos os que ainda não desenvolveram tais capacidades. Ou seja, subordina ontologia a psicologia, o valor da pessoa a funções psíquicas.

Hoje, com o avanço da neurociência, essas capacidades psicológicas — processos mentais — são concebidos como resultados de processos cerebrais. Segue-se que o embrião só será considerado pessoa quando desenvolver sistema nervoso central, que são processos biológicos complexos. Nesse sentido, a psicologia está subordinada à neurobiologia. Portanto, pessoa passa a ser um valor secundário cada vez mais marginalizado para a esfera da opinião sem relevância científica, mas algo dado na esfera dos interesses sociais.

No final do século XX, antes de se converter ao cristianismo ortoxo e mudar completamente sua visão de mundo, o autor responsável por difundir e enfatizar essa diferença entre "pessoa" e "ser humano" foi o filósofo H. Tristram Engelhardt Jr. Em seu livro *Os fundamentos da bioética*, publicado em 1998, ele escreveu: "As pessoas se destacam como possuidoras de importância especial para discussões morais. São essas entidades que têm direitos morais seculares de tolerância, porque elas podem negar permissão. Agentes morais competentes são aqueles que participam de controvérsias morais e podem resolvê-las por meio de acordo. Mas também podem discordar. Como a textura da cooperação impositiva entre estranhos morais depende de acordo, os agentes morais não podem ser usados sem sua permissão. Essa preocupação moral, deve-se observar, tem seu foco não nos humanos, mas nas pessoas. O fato de uma entidade pertencer a uma espécie particular não é importante em termos morais seculares gerais, a menos que essa pertença resulte no fato de essa entidade ser realmente um agente moral competente."[2]

Segundo essa linha de pensamento, pessoas são seres humanos possuidores de preocupação e competência moral, autonomia e liberdade. Nenhum recém-concebido, embrião, feto ou até recém-nascido possui tais capacidades por causa do desenvolvimento precoce de suas funções. Por isso devem ser vistos apenas como seres humanos e não como pessoas. Seres humanos protegidos por terceiros. Os valores atribuídos aos embriões não decorrem de uma propriedade intrínseca deles, mas de serem propriedades particulares de outras pessoas; uma *coisa* que pode, inclusive, servir de "moeda de troca" para outras. Sem valor de dignidade subjacente à própria realidade, que é o valor acima de qualquer outro valor, seres humanos não pessoas podem servir de cobaias em experimentos científicos ou serem comercializados — não à toa entre os serviços prestados pela Planned Parenthood está o de comercialização de tecido de feto abortado. Só possui dignidade quem dispõe de competência psicológica para evocá-la, e esse valor será garantido por consensos e acordos em uma comunidade política. H. Tristram Engelhardt Jr. chega a dizer que "os fetos, os recém-nascidos, os retardados mentais graves e os que estão em coma sem esperança constituem exemplos de não pessoas humanas. Essas entidades são membros da espécie humana. Não têm *status*, em si e *per si*, na comunidade moral".

Há duas dificuldades com esse tipo de distinção. A primeira, e mais importante, está em limitar o *status* pessoal a certas qualidades psicológicas derivadas de funções neurológicas — sensação de dor, autoconsciência, autointeresse e racionalidade como subprodutos do cérebro. O segundo é que, nesse sentido, os seres humanos só serão considerados pessoas quando, durante o seu desenvolvimento biológico, alcançarem tais funções — assim como deixam de ser pessoas se acidentalmente perderem —, e a partir desse quadro não se pode garantir a relevância moral, pois não há relevância moral intrínseca, só extrínseca. Funções psicológicas são fatos empiricamente constatados pelo método adotado pelas ciências naturais dedicas ao estudo do cérebro. Ademais, segundo a "lei de Hume", como mostrei aqui, dos *fatos* empíricos não se pode extrair um *dever*. Pois não há valores morais nos *fatos* empíricos, dos quais fazem parte os *fatos* cerebrais e os psicológicos. Em síntese, não haveria *fatos* morais objetivamente relevantes, uma vez que todos os valores são subprodutos de percepções, desejos e interesses psicológicos.

Mesmo assim Peter Singer convida a "rejeitar a teoria segundo a qual a vida dos membros de nossa espécie tem mais valor do que a dos membros de outras espécies", já que por terem desenvolvido sensação, percepção, capacidade de comunicação, curiosidade, consciência "alguns seres pertencentes a espécies diferentes da nossa são pessoas; alguns seres humanos não o são". E conclui: "Nenhuma avaliação objetiva pode atribuir à vida de seres humanos que não são pessoas maior valor à vida de outras espécies que o são. Ao contrário, temos razões muito fortes para dar mais valor à vida das pessoas que às das não pessoas. E, assim, parece-nos ser mais grave matar, por exemplo, um chimpanzé do que um ser humano gravemente deficiente, que não é uma pessoa."[3]

Segundo essa perspectiva, sem as funções psicológicas ou cerebrais, os seres humanos são apenas membros da "espécie *Homo sapiens*", entidades biológicas incapazes de autodominar suas relevâncias morais. Ao dispor de suas funções psicológicas, os seres humanos passam a ser considerados pessoas, porém não há garantias objetivas de serem moralmente relevantes em virtude do fato de essas funções serem apenas resultados de desenvolvimento biológico e não a própria realidade objetiva de valor intrínseco dado pela sua condição antropológica. A relevância moral estaria sempre associada ao conjunto de interesses compartilhados entre indivíduos. Por isso, autores defensores do aborto como Peter Singer, David Boonin, Mary Anne Warren, Jeff McMahan e Michael Tooley, Roderick T. Long, Judith J. Thomson e tantos outros afirmam ser o embrião biologicamente humano, mas não uma pessoa — que mereça atenção moral maior do que mereceriam os adultos biologicamente desenvolvidos. A questão é que mesmo adultos biologicamente desenvolvidos não têm garantias objetivas de seu reconhecimento moral.

O ensaísta e filósofo brasileiro Antonio Cicero, ao defender o aborto em um artigo de 2010 para a *Folha de S.Paulo*, sintetiza bem a mentalidade de que o embrião é um ser humano não pessoa. "Lembramos de que, pelo menos nos três primeiros meses, quando ainda não tem sequer atividade cerebral, o embrião constitui uma unidade apenas para os outros, mas não para si. Na verdade, nem sequer possui um 'si'. Sem sentir, pensar ou ter um 'si', o embrião não chega a ser uma pessoa, não poderia ter projeto, desejo ou ambição: sem falar de um futuro que lhe pudesse ser 'roubado'. Ora, que sentido teria falar de 'direitos' ou de 'proteção jurídica' de um ser que nem sequer pensa, sente ou tem um 'si'? As possibilidades que o embrião encarna, portanto, não são possibilidades que ele mesmo contemple. Elas são, em primeiro lugar, possibilidades objetivas: no caso em questão, a possibilidade trivial de que o mundo adquira mais um habitante."[14]

Ou para ficar com a precisão do filósofo libertário Roderick T. Long, que afirma: "Eu creio que é claramente verdade [que fetos não são pessoas] nos estágios iniciais da gravidez, pois a posse de capacidades psicológicas de algum tipo é essencial para pessoalidade. Nada conta como uma pessoa se carece de capacidades psicológicas; um feto em estágio inicial carece de estruturas neurofisiológicas sofisticadas o suficiente para embasar capacidades psicológicas; portanto, um feto em estágio inicial não é uma pessoa, e assim pode ser morto sem a violação de quaisquer direitos."[5]

Há algumas dificuldades implícitas que precisam ser analisadas. A primeira, mais explícita, é tomar as "estruturas neurológicas sofisticadas" como fundamento para uma subjetividade e autointeresse. A segunda, que segue da primeira, é a ideia de que só a partir do "reconhecimento psicológico de si", o autointeresse, se dá o reconhecimento público de direito e proteção jurídica. Para essa visão funcionalista, esses seriam critérios determinantes do *status* pessoal e a relevância moral.

A primeira dificuldade baseia-se na ideia de que a condição antropológica do embrião ser reconhecido como alguém depende de um conjunto sofisticado de funções cerebrais e não o contrário. Segundo esse ponto de vista, as atividades cerebrais fornecem critérios necessários para fundamentar o *status* pessoal. A dificuldade aqui está em presumir que só pode ser considerado pessoa depois da emergência da consciência. E só pode ter relevância moral quem é pessoa. Consciência, neste contexto teórico, é um subproduto do cérebro. Com efeito, a relevância moral não é atribuída a uma pessoa pelo fato de ser *objetivamente* pessoa, mas atribuída ao fato de ter desenvolvido consciência, que por sua vez só "existe" como resultado de sofisticados processos neurofisiológicos. Conforme a "lei de Hume", fatos empíricos e suas relações não contêm valores morais. A consciência é resultado do desenvolvimento de processos neurobiológicos. O processo neurobiológico é um fato empírico. Portanto, mesmo depois de três meses não faz sentido chamar seres humanos de pessoas. Se antes eles não eram pessoas, em virtude do que seriam pessoas depois? Em virtude do autorreconhecimento de si como pessoa — que é a segunda dificuldade.

A segunda traz como fundamento a noção de que "unidade" e "identidade", que capacitam alguém a ser reconhecido por si mesmo como pessoa, dependem, nesse contexto teórico, não da própria realidade pessoal objetiva, mas de expectativas de terceiros. Como o embrião não sente, pensa ou concebe a si mesmo, ele não pode ser incluído como pessoa membro da comunidade moral, pois não possui os requisitos psicológicos necessários para lutar por esse reconhecimento em sociedade. O reconhecimento psicológico de si é só uma condição suficiente, mas necessária para alguém ser pessoa. A pergunta a se fazer é: por que, de repente, sentir, pensar e conceber a si mesmo são capacidades responsáveis por forçar os outros a considerá-lo uma pessoa se o *status* pessoal e moral, em sua origem, já depende do reconhecimento social de terceiros cuja fonte original é o reconhecimento psicológico?

Nesse caso, uma pessoa só será mesmo pessoa quando for reconhecida pelos outros, que já são capazes de reconhecerem psicologicamente a si mesmos enquanto tais. O valor necessário de uma vida humana continua sendo extrínseco e artificial, ou um mero adicional provisório pelo fato de alguém ter conseguido evocar a si diante dos outros.

Para a manutenção da vida humana em sociedade, só o autorreconhecimento psicológico de si torna-se irrelevante e impotente para fundamento da comunidade moral. Porque de qualquer maneira o que importa é a capacidade de alguém, psicologicamente disposto, forçar os outros a reconhecê-lo como pessoa moralmente relevante. Se a relevância moral já não é uma propriedade objetiva intrínseca dada pelo *status* pessoal, ela *poderá* nunca vir a ser. O "poderá" aqui demonstra a fragilidade da situação, já que não há nada que dê garantias desse reconhecimento. Se por razões sociais, materiais, raciais, sexuais ou políticas um grupo for impotente diante de outro grupo mais forte para autodeterminar sua relevância, *provavelmente* serão relevantes. Mas podem não ser — quem garante?

Por exemplo, os autistas. Autistas são seres humanos que sofrem de um tipo delicado de deficiência neuropsíquica. Eles são impotentes para certo nível de autoimposição social. Segundo essa linha de raciocínio que estou analisando, um autista pode não ter qualquer relevância moral caso as pessoas deixem de considerá-lo como moralmente relevante. Por que desperdiçar tempo e energia com autistas? Eles que se virem para conseguir impor sua relevância que só eles, fechados em si, reconhecem. Por que alguém teria dever e obrigação de reconhecê-los socialmente? Uma mãe poderia ter a vida inteira desejado um filho comunicativo, saudável, com estima elevada diante dos colegas, proativo, determinado a alcançar seus próprios objetivos, que sabe priorizar o mais importante, equilibrado, sensato, competitivo, que sabe conviver em harmonia com os outros, enfim, um filho autônomo, saudável e responsável. Aí ela descobre, contra todos os seus sonhos, que o filho tem... um grau de autismo que dificulta o desenvolvimento dessas características. A severa disfunção neurológica afeta justamente sua capacidade de interação social. Sendo assim, por que tratá-lo como membro da comunidade moral se ele mesmo não tem capacidade para impor tal reconhecimento? E por que obrigar uma mulher a cuidar dele? Simplesmente porque é mais fácil abortar uma pessoa de 11 semanas do que matar uma de 2 anos. No entanto, os problemas são os mesmos: um ser humano de 11 semanas não desenvolveu funções neurobiológicas, um de 2 anos não as desenvolveu adequadamente. Ambos não têm condições de impor relevância moral porque essa depende de certas disposições psíquicas.

Esse foi o mesmo contexto teórico responsável por introduzir, a partir dessa categoria psicológica e social de "reconhecimento", a distinção muito em voga em debates atuais do aborto entre "ser humano" e "ser humanizado" — visto que o termo "pessoa" pode apresentar ambiguidades, como alguns defensores do aborto alegam, a opção é falar em humanização (a expressão "parto humanizado" é um exemplo, e no fundo legalizar o aborto é uma forma de "humanizá-lo"). Outra ideia importante é de que o direito à vida estaria ligado à "qualidade de vida".

A respeito do uso de alguns termos com o objetivo de amenizar o impacto da ideia de aborto a fim de "humanizá-lo" e propor "qualidade de vida" às mulheres, recorro à resposta que a ativista Obianuju

Ekeocha deu a Mette Gjerskov, parlamentar dinamarquesa e ativista pelos "direitos reprodutivos das mulheres", na ocasião de um painel de discussões de um evento chamado "Melhores Práticas para a Saúde Maternal na África", que foi realizado pela ONU, em Nova York, no dia 17 de março de 2016. Gjerskov questionou a ativista pró-vida sobre como a possibilidade de "privar as mulheres africanas do direito sobre os seus próprios corpos" pode ser uma nova forma de colonialismo: "Senti-me um pouco provocada pela ideia de neocolonialismo. Sendo da Europa, claro, isso me afeta. Então, eu gostaria de compartilhar, porque já estive na África e sei que lá existem países diferentes. Falei para muitas mulheres africanas e aquilo que aprendi por ter vindo de uma sociedade colonialista é: 'Não cause danos. Permita às pessoas tomarem suas próprias decisões.'" Obianuju Ekeocha mostra que essa suposta ideia de "humanização" trazida pela cultura ocidental com relação às mulheres africanas não passa de uma distorção e não traduz o que realmente significa o aborto para a maioria dos africanos. Ela diz: "Eu sou de uma tribo chamada Igbo, na Nigéria. Se eu tentar traduzir em minha língua o que significa 'uma mulher escolher o que fazer com o seu corpo', não conseguiria. A maioria das línguas nativas africanas sequer têm uma forma de interpretar 'aborto'", pois "a maioria das comunidades africanas realmente acredita, por tradição, por seu padrão cultural, que o aborto é um ataque direto à vida humana. Então, para qualquer um convencer uma mulher da África de que aborto pode ser algo bom, primeiramente terá de dizer para ela que aquilo que seus pais, avós e ancestrais ensinaram está, na verdade, errado. Que eles sempre tiveram uma ideia errada. E isso é uma forma de colonização."

Para oferecer uma resposta mais filosófica, sigo aqui as análises de Elio Sgreccia. Se a humanização de alguém é determinada pelo reconhecimento dado por terceiros, nesse caso, então, são as atitudes de aceitação e reconhecimento da mãe que conferem o valor humano ao embrião. Caso a mãe não aceite e reconheça o filho, a escolha de interromper a gravidez torna-se socialmente justificável. Sgreccia não tem dificuldade em salientar o ponto cego desse raciocínio. Se o embrião já é ser humano ainda antes da "humanização", não se vê como é possível justificar a sua supressão do corpo materno; se não é humano, então que nos digam o que é e como pode ser humanizado por uma simples atitude psicológica da mãe. Se a questão em causa é a humanização do homem através de um ato psicológico de terceiros, o ato psicológico se justifica em virtude do quê? O que confere ao ato psicológico poder para decidir o que os outros são ou deixam de ser? Nada mais do que a imposição do forte sobre o fraco. Porém, há um problema para quem defende o aborto alegando direitos das mulheres. Uma mulher aceitar isso não faz o menor sentido, sobretudo quando se entende como objetivamente legítima a atual luta de mulheres pelo reconhecimento de sua dignidade. Pois se a mulher luta por reconhecimento e ele só pode ser dado pela aceitação psíquica do homem, segue que a mulher, para ser socialmente reconhecida, precisa conferir ao homem valor superior ao dela. Em outras palavras, é nunca sair do cativeiro de sua sujeição. Ou a mulher tem dignidade intrínseca ou não tem. Se ela tem, os homens são obrigados a reconhecê-la. Se não tem, pode ser que os homens não o façam.

O escritor Gustavo Nogy, em um texto chamado "Do aborto ao botox", expressa bem a lógica dessas disposições que submetem o preço da vida ao reconhecimento: "Nietzsche considera que muitos dos nossos escrúpulos dependem das comparações que fazemos — da comensurabilidade — entre semelhantes e dessemelhantes. Quanto maior a diferença entre dois seres — de poder, de tamanho, de força —, menor será o impulso à compaixão. Esmagamos formigas porque formigas são tão pequenininhas que não conseguimos sequer compreender seu sofrimento. Esmagamos animais, escravos, prisioneiros de guerra, mulheres, velhos e crianças pelo mesmo motivo."[6]

O outro termo problemático, inspirado na ideia de reconhecimento e na distinção "ser humano" e "pessoa", é "qualidade de vida". Como diz Elio Sgreccia, eis mais uma "distinção capciosa". Para o defensor do aborto o direito à vida depende da "qualidade de vida". Em Peter

Singer isso fica evidente, já que entre salvar a vida de um gorila e a de um ser humano adoecido, salve o macaco. Na ideia de qualidade de vida está implícita muita coisa, principalmente a perigosa ideia de "normalidade". O limite para o valor da vida do embrião está submetido ao critério do desenvolvimento de uma vida normal. E aqui valem as reflexões de Michael Foucault — filósofo francês que estudou as origens mais perversas das relações de poder na sociedade — quando mostra que no surgimento da ideia de "anormalidade", no século XIX, havia uma aproximação entre medicina e direito (se isso soa familiar, não é mero acaso). Foucault avalia que o anormal, o "monstro humano", é aquele que constitui "em sua existência mesma e em sua forma, não apenas uma violação das leis da sociedade, mas uma violação das leis da natureza", pois "serve como o grande modelo de todas as pequenas discrepâncias. Mesmo sendo o princípio de inteligibilidade de todas as formas da anomalia" e, neste contexto, "o anormal é, no fundo, um monstro cotidiano, um monstro banalizado".

A expressão "qualidade de vida" serve como o atual princípio seletivo entre "normal" e "anormal". Baseado nessa concepção difusa de "vida boa" se justifica eliminar o embrião afetado por anomalias, cujo caso de embriões microcéfalos é só o mais atual exemplo. As anomalias, porém, não precisam ser só físicas ou psíquicas, mas sociais e econômicas. Como argumenta Elio Sgreccia, a possibilidade de "prever *déficit* ou deficiência, ou também que, por razões extrínsecas, tivesse embaraços em seu desenvolvimento humano", sejam por quais motivos forem, será da família o ônus de carregar esse fardo. Um filho "anormal" não é compatível com as expectativas de qualidade de vida de um casal, de uma mulher ou da sociedade.

Alertava-nos Foucault em *Os anormais* que "não será mais simplesmente nessa figura excepcional do monstro que o distúrbio da natureza vai perturbar e questionar o *logos* da lei", pois, conforme a teoria dos degenerados que aturará na base dos sistemas psiquiátricos para a defesa da sociedade contra os anormais, ele estará "em toda parte, o tempo todo, até nas condutas mais ínfimas, mais comuns, mais cotidianas, no objeto mais familiar da psiquiatria, que encarará algo que terá, de um lado, estatuto de irregularidade em relação a uma norma e que deverá ter, ao mesmo tempo, estatuto de disfunção patológica em relação ao normal". Através da inocente expressão "qualidade de vida" como atributo de uma vida digna e medida apenas pelo princípio de maior bem-estar material e psicológico, aceita-se o princípio racista, eugênico e discriminatório e cuja única diferença com outras formas declaradas de racismo, eugenia e preconceito é ser aplicada ao embrião.

A terceira dificuldade é só um adendo ao raciocínio de Antonio Cicero. Do fato de embriões não contemplarem suas possibilidades triviais objetivas, implica se tornarem só mais um habitante irrelevante do planeta. Por esse motivo podem ser "mortos" sem o risco de se violar qualquer direito, pois se não são pessoas capazes de estimarem a si mesmas, não são sujeitos de direito. Mas por que do fato de contemplarem suas possibilidades seguiria necessariamente alguma mudança objetiva em relação à relevância deles como habitantes do planeta? Um suicida seria menos pessoa por não contemplar mais as possibilidades triviais objetivas de sua vida sem sentido?

O problema central desse tipo de mentalidade pode ser resumido com as seguintes palavras: a relevância moral muda conforme o cérebro dispõe ou não de boas condições e muda conforme pessoas são capazes de atribuir relevância para si mesmas e para as outras. Só isso. Por que haveria mais alguma coisa? Quanto mais o cérebro for desenvolvido, maior o *status* pessoal e a relevância moral; quanto menos o cérebro for desenvolvido, menor *status* pessoal e relevância moral. E quanto mais alguém estima a si, mais relevância moral para si mesma; quanto menos, menos relevância moral.

Um depressivo seria moralmente miserável perto de alguém de "bem com a vida". Quem sofre de esquizofrenia, transtornos de bipolaridade ou qualquer outro tipo severo de transtorno mental que impeça ou iniba o desenvolvimento de sua identidade, projeto de vida e ambição seria, além de "menos pessoa", menos relevante do ponto de vista moral quando comparado a uma pessoa que não desenvolveu doenças desse tipo. Já as pessoas com alta performance mental seriam mais relevantes moralmente para si e forçosamente para os outros. O conselho é ler livros de autoajuda e evitar poesias.

Enfim, esses raciocínios não diferem em estrutura daqueles que fundamentavam teorias eugenistas do final do século XIX e início do XX a respeito do "aperfeiçoamento" humano. Sem a propriedade objetiva, basta a sociedade declarar guerra contra os fracos.

O que é isto — um homem?

Lincoln Frias explicou em seu livro *A ética do uso e da seleção de embriões*, os limites de estabelecer a consciência como critério para determinar o que é ser uma pessoa: "Para identificar quando o feto tem direito à vida é o aparecimento da consciência. Esse é considerado um momento decisivo, porque se não houver consciência não há como o feto sentir dor; se não houver como ele sentir dor, não há como ele ter interesse; se não houver como o feto ter interesse, não faz sentido dizer que ele possui um direito, pois direito é normalmente compreendido como proteção de interesses. Contudo, esse critério também enfrenta problemas de aplicação. A consciência é talvez o fenômeno para o qual a ciência tem menos explicações a oferecer. Sabe-se, todavia, que sem o córtex cerebral frontal é impossível que ela esteja presente [...]. O problema com esse critério é que ele é muito impreciso, há uma área cinzenta entre quando há e quando não há consciência. Por isso, muitos pesquisadores o consideram insatisfatório para especificar o momento, entre os gametas e o recém-nascido, em que há a aquisição do direito à vida."[7]

A dificuldade de todos esses pressupostos, que também "veem" o direito como proteção de interesses, consiste em derivar estruturas antropológicas de dados extraídos da descrição biológica. Por exemplo,

Lincoln Frias, ao escrever o livro para defender o uso de células-troncos embrionárias, desconsidera "as grandes questões antropológicas" e ao mesmo tempo "pretende mostrar que embriões humanos não estão na mesma situação (*status*) moral que os seres humanos adultos", pois, segundo ele, até os 14 dias após a fecundação "não há nenhuma razão consistente para acreditar que o embrião [...] já possua direito à vida". No entanto, "a análise deixará em aberto qual é o momento de aquisição desse direito e afirmará que ele não acontece antes dos 14 dias",[8] que é um estágio em que o nascituro é considerado um pré-embrião.

Levando tudo isso em consideração, só a atividade material dos estados cerebrais impõe valores morais necessários para se viver em sociedade. Conforme Jeff McMahan, em *A ética no ato de matar*, é a abordagem da identidade que advoga a mente corporificada e prescreve que "não começamos a existir até o momento em que nossos organismos desenvolvam a capacidade para gerar consciência".[9] Porém, ser pessoa é uma condição substancial baseada em um tipo de investigação filosófica não evidente para o tipo de investigação científica. Não tem nada a ver com "apelo à santidade da vida". Tem a ver, antes, com *status* pessoal e relevância moral para uma realidade ontologicamente determinada. Quando se olha para o embrião apenas com os instrumentais teóricos de uma visão materialista do homem, o que se "vê" são sempre relações entre fatos empíricos a partir dos quais não se poderá jamais atribuir qualquer *status* de personalidade e relevância moral a alguém. Apenas nesse nível de discussão, toda vida moral estaria reduzida a um artificialismo a fim de tornar a vida biológica menos insuportável para a espécie humana. Não há como "adicionar" relevância moral em algo que intrinsecamente não tem.

A "pessoa" não é mesmo visível para o método empírico, dado ser a estrutura ontológica precondição fundamental da experiência humana apenas "visível" para a abordagem filosófica. Não à toa as conclusões a respeito desse tópico, quando baseadas em um quadro de referencial teórico materialista, produzem este tipo de conclusão: "embriões não são o tipo de entidades que podem ser prejudicadas, no sentido em que seres humanos adultos podem", e, seguindo os passos de McMahan, pode-se inferir que "assim como o óvulo e o esperma, o embrião não é um de nós, ele é apenas a condição para que existamos; quando se matar um embrião nenhum de nós é morto, apenas se impede que um de nós exista".[10]

É preciso trazer a discussão para uma referência teórica adequada com a realidade humana, e não com o fenômeno natural humano. O *fato* antropológico precede o físico, o biológico, o neurológico, o psicológico, o social, o político e o jurídico. A realidade da pessoa está presente em todos esses outros "fatos" desde o momento em que é concebida — pela atuação de outras duas pessoas. Vale lembrar que não estou usando "fato" em sentido restrito para "uma informação empírica" (algo que ocorreu a minha percepção), mas no sentido amplo adotado por alguns filósofos contemporâneos cujo valor de significado deve ser *objetivo* e não *psicológico*. Não é "algo" ou "evento" ou "aquilo" que simplesmente ocorre para a percepção subjetiva de alguém, mas no sentido de estrutura objetiva fundamental que, além de arranjar e ordenar o mundo, possibilita que ele seja compreendido.

O problema, todavia, é que não são os *fatos* físicos, biológicos, neurológicos, psicológicos, sociais, políticos ou jurídicos que determinam o antropológico, mas o contrário. Sem a realidade objetiva da pessoa pressuposta sequer haveria sentido falar em "mundo humano" possível, cujos membros são irrecusavelmente pessoas — a prova disso é que, mesmo na atividade sexual, os seres humanos agem como pessoas e não como simples animais se acasalando com a finalidade de reproduzir a espécie. Caso contrário, se toda relação sexual humana fosse puramente instintiva, não haveria critério para condenar o estupro. A capacidade de compreender e estruturar fatos em uma unidade complexa é porque *ser pessoa* fornece de antemão as condições necessárias para isso — e não estou dizendo que a pessoa determina ou cria o mundo, como se a mente de um sujeito contivesse, como em *Matrix*, as representações da realidade. O que estou afirmando é que, graças às pessoas, a compreensão mais ampla do sentido do mundo se estrutura e se contextualiza. A estrutura do mundo é coextensiva à estrutura da pessoa e vice-versa. Não faz sentido falar em compreensão física, biológica ou psicológica da realidade humana, histórica, sociológica, natural e cosmológica sem antes considerar que quem compreende o mundo é sempre o ser humano enquanto pessoa. A realidade das coisas é *para nós*, não *determinada por nós*. Não há razão para desconsiderar o homem como um ser peculiar sem ao mesmo tempo desconsiderar as próprias razões que concluem isso. Como aquele ao afirmar que "tudo é relativo" não consegue esconder o desejo de que pelo menos essa tese seja absoluta. Não é a física que diz o que eu sou, não é a biologia que diz o que eu sou, não é a psicologia que diz o que eu sou, não é a sociologia que diz o que eu sou. Quem ou o que determina *o que eu sou*? Desconfio de toda tendência de querer concluir o que o ser humano é a partir de uma abordagem científica específica, já que o ser humano não é só físico, só químico, só biológico e só psicológico.

As ciências particulares, ao estudar o ser humano, sempre estudarão a partir do seu enfoque específico, restrito a um método e a um aspecto do mundo. Mas o homem é aberto para além da própria imagem momentânea que ele consegue acessar do mundo, e essa é uma condição de sua experiência humana. O que leva muitas vezes a um tipo de relativismo ou simplesmente a um entrave entre diversas abordagens concorrentes para saber quem define melhor e com mais precisão o ser humano. O ser humano é físico, biológico, psicológico, social ou político? Como cada ciência refere-se ao ser humano a partir de sua abordagem metodológica, e não há abordagem privilegiada, todas têm a pretensão de ser a única capaz de compreender o homem em sua totalidade — o que dá impressão de conflito entre as abordagens. Essa é uma característica da abertura essencial do homem, de nunca ser conclusivo, definitivo, satisfeito e acabado. Afinal, o que é isto — um homem? Para se ter algum êxito na resposta, antes, é preciso pensar o ser humano para além do caráter fragmentário dos enfoques científicos.

Ao fim e ao cabo, uma das características essenciais do conhecimento humano é o desejo de superar os limites impostos pelas abordagens específicas de cada ciência sem eliminar o quanto cada uma delas contribui para a própria compreensão do ser humano como um todo. Não há uma forma definitiva para explicar o que o ser humano realmente é. Como explica Arnold Gehlen, o homem é um animal inespecífico. Trata-se, justamente, da falta de um lugar definido a condição que forneceu ao homem a capacidade superar seus limites. Pois é da natureza do homem, enquanto pessoa, o ímpeto de se autocompreender como indivíduo a partir do universal, e não conceber o universal a partir do indivíduo.

O cérebro de Aristóteles e o espírito do mundo

Para entender melhor o raciocínio, recorro ao filósofo Lorenz B. Puntel. Sem entrar nos detalhes técnicos de sua filosofia exposta em seu livro *Estrutura e ser*, Puntel mostra que a mais importante de todas as configurações ontológicas (ou seja, que buscam definir a realidade humana enquanto tal) é a "das estruturas do ser humano individual como pessoa". E a pessoa humana, com todas as suas estruturas (corporal, psicológica e intelectual), não pode ser adequadamente explicada em termos materialistas/fisicalistas — mentalidade presumida por muitos pesquisadores ao falar do ser humano em nome das ciências particulares.

Isso significa dizer que o homem em sua singularidade pessoal concreta "deve ser considerado a partir da dimensão universal do ser" — que se refere à categoria de totalidade a mais abrangente possível —, pois "não é a dimensão universal que é vista e determinada a partir da perspectiva do homem, mas o inverso: o homem só pode ser determinado como aquilo que ele de fato é a partir de uma perspectiva universal". Condição essa que o ponto de vista materialista/fisicalista não dá conta de abranger por se referir ao ser humano apenas a partir de um aspecto limitado da realidade: o físico[11] — isso sem levar em consideração o equívoco em atribuir caráter de universalidade ao físico, como se toda realidade fosse expressão do físico, e não o físico um de seus aspectos.

Em geral, fisicalistas acreditam que tudo o que existe no mundo é um fato físico ou pode ser reduzido a um fato físico. O homem existe no mundo. Portanto o homem é um fato físico. O homem pensa. Pensar é um estado mental. Portanto o pensamento pode ser reduzido ao físico.

A concepção materialista/fisicalista permeia, de maneira acrítica, a maior parte do debate atual do aborto como se fosse palavra final em termos de perspectivas filosóficas sobre a vida humana. Não cabe aqui rastrear a tortuosa história desses descaminhos, porém ativistas pró-aborto são incapazes de pensar fora do quadro teórico materialista sem levar em consideração as dificuldades filosóficas e éticas inerentes a essa própria visão de mundo. E isso fica claro quando desprezam a vida pessoal e a relevância moral do embrião por ele não ter desenvolvido "cérebro", como se a realidade pessoal e a relevância moral dependessem do desenvolvimento de condições materiais. Enfim, desprezam a vida pessoal nessa fase de existência por considerarem o embrião como sendo apenas um "amontoado de células".

É preciso considerar que toda sentença sobre a realidade tem como base um quadro referencial teórico presumido e muitas vezes não declarado. Proferir verdades sobre o mundo, seja a respeito do que for, tem sempre um ponto de partida teórico que torna essas "verdades" compreensíveis e aceitáveis. Falantes e ouvintes precisam fazer uma enorme quantidade de pressuposições a fim de possibilitarem o significado de cada verdade que proferem em um debate. Por exemplo, presumem um tipo de *linguagem*, com seu vocabulário reconhecido por quem participa da conversa; uma *lógica*, que regula a ordem das palavras e os raciocínios; uma *semântica*, que dá às palavras valor e significado no contexto de fala; e, por fim, uma *ontologia*, todo ato de fala busca fazer referência a algo da realidade e, por isso, supõe-se, de modo implícito, o que é a realidade, o que são os entes etc. Como explica o professor de filosofia F. Javier Herrero, "sem essas pressuposições básicas, não é possível compreender nada, tudo permaneceria vago e indeterminado", pois "todas essas pressuposições se fazem dentro de um quadro referencial teórico".[12] Não existe enunciado no mundo que não tenha como fundamento um quadro referencial pressuposto.

A ontologia materialista compõe o pano de fundo presumido para sustentar o desprezo à vida em condições iniciais de existência. Para esse tipo de visão de mundo, os fenômenos da subjetividade e da vida psíquica — como sensação, percepção, crença, interesses, desejos, imaginação e até os pensamentos — não passam de subprodutos complexos que emergem do mundo físico e cuja compreensão da vida humana como um todo — existencial, psíquica, intelectual, ética, estética, social, política e religiosa —, em última instância, sempre será dada, porque só pode ser dada e investigada pelas ciências empíricas. Todos os "fatos" do mundo se reduzem a "fatos materiais". O que coloca em "xeque" a própria tarefa da filosofia; entretanto, os ativistas engajados na defesa do aborto geralmente não percebem a quantidade de pressupostos filosóficos baseados em um quadro de referencial teórico materialista/fisicalista de suas alegações.

Como todos os fenômenos são físicos, e a consciência é um fenômeno no mundo, só a rigorosa metodologia das ciências físicas tem acesso ao sentido de ter consciência; e a única possibilidade de compreensão da vida humana depende de áreas como neurociência, psicologia cognitiva, neurobiologia, física e química e não filosofia.

A esse respeito, indaga o filósofo Manfredo Araújo de Oliveira: "A questão fundamental no quadro teórico fisicalista é como se explica a ocorrência dessas produções cognitivas do espírito humano através de procedimentos cerebrais, portanto, numa base estritamente física", pois, nesse sentido, "a subjetividade é concebida exclusivamente como ente ou processo físico-material, de tal modo que ela não se atribui nenhum papel na determinação do universo que, ontologicamente, permanece o mesmo, exista ela ou não". O pano de fundo básico dessa visão filosófica de mundo é que "se chegarmos a compreender o comportamento dos neurônios, estaremos em condições de compreender a inteligência natural", e disso se pode concluir que este é "o melhor para a compreensão da verdadeira natureza da inteligência consciente".[13] Em resumo, o fisicalismo materialista deixa de ser uma mera teoria para explicar a mente e passa a ser uma série fragmentária de teorias acerca do mundo, concebendo-se como teoria naturalista do espírito, da história e da civilização. Ou o contrário, como a física sempre foi considerada uma ciência bem-sucedida na tarefa de explicar fenômenos naturais — que constitui apenas uma parte da realidade —, por que não explicar também os fenômenos humanos? E assim, pois, o fisicalismo fragmenta-se em uma série problemática de enfoques acerca do ser humano, que vai da teoria behaviorista até o materialismo eliminativo, passando por teorias da identidade redutiva ao materialismo funcional não redutivo, sem nunca definir uma resposta adequada, já que tentam tornar absoluta a perspectiva através da qual "olha" o ser humano.

Em contraste com aqueles que estão comprometidos com essa visão fragmentária da realidade, que os impede de tematizar o ser humano a partir do universal, mas sempre e tão somente o universal a partir dessas especializações científicas, é preciso recorrer a uma abordagem filosófica cujo enfoque teórico leva em consideração, primeiro e justamente, o caráter universal da realidade — partir do reconhecimento de que o problema metafísico não pode ser simplesmente descartado por dogmatismos reducionistas e ideológicos. Pois se elevar ao todo, tomar consciência da finitude diante do infinito, do limite diante do ilimitado, do particular diante do universal, é uma característica inquestionável e irrecusável do próprio espírito humano. E lembrar sempre que a própria estrutura dos enunciados científicos não é questão do empreendimento científico, mas filosófico.

Como lembra Lorenz B. Puntel, trata-se da filosofia enquanto saber das estruturas universais do ilimitado universo do discurso humano. Vale uma explicação: por ilimitado universo do discurso se deve entender aquela característica de abertura humana para o fato de que não há nada do qual não se possa falar, indagar, questionar, investigar, refletir e teorizar. Ilimitado significa o poder humano de colocar todo horizonte da realidade em "questão". Nesse sentido preciso, "universo do discurso" deve ser entendido como a totalidade do que é "dado" para o questionamento. Ou seja: o ponto de partida de toda pretensão teórica, de toda busca humana para compreender a realidade. Em decorrência dessa capacidade humana, "a tarefa da filosofia consiste em articular as relações entre as estruturas e o universo do discurso. Tarefa que pode ser entendida de ambos os lados: ou aplicando as estruturas ao universo do discurso ou inserindo o universo do discurso na dimensão das estruturas".[14] E elevar a abordagem particular das ciências à perspectiva das estruturas universais é abandonar aquilo que é específico do saber científico: sua particularidade — a física lida com os aspectos físicos; a química, com os químicos; a biologia, com os biológicos; a sociologia, com os sociológicos; e a psicologia, com os psicológicos. A filosofia, pelo contrário, pergunta pelo "todo" da realidade, ou seja, não a sua especificidade, mas a sua totalidade.[15]

Por que pensar o homem só a partir de perspectivas particulares e não a partir do universal, se o ser humano impõe a si mesmo a própria abertura ilimitada ao universal? Não à toa a própria teoria materialista não vence a tendência de encerrar a discussão da ciência como tentativa de teoria unificada e total da realidade. A pretensa sede de universalidade não é da ciência, mas uma característica própria do homem em direção ao universal. As ciências particulares, a partir dessa abertura, buscam interpretar o homem como nada mais nada menos do que uma mera parte, muitas vezes insignificante, do todo físico. Sem conseguir enxergar que o "todo físico", por mais complexo e abrangente que seja, constitui apenas um aspecto da realidade e não, de fato, o todo. A categoria da totalidade, universalidade, identidade e unidade sequer são científicas. Em suma, a tarefa mais genuína da filosofia é refletir as estruturas fundamentais da realidade enquanto universal e não enquanto particulares. As ciências lidam com abordagens particulares, e erram quando ultrapassam seus limites metodológicos.

O aparente dualismo aqui não é excludente. Ele não faz filosofia e ciência serem incompatíveis. Na verdade, refere-se ao modo como a própria realidade se dá para o homem, que tem a capacidade de superar todos os limites, "mais precisamente, não por ser um ente material-biológico, mas por ser um ente espiritual" — entendido aqui como capaz de autoconsciência e abertura para a realidade universal —, isto é, ser capaz de "perguntar absolutamente por tudo, desenvolver teorias de tudo". E, como alega Lorenz B. Puntel, "ninguém produziu caracterização mais sucinta e certeira desse fato primo essencial do que Aristóteles com sua famosa formulação: 'O espírito, de certo modo, é tudo'", cujo sentido atual da sentença aristotélica pode ser traduzido pela ideia de *o espírito é intencionalmente coextensivo com pura e simplesmente tudo, com o universo, com o ser em seu todo*". Isso significa dizer o seguinte: o ser humano é estruturado de uma forma tal que sua própria realidade o direciona para o desenvolvimento da capacidade de compreensão do universal, no seu sentido mais abrangente possível, e de autocompreensão da própria situação do homem no mundo, no sentido restrito à vida humana. Corpo, vontade e inteligência se articulam para esse direcionamento o qual se realiza quando alcança autoconsciência, e não apenas, como pensam os materialistas, senciência. O caráter pessoal do ser humano é a possibilidade de alcançar a autoconsciência. Toda vida humana tende a isso. E cada etapa dessa vida é, essencialmente, uma etapa para este fim. Não preciso ter autoconsciência para ser pessoa, mas por ser justamente um ser pessoal é que posso chegar à consciência de mim mesmo como um ser capaz de compreender a realidade.

Com relação ao *status* pessoal, não se trata apenas de ser capaz de sentir, desejar, perceber e ter consciência, ou seja, desenvolver senciência, mas ter as estruturas necessárias que direcionam os seres humanos desde os primeiros instantes de sua existência à possibilidade de autodesenvolverem consciência como compreensão de si e do todo.

Compreender a "si mesmo" como ser finito, contingente, limitado, dependente, defeituoso e carente (para usar as expressões do filósofo Arnold Gehlen) na medida em que se é capaz de ultrapassar essas condições e compreender o universal não a partir de "si", mas do próprio universal, e é esse o significado de autoconsciência.

Quando se fala em *fato* antropológico em detrimento do físico, químico, biológico, psicológico, sociológico e político, o que se está propondo é considerar o ser humano a partir de estruturais universais básicas que o constituem e o configuram, primeiro e antes de tudo, enquanto pessoa e nunca enquanto coisas e mero ser senciente; só um adequado enfoque filosófico pode oferecer esse entendimento. Embora não dê para tratar de um sistema filosófico aqui, pelo menos se pode defender o seguinte: o enfoque que leva em consideração estruturas antropológicas fundamentais não deve, por exemplo, tratar pessoa como resultado de processos psicológicos derivados do desenvolvimento de processos físicos e biológicos, pois estes seriam só alguns tipos específicos de fatos, e ser "pessoa" não está integralmente em nenhum deles. O ser humano, por sua vez, tem a capacidade de compreender a si mesmo como uma unidade altamente complexa, muito além dos fatos específicos de uma determinada abordagem científica.

O aspecto corporal do ser humano, que é o primeiro *modo* do homem no mundo, não se reduz e emerge do aspecto material nem do biológico. A configuração do nosso *corpo antropológico intencional* — que estrutura e direciona o homem à autoconsciência — é, acima de tudo, uma das evidências imediatas da nossa existência enquanto sujeitos no mundo, e não uma mera vida vivida enquanto matéria física e orgânica — e ainda que sobrevenha dela não se identifica com ela. Ninguém experimenta a si mesmo como entidade física e biológica. No e com o corpo estou no mundo. Nele e com ele nasci, vivo e morrerei. Nele e com ele estabeleço minhas relações com os outros enquanto pessoas, e não enquanto autômatos físicos e entidades biológicas ambulantes. Nele e com ele dou e recebo sentido e direciono minha vida à autocompreensão de mim mesmo e da realidade. E é somente por isso, como um ente corporal-espiritual, que nós possuímos um "mundo".[16]

Importante tratar já de ideia do "corpo" para afastar alguns equívocos do debate do aborto. A noção de "corpo" é bastante complexa e não se pode dizer unívoca para abordagens puramente científicas. Trata-se, na verdade, de uma noção cuja perspectiva orgânica materialista é só uma de suas possíveis expressões. E tratar o embrião como um mero "amontoado de células" de longe consegue reproduzir o alcance dessa estrutura e complexidade, mesmo no nível material. Apenas para ficar no aspecto material, o pobre slogan "amontoado de células" comete o grave equívoco de desvincular da própria noção de "células" a realidade altamente complexa e estruturada dos organismos biológicos. Uma vez que no conceito de "amontoado" não está dada a ideia fundamental de "relação ordenada" e "desenvolvimento coordenado" próprios dos sistemas vivos. Nesse sentido, passa erroneamente muito mais uma ideia de que as células, sabe-se lá o porquê, estão "acumuladas", "reunidas", "aglomeradas" como se fossem meros grãos de areia em um pequeno monte. Por fim, a noção de "amontoado" não expressa adequadamente a realidade do princípio ativo interno que permite às células estabelecerem interações coesas e ordenadas umas com as outras, característica elementar dos seres vivos. Se as células formam "organismos", não faz o menor sentido dizer que elas estão "amontoadas".

Corpo encarnado

De um ponto de vista filosoficamente mais amplo, o corpo deve ser distinto de três maneiras: *material, orgânico* e *intencional*. Só assim se pode pensar o ser humano a partir de uma visão universal, e isso para ficar apenas no componente "corporal" — para deixar de lado as configurações psíquicas e intelectuais. Lembrando que defensores do aborto alegam que a diferença entre ser humano e pessoa se dá em virtude da incapacidade psíquica; eu defenderei que ter capacidade psíquica não é condição suficiente para ser pessoa. Há inúmeros animais com capacidade psíquica que não são nem devem ser considerados pessoas por isso. Por outro lado, a estrutura corpórea do ser humano é condição necessária e suficiente para considerar embriões pessoas, mesmo que ainda não tenham desenvolvido a capacidade psíquica nessa fase da vida. Desse ponto de vista, sustento uma ideia de pessoa como uma estrutura corpórea peculiar, e a superação do funcionalismo materialista depende da noção de subjetividade como pessoa corporificada.

Em alemão há duas palavras para "corpo" que podem ajudar: *Körper* e *Leib*, que os filósofos chamam de "corpo-objeto" e "corpo-sujeito". O termo *Körper* se refere à estrutura, à construção ou ao suporte esquemático; enquanto *Leib* é a carne, o corpo vivido do interior por alguém.

Körper é o "corpo-objeto", o corpo que eu tenho e cujo funcionamento depende de leis a que não tenho controle. É o corpo que o médico examina, que o biólogo estuda e cujos excessos o nutricionista avalia. O aspecto *material* corresponde à totalidade físico-química do corpo, e o *orgânico*, à totalidade biológica. São abordagens que trazem em si mesmas suas complexidades e estão carregadas de informações e dificuldades que lhes são próprias. *Körper*, enquanto estrutura material e orgânica, diz respeito a essas duas dimensões que fazem do homem um animal, e um animal da espécie humana e que pode ser objeto de estudo para muitas ciências da natureza. E é nesse nível da realidade que se pode expressar a ideia de que "o ser humano tem um corpo". Porém, *fatos* físicos e biológicos configuram-se de modo complexo no corpo-objeto, mas não configuram a totalidade dos fatos humanos, já que o ser humano é aberto para a totalidade do ser, e não fechado em um sistema específico.

Leib, por sua vez, tem a ver com o caráter *intencional* da experiência viva de um sujeito no mundo. *Leib* é o "corpo-sujeito", o corpo que eu sou e que você é e mediante o qual eu vivo minha vida, e você, a sua. Com o corpo-sujeito, nos expressamos no mundo e nos relacionamos com as outras pessoas. Os filósofos chamam essa dimensão intencional de *corpo--próprio*. O aspecto intencional do corpo-próprio faz o homem ultrapassar o caráter material e biológico de sua condição e direciona como abertura à totalidade. Por isso é considerado uma estrutura fundamental da antropologia filosófica, enquanto os aspectos físico e biológico são objetos de estudo das ciências empíricas. Para a pessoa, *ser* e *ter* um corpo é vivê-lo da maneira *intencional* antes de vivê-lo como matéria física e orgânica. Por exemplo, mesmo quando sou afetado por uma doença, a experiência de sofrimento *para mim* não é vivida como material, biológica ou psicológica, mas como *intencional*. Na medida em que minha vida é direcionada para um sentido — e dependendo da doença isso pode variar, pois uma coisa é pegar um resfriado, outra é desenvolver uma atrofia muscular progressiva. Embora eu sinta dores físicas e psicológicas, a experiência pessoal de sofrer abre perspectivas para a busca de um significado mais amplo da minha vida a partir dos limites impostos pela doença. Um médico investiga um câncer como um desordenamento celular, e dependendo do médico pode até se envolver com o drama do paciente, mas para ele o corpo doente sempre será tratado como um "objeto"; a pessoa com câncer não vive a doença como "objeto", mas como estado-limite do seu corpo-sujeito que expressa um drama pessoal e familiar.

É como *fato* antropológico que o ser humano se configura no mundo como pessoa literalmente encarnada. Como explica o filósofo Henrique C. de Lima Vaz. "Pelo corpo o homem está presente no mundo. Mas, segundo entenda corpo como totalidade físico-orgânica e o corpo como totalidade intencional, é oportuno distinguir uma presença *natural*" como um simples *estar-aí* "e uma presença *intencional*", que consiste na presença no sentido de *ser-aí*. Pois pela primeira forma "o homem está no mundo ou na natureza em situação fundamentalmente *passiva*. Pela segunda, o homem está no mundo em situação fundamentalmente *ativa* ou é *ser-no-mundo*".[17] Trazemos essa dualidade como componente de nossa unidade, que significa dizer que olhar o ser humano como corpo-objeto não anula olhar o ser humano como corpo-sujeito. A identidade de *status* pessoal do ser humano leva em consideração essa unidade originária e estrutural. No entanto, essa unidade já não é mais um objeto para a biologia ou para a física.

Isso fica mais claro quando se analisa o jargão feminista usado para legalização do aborto: "meu corpo, minhas regras". Elas não podem estar se referindo a "corpo" no sentido de presença natural, já que as leis que regem esse "corpo-objeto" são as leis anônimas da física e da biologia, e não leis pessoais. As feministas são *passivas* perante regras naturais que não se sujeitam ao domínio dogmático da vontade de feministas, mas as regras naturais sujeitam, nesse caso, os seres humanos ao domínio da própria natureza. Sendo assim, elas usam o termo "corpo" como presença intencional no mundo, isto é, como "corpo-sujeito". Nesse caso, são *ativas* ao determinarem as regras do corpo-próprio. Como elas só podem estar se referindo ao corpo-próprio, e não ao corpo-objeto, e como o corpo-próprio é uma unidade intencional, disso se pode concluir que o embrião não é uma "parte" daquela estrutura, mas também uma unidade corpórea intencional, um *ser-aí*, no corpo da mulher. O corpo-objeto do embrião mantém relações biológicas de dependência com o corpo-objeto da gestante. Ambos estão sujeitos às leis que regem o processo biológico. Por sua vez, a relação entre corpo-sujeito da mulher e do embrião é intencional. Nesse sentido, o embrião é um corpo-sujeito independente do corpo-sujeito da mulher.

No caso do debate sobre o aborto, há dois problemas básicos que poderiam ser levantados como possíveis objeções, já que o corpo-sujeito (*Leib*) é a condição corporal que faz o ser humano ser considerado pessoa, e não um mero ente biológico (*Körper*).

O primeiro problema consiste em saber se o embrião já pode ser considerado corpo-sujeito mesmo sem o desenvolvimento da consciência. Em outras palavras: o caráter antropológico do embrião, e não só o físico e o biológico, marca sua *presença intencional ativa* no mundo, e não apenas *presença natural passiva*, mas como fica isso, uma vez que ele, dada sua condição precoce, ainda não desenvolveu consciência? O segundo problema, ligado ao primeiro, será compreender como se dá a relação entre corpo-objeto e corpo-sujeito.

Para o primeiro problema responderei que o ser humano não precisa ter desenvolvido as condições materiais por meio das quais emerge a consciência (sistema nervoso central) como a condição necessária para ser considerado uma pessoa. Não é o desenvolvimento neurobiológico que faz emergir da matéria o *corpo intencional*, esse não depende da consciência para ser vivido como corpo. Para o cientista que investiga aspectos neurobiológicos, o corpo irremediavelmente será sempre corpo-objeto — material e orgânico. Para a concepção filosófica com a qual estou comprometido, o corpo é uma estrutura antropológica fundamental presente na realidade.

Para o segundo responderei que a relação entre as propriedades do corpo-objeto e as propriedades do corpo-sujeito não devem ser pensadas em termos fisicalistas, pois, nesse caso, seria assumir de início os pressupostos ontológicos dessa visão de mundo, e o fisicalismo deve ser "entendido e avaliado exclusivamente como tese metafísica" não adequada pela abordagem filosófica. Nesse caso, é preciso assumir uma visão de mundo que leve em consideração o fator configurador da vida humana enquanto pessoa — e para usar uma expressão de Lorenz B. Puntel, esse deve ser entendido através do conceito de "ponto de unidade", formulado no âmbito de uma filosofia sistemático-estrutural, capaz de articular verdade, sentido e realidade à luz das categorias de universalidade e totalidade do ser.

É preciso entender que o dualismo metodológico de fundo não anula o caráter unitário da experiência humana. Lima Vaz resume esse "dualismo" com as seguintes palavras: "Como o *estar-no-mundo* é um *estar* no *aqui* e *agora* espaço-temporal, a dupla presença, *natural* e *intencional* do homem no mundo por meio de seu corpo refere-se a modalidades diversas de sua situação no espaço-tempo. Pela presença *natural*, o homem está presente no espaço-tempo físico e no espaço-tempo biológico de seu corpo que o situa no espaço-tempo do mundo [regido por leis naturais]. Pela presença *intencional* começa a estruturar-se o espaço-tempo propriamente humano, que tem no *corpo-próprio* como *corpo-vivido* o polo imediato de sua estruturação para-o-sujeito, ou o lugar onde primeiramente se articulam o espaço-tempo do mundo e o espaço-tempo do sujeito: psicológico, social e cultural. O *corpo-próprio* pode ser chamado, assim, o *lugar fundamental* do espaço propriamente humano, e o *evento fundamental* do tempo propriamente humano."[18]

Do ponto de vista antropológico, portanto, a realidade da pessoa configura em uma unidade complexa as noções de *ser* e de *ter* um corpo-próprio, e não apenas se limita a ser expressão secundária do corpo material físico e biológico. Essa dimensão humana da vivência corpórea intencional não é o resultado da matéria orgânica físico-biológica. No entanto, a pergunta fundamental para o debate do aborto é: o embrião já pode ser considerado um *corpo-próprio intencional* ou *corpo-sujeito* no mundo, porquanto é em virtude dessa característica que deverá ser incluído como pessoa membro da comunidade moral e não meramente animal membro da espécie humana? Defendo que o corpo-sujeito é a condição fundamental para alguém ser considerado pessoa. Se o corpo intencional não é mero resultado de processos físicos e biológicos, o ser humano não depende do desenvolvimento neurobiológico da consciência — entendida como estados mentais emergentes de estados físicos — para ser considerado pessoa. Pois é o fato de ser pessoa, na verdade, isto é, ser um corpo-sujeito, o que fornece as condições estruturais fundamentais para o ser humano desenvolver autoconsciência. Portanto, embora vulnerável, o corpo é a própria pessoa, "lugar" vivo da existência humana.

O que faz com que o embrião já seja uma pessoa? *Configurar-se como uma complexa realidade singular corpórea de natureza intencional e intelectual determinada no mundo.*

Antes daquela distinção feita por Locke e H. Tristram Engelhardt Jr., baseada em uma concepção psicológica de pessoa, recorro aqui à noção do filósofo Boécio, cuja concepção realista de pessoa pode ser resumida nos seguintes termos: pessoa é uma substância individual de natureza intelectual. Substância é o termo latim para "essência". Na filosofia de Aristóteles, da qual Boécio se inspira, essência significa "o que cada coisa é e o que se diz que esta é enquanto tal". Traduzindo: essência é o que determina algo ser o que é. A ontologia de fundo aqui não é materialista, mas substancialista. Embora haja problemas filosóficos com a ontologia substancialista, que podem ser superados por uma ontologia contextual, vou adotá-la como provisória pela força irrecusável de sua expressividade.

No contexto teórico substancialista, quando se diz que alguém é pessoa, primeiro, se está dizendo que ela não é em virtude das "funções" ou da composição material de certos atributos funcionais dados a um sujeito (substância), mas que seus atributos funcionais se estruturam em razão do que a pessoa já é.

Para explicar isso de um jeito mais claro, recorrerei à seguinte analogia: meu piano não é piano porque cordas, martelos e teclas desempenham funções *a*, *b* e *c* que emitem qualidades sonoras correspondentes a^1, b^1 e c^1. E por sua vez darão valor estético A, B e C a um *Noturno* de Chopin. Na verdade, cordas, martelos e teclas só desempenham essas funções específicas por estarem dispostas e ordenadas de um modo tal por ele já ser um piano, e não, por exemplo, um cravo, que também tem cordas, martelos e teclas e emite qualidade sonora peculiar muito próxima do piano. Essencialmente, piano emite sons característicos de piano; cravo, sons de cravo. Como esse instrumento musical que eu tenho na minha casa *é* um piano, todos os componentes do seu complicado mecanismo se estruturam para a realização da sonoridade peculiar de piano. Não adianta eu tentar tirar som de cravo dele.

Há "algo" que faz meu piano ser "idêntico" a todos os outros pianos, os que já foram fabricados e os que poderão vir a ser, mas ser também o meu piano com suas qualidades sonoras características exclusivas distintas de todos os outros pianos. E esse "algo" também faz o meu piano ser "diferente" de um cravo e jamais reproduzir sons de cravo, por mais "semelhantes" que eles possam ser. Esse "algo" permanente em todos os pianos, incluindo o meu, é aquilo que Aristóteles chamou "essência" — e que muitas vezes foi traduzido por "substância", um *substratum* no qual propriedades (e as relações entre elas) subsistem. Uma tecla de piano desassociada do piano não tem muito sentido; ela como tecla precisa subsistir no piano. Ou a qualidade sonora de um piano subsiste no piano. Substância é uma categoria filosófica primeira e fundamental.

O meu piano específico, de um fabricante francês chamado *Gaveau Paris*, fabricado em 1917, que atualmente mantenho na sala de minha casa, com todas as peculiaridades sonoras que só ele e nenhum outro piano possui — embora partilhem o *fato* de serem pianos —, é aquilo que foi chamado de "substância individual". Como se trata de um instrumento musical, pode-se dizer que este meu piano é "uma substância individual de natureza musical". Nesse momento, ele não está sendo tocado por ninguém e há uma corda desafinada e outra arrebentou; talvez daqui a pouco minha filha resolva ensaiar uma sonata de Mozart ou praticar alguns exercícios, e eu precise contratar um técnico de afinação e manutenção. O fato é que sua "natureza musical" não mudará em nada por não estar sendo tocado neste momento e ter algumas peças danificadas. O importante é dispor da possibilidade de ser tocado a qualquer momento, pois a natureza musical não é o que a ele ocorre, mas o que só ele, enquanto piano, possibilita ocorrer (não posso voar com meu piano). Se acidentalmente uma peça parar de funcionar, uma corda se romper, uma tecla emperrar, ele também não deixará de ser *este piano individual de natureza musical*, a não ser mesmo que alguém o destrua por completo — e mesmo que meu piano individual seja destruído e embora eu não possa mais executar minhas peças preferidas nele, a natureza musical e os valores estéticos dos *Noturnos* de Chopin, dos *Concertos* de Mozart e das *Sonatas* de Beethoven não são destruídos, basta alguém ter piano e habilidade para executar essas obras.

Análogo a isso, embrião não é *pessoa* por desenvolver funções neurológicas *a*, *b* e *c* e as qualidades psicológicas correspondentes a^1, b^1 e c^1 que lhes garantirão a relevância moral e os direitos A, B e C de uma sociedade democrática X. Ele desenvolveu funções neurológicas *a*, *b* e *c* e as qualidades psicológicas correspondentes a^1, b^1 e c^1 por *ser pessoa*. E é precisamente por ser pessoa que seus direitos A, B e C devem ser garantidos. A relevância moral é dada em virtude de sua realidade ontologicamente determinada, e não em razão do desenvolvimento de suas funções e qualidades físico-psíquicas. Assim como embrião de gato desenvolve capacidade de miar e habilidade de saltar por ser essencialmente gato, e embrião de cachorro, capacidade de latir e habilidade de farejar por ser essencialmente cachorro, embrião de pessoa desenvolve capacidade de pensar e habilidade de falar por já ser essencialmente pessoa, e não o contrário.

A consciência nunca é uma adição acidental a um corpo, assim como a música nunca é uma adição acidental a um piano. Como diz Jean-Paul Sartre, invertendo a fórmula, "o corpo de nenhuma forma é uma adição contingente à alma, mas o contrário, o corpo é uma estrutura permanente de meu ser e a condição permanente de possibilidade da minha consciência como consciência do mundo e como projeto transcendente na direção do meu futuro". Voltando à analogia, o "corpo musical" do piano, que é o modo como a madeira, os metais e os tecidos e o marfim estão "estruturados", forma essa realidade singular corpórea de natureza musical chamada piano e cuja "musicalidade" não é uma adição acidental. O "corpo-objeto" do piano é a madeira para fabricar a caixa, as partes do mecanismo e a tábua harmônica, os metais para cordas, harpa e pedais, a lã para os martelos e até o marfim para cobrir os teclados. As leis da matemática, física, química e até da biologia fornecem os alicerces teóricos para a possibilidade técnica de um piano ser construído. Porém, o *corpo musical* do piano configura-se a partir de sua natureza cuja materialidade musical lhe integra essencialmente. As leis que regem esse "corpo-próprio" são leis da música, com sua linguagem e teoria que ditam regras da melodia, do ritmo e da harmonia, e no caso do piano as técnicas específicas para a execução das músicas contempladas pela experiência estética. Nesse sentido, não há distinção ontológica entre corpo-objeto, corpo musical e música, pois todos se integram estruturalmente em uma realidade singular corpórea de natureza musical determinada no mudo. Esse é o "ponto de unidade" fundamental que relaciona em um sistema estruturado de partes a um todo a que chamamos e apreciamos como "música". Pode-se dizer, nesse sentido, que a "musicalidade" se configura como uma complexa realidade singular corpórea de natureza musical e estética determinada no mundo.

Voltando ao ser humano, Manfredo Araújo de Oliveira ajuda-nos a pensar na importância do corpo: "O corpo pertence ao ser humano de uma forma muito mais radical do que qualquer outro objeto, porque o corpo não é simplesmente um objeto entre outros no mundo dos objetos, mas é assumido na interioridade propriamente humana." Nesse sentido, "a corporeidade é o próprio homem e, ao mesmo tempo, é, justamente, o homem no seu envolvimento no mundo da alteridade [onde participa como membro da comunidade moral] e como mundo da natureza [onde participa como espécie]". Ele conclui: "Por isso se justifica a afirmação: o ser humano é o seu corpo, sua corporeidade é fator essencial do seu ser, seu corpo é o corpo orgânico de um sujeito, que está no mundo enquanto corporal" — no caso do embrião, corporal sujeito *no* corpo-sujeito da mulher e não corporal objeto como *parte orgânica* do corpo-objeto da mulher. Pois "na corporeidade se realiza para nós nosso próprio ser, nela se exprime a totalidade ser-homem, ela é em si mesma uma dimensão dessa totalidade", que do ponto de vista material representa só uma parte da realidade e não o todo. Lima Vaz diz: "O corpo é o próprio sujeito (um alguém), estruturando-se em formas *expressivas* que traduzem os diversos aspectos de sua presença exteriorizada no mundo."

Roger Scruton, em *A alma do mundo*,[19] comenta a importância de recorrer ao realismo do tipo aristotélico para resolver o impasse aberto pelo materialismo funcionalista que estou combatendo: "Aristóteles acreditava que a relação corpo e alma é a da matéria e da forma — a alma seria o princípio organizador, o corpo seria a matéria da qual o ser humano é composto." No entanto, avalia Scruton, "a sugestão é obscura e as analogias dadas por Aristóteles não são persuasivas, mas a teoria fica clara quando expressa em termos de relação entre o todo e as partes", sendo assim, "a visão de que a natureza essencial de algo individual é dada pelo conceito sob o qual as suas partes estão unidas em uma unidade" substancial e não acidental. Por exemplo, musicalidade unida substancialmente à corporeidade do piano, dignidade pessoal unida substancialmente à corporeidade do embrião.

É importante destacar que "no caso dos seres humanos, existem dois conceitos unificadores — o do organismo humano e o da pessoa, cada um dentro do esquema conceitual que quer explicar ou entender seu assunto" específico, como é o caso de dividir, apenas para fins de pesquisa, "ser humano" de "pessoa". Mas esse dualismo metodológico não pode transferir e impor sua dualidade à unidade ontológica. Como defende Scruton, "os seres humanos são organizados a partir dos seus constituintes materiais de duas maneiras distintas e incomensuráveis — como animal e como pessoa. Cada ser humano é, de fato, duas coisas, mas *não duas coisas separáveis, pois elas estão no mesmo lugar ao mesmo tempo, e todas as partes de um também são partes da outra*" [os destaques são meus]. Para se poder "ver" a pessoa a partir de uma perspectiva universal, não se pode reduzi-la a um desses aspectos. Quando a visão funcionalista desassocia "ser humano" de "pessoa", fazendo essa uma propriedade dos processos daquela, a conciliação dessas duas dimensões só pode ser arbitrária e baseada em critérios que variam conforme os interesses éticos e políticos de cada um. Seria como chamar o marceneiro, que cuida dos cortes da madeira para construir a estrutura material do piano, para reger o *Concerto para piano nº 5* de Beethoven e ainda mandar a plateia, constrangida com a qualidade da execução, calar a boca e prestar atenção porque, afinal de contas, quem conhece de música é quem entendeu como se fabrica um piano.

Para mostrar os limites da abordagem neurofisiológica quando falamos de pessoas, é preciso "reconhecer que a neurociência descreve um *único aspecto* das pessoas". Esse tipo puro de descrição não dá conta de mostrar relações supervenientes entre as propriedades psicológicas e as propriedades biológicas de ser humano, assim como se pode pensar na relação entre as propriedades da música e as propriedades físicas dos sons ou as propriedades estéticas da pintura e as propriedades físico-químicas da tinta.

A relação de superveniência explica como um conjunto de propriedades x mantém relações com outro conjunto de propriedades y sem que x seja identificado e reduzido a y. Um fenômeno x será superveniente a y se mudanças em y causam mudanças em x, mas sem que x e y sejam idênticos e redutíveis um ao outro, e sem que isso também implique algum dualismo do tipo ontológico (realidades substanciais entre mente e corpo, por exemplo) ou alguma visão de identidade materialista (tudo é matéria). Assim, pode-se afirmar que a pessoalidade é uma característica 'superveniente' — alguns filósofos usam o termo "emergente" — do ser humano, no sentido análogo ao que a musicalidade é uma característica superveniente de sons, e a expressividade de um rosto pintado em um quadro é, fisicamente, pigmentos sobre um pano. Nesse sentido, a personalidade não pode ser idêntica e reduzida a cérebro, mesmo que mudanças no cérebro ocasionem mudanças na personalidade de alguém; o *Concerto para piano nº 5* de Beethoven não pode ser idêntico e reduzido às propriedades sonoras físicas do meu piano, ainda que mudanças nas propriedades sonoras do meu piano mudem a qualidade da música — pense nos desgastes dos feltros do martelo ao tirar o "brilho" do som, o que altera a beleza da música; a expressividade do rosto pintado em uma tela não pode ser idêntica e reduzida a pigmentos de tinta na tela, ainda que mudanças na qualidade química dos pigmentos ocasionem mudanças na figura do rosto — pense nos desgastes naturais dos pigmentos usados por Leonardo da Vinci para pintar *A virgem dos rochedos*, em 1483-1486. Mesmo que mudanças ocorram na pintura, a qualidade estética da pintura não é idêntica nem se reduz a propriedades químicas dos pigmentos. Caso contrário, peritos em arte seriam químicos; peritos em música, físicos; e peritos em pessoas, neurocientistas.

Defensores do aborto, ao excluírem os problemas referentes a esse tipo de relação, querem fazer crer que o *status* pessoal e a relevância moral do embrião não só emergem das propriedades físico-químicas como, mais do que isso, se reduzem a elas. A abordagem da mente corporificada comete esse equívoco. A partir dela, cria-se o espantalho em atribuir aos defensores da integridade pessoal e moral do embrião que eles apelam para "santidade especial" pelo simples fato de o organismo "estar vivo e de ser humano". Como "santidade" é uma qualidade ambígua, diz Pedro Galvão, filósofo português defensor do aborto, "uma *opção sensata* consiste em usar 'ser humano' apenas no seu sentido biológico e escolher o termo 'pessoa' para designar aqueles indivíduos que têm as capacidades psicológicas da racionalidade ou da consciência de si".[20] Ou seja, "opção sensata" é dizer que o opositor do aborto está em um dilema por defender a santidade da vida e que, então, é melhor "ver" a vida como eu vejo. Ou fazer como Lincoln Frias ao alegar que "a defesa do concepcionismo [critério do *status* pessoal e moral na concepção] é feita de maneira mais contundente por pessoas e grupos religiosos, especialmente a Igreja Católica". Como nesses casos "a argumentação costuma estar associada a crenças religiosas, tais como existência da alma desde a concepção ou o dever de não interferir na vontade de Deus",[21] e o Estado é laico, o conceito de "pessoa" deve ser rechaçado do debate.

Independentemente desses espantalhos, é preciso pensar a partir de um quadro referencial filosófico que leve em consideração a verdade de que natureza racional ontológica define a unidade essencial e estrutural do indivíduo pessoalmente determinado, e não o processo biológico. Apontar "ambiguidades" em conceitos não autoriza suprimi--lo do debate. Problemas filosóficos não são evidentes por si mesmos, e por isso são problematizados pelos filósofos. Diferente dos sofistas, filósofos não "produzem evidências e força-tarefa" para fazer valer suas teorias; pessoas intelectualmente honestas procuram defender suas teses com argumentos, dado justamente o fato de que nem toda explicação para certas evidências seja óbvia — e não importa se a pessoa que encontrou as evidências e formulou suas conclusões seja uma pessoa religiosa, ateia, cientista, homem ou mulher, pois são questões objetivas e independentes de impressões subjetivas.

O processo biológico, tal como se dá o desenvolvimento das funções cerebrais e qualidades psicológicas correspondentes, não ocorreria se não fosse em virtude da própria natureza racional de essência individual chamada pessoa. O que não é evidente é alegar que apenas através do estudo da biologia é possível concluir a realidade humana.

Muitas vezes é preciso recorrer à evidência do bom senso e lembrar que, assim como o indivíduo de natureza felina chamado gato e o indivíduo de natureza canina chamado cachorro não desenvolvem processos biológicos distintos daquilo que eles já são enquanto gato e cachorro, o indivíduo pessoal não deixa de desenvolver aquilo lhe é próprio de sua natureza. O que não é evidente é o caso de alegar que filhos de pessoas se tornam primeiro seres humanos para depois, por força do consenso, se tornarem pessoas. E isso pode ser análogo à natureza musical do piano, que desenvolve propriedades sonoras de um piano, assim como a natureza musical de um cravo desenvolve propriedades sonoras de um cravo. Uma vez gato, gato; uma vez cão, cão; uma vez piano, piano; uma vez pessoa, pessoa.

Quando Boécio diz "pessoa é uma substância individual de natureza intelectual", a noção de indivíduo refere-se exatamente ao que é indiviso e determinado ou simplesmente idêntico a si e separado do outro. Não indiviso no sentido de não conter "partes", mas no sentido de ser uma unidade singular determinada que se configura e estrutura de modo coeso e harmônico entre as partes. Esse tipo de realismo é irrecusável. Pessoa não é uma entidade simples, mas altamente complexa. Meu piano não é uma entidade simples, são mais de 5 mil componentes e não estão "amontoados", mas ontologicamente "estruturados". E não é por ser o julgamento estético ambíguo que se pode dispensar a realidade objetiva da música.

Um indivíduo contém muitas partes configuradas de maneira complexa em razão de sua natureza. No caso do ser humano, sua natureza racional; no caso do gato, sua natureza felina; no caso do piano, sua natureza musical, e por aí vai. Como explica o filósofo italiano Vittorio Possenti: "O conceito de indivíduo não alude a um sujeito indivisível, quase como se fosse um *atomon*, mas refere-se a algo que está indiviso e juntamente individual e determinado. Portanto, não é a indivisibilidade que faz a individualidade. O indivíduo é uma substância [essência] que pode ser divisível em partes, as quais por sua vez serão outras substâncias." Ou seja, se fosse possível dividir essa "substância", teríamos duas substâncias. Por exemplo, "o zigoto é uma substância individual determinada com uma unidade própria do inteiro, que em casos raros pode partir-se dando origem a duas substâncias determinadas (os gêmeos univitelinos), reconhecidamente pertencentes pelo patrimônio genético à espécie humana".

A essência individual de natureza racional ou simplesmente a realidade de uma pessoa configura aquilo que é primeiro e mais importante no universo das coisas humanas. E ela não sofre *transformação essencial* quando é acrescida de capacidades neurológicas, psicológicas ou sociais sem que já não contivesse, em si, a estrutura que a configure dessa maneira.

Células germinais masculinas e femininas, por si só, não são essências individuais determinadas como *unidade própria de um inteiro*, como é o caso do embrião. Elas são *partes integrantes* de um todo complexo; por outro lado, o zigoto, o embrião, o feto, ou seja, a pessoa, não. A pessoa é a constituição estruturada de sua própria unidade ontológica. Uma unidade que pode ser "vista" do ponto de vista biológico para o biólogo; do ponto de vista social para o sociólogo; do ponto de vista histórico para o historiador; do ponto de vista sagrado para o religioso etc. Para a filosofia ela sempre será vista à luz de sua universalidade pessoal. Assim, portanto, tem-se a integridade constitutiva de um ser pessoal na medida em que "o corpo humano se constitui *na* pessoa e, fora dela, não há, em sentido estrito, corporeidade. Por esse motivo, podemos falar do caráter *pessoal do corpo* e, em consequência, de que o corpo manifesta a pessoa. Se há corpo humano, há pessoa".[22]

Enfim, entre células germinativas e o embrião não se pode falar em *continuidade essencial*. Quando há o encontro entre o espermatozoide e o óvulo, explica Vittorio Possanti, "esse evento essencial afasta-se completamente da posição empirista que, sendo cega em relação à substância, igualmente é em relação às transformações substanciais". Nesse sentido, completa: "O que existe antes da formação do embrião, ou seja, células germinativas, pertence ao humano, mas não é de modo algum um ser humano" e uma pessoa.[23] Isso significa dizer que menstruar e ejacular não matam pessoas, mas expulsam do corpo secreções biológicas. São células humanas que por elas mesmas não geram uma pessoa. Porém há quem defenda que abortar é igual à menstruação e à ejaculação — como tive a oportunidade de ouvir a antropóloga e ativista Debora Diniz no "debate" sobre aborto promovido pela revista *AzMina*, já mencionado neste livro.

De volta aos gregos: as águas de Heráclito, sorites e o paradoxo de Zenão

Defenderei um critério por meio de um argumento que chamarei de *argumento da descontinuidade estrutural*, e não simplesmente *argumento da descontinuidade*. Primeiro porque entre embriões e células germinativas há um determinado momento de quebra da continuidade que faz surgir um novo indivíduo de natureza racional; esse momento é a concepção. Segundo, é fundamental chamá-lo de *descontinuidade estrutural* e não só de *descontinuidade* em razão do caráter ontológico da investigação e não só da descrição naturalista do processo biológico.

Para quem é favorável ao aborto, uma crítica padrão ao argumento de que uma pessoa surge no momento da concepção consiste em mostrar que a descontinuidade entre a vida das células germinativas e a vida do zigoto é arbitrária. Argumentarei que além de cometerem alguns equívocos, arbitrário torna-se justamente o argumento gradualista — nome-padrão para o defensor da tese de que a pessoa emerge gradualmente do ser humano compreendido como ser biológico, e não integralmente no momento da concepção.

Judith J. Thomson, em *Uma defesa do aborto*, resume esse ponto de vista da seguinte maneira: "Pede-se que observemos que o desenvolvimento de um ser humano é contínuo da concepção até a infância, passando pelo nascimento; a seguir afirma-se que traçar uma linha, escolher um ponto desse desenvolvimento e dizer 'antes deste ponto a coisa não é uma pessoa, depois deste ponto é uma pessoa' consiste em fazer uma escolha arbitrária, escolha para a qual não se podem dar boas razões inerentes à natureza das coisas. Conclui-se que o feto é, ou que pelo menos seria melhor dizermos que é, uma pessoa desde o momento da concepção. Mas esta conclusão não é evidente. Podem-se fazer afirmações semelhantes a respeito do desenvolvimento de uma bolota até tornar-se um carvalho, e daí não decorre que as bolotas sejam carvalhos, ou que seria melhor dizer que são."[24]

Outro autor que usa a mesma linha de raciocínio é Michael J. Sandel. Sua crítica à ideia de que o embrião já pode ser considerado uma pessoa pode ser dividida em duas partes: a analogia da bolota de carvalho e o paradoxo sorites.

A analogia da bolota de carvalho: "O fato de toda pessoa ter sido um dia um embrião não prova que os embriões são pessoas. Considere a seguinte analogia: embora todo carvalho um dia tenha sido uma bolota, isso não significa que as bolotas sejam carvalhos, nem que eu deveria lamentar a perda de uma bolota devorada por um esquilo em meu jardim do mesmo modo que lamentaria a morte de um carvalho abatido por uma tempestade. Apesar de terem uma relação de continuidade em termos de desenvolvimento, bolotas e carvalhos são coisas diferentes. O mesmo vale para embriões e seres humanos, do mesmo modo. Assim como as bolotas são carvalhos em potencial, os embriões humanos são seres humanos em potencial."[25]

O paradoxo sorites: "Suponha que alguém lhe pergunte quantos grãos de trigo constituem uma pilha. Um único não constitui, nem dois, nem três. O fato de não haver nenhum ponto não arbitrário que estabeleça quando a adição de mais um grão fará um punhado virar uma pilha não significa que inexista diferença entre um grão e uma pilha. Nem nos dá, tampouco, motivos para concluir que um grão deve ser uma pilha. Esse enigma de especificar pontos em um *continuum*, conhecido como 'paradoxo sorites' [...]. Todos concordariam que um homem com um único fio de cabelo na cabeça é careca. Que quantidade de fios marca a transição entre ser careca ou não? Embora não haja resposta determinada a essa pergunta, não se depreende com isso que não exista diferença entre ser careca e ter uma cabeça cheia de cabelos. O mesmo vale para a condição de pessoa."[26]

Sobre a analogia da bolota de carvalho, pode-se argumentar mostrando o equivocado uso das categorias "potência" e "substancialidade": "Embriões são potencialmente humanos, assim como bolotas de carvalho são carvalho." A ideia de "bolota" produz duas impressões erradas: 1) a de passividade ou inércia da bolota compatível com suposta passividade e inércia de um embrião; e 2) a ideia de mudança substancial (estrutural) entre bolota e carvalho compatível com a mudança substancial (estrutural) entre embrião e ser humano. A ideia de passividade não existe entre os seres vivos. Uma semente de carvalho adequadamente plantada também germina, no seu tempo biológico, e é um organismo com potencial para se autodesenvolver como árvore. O embrião humano é um organismo ativo com extremo potencial de autodesenvolvimento em direção coordenada à maturidade. Portanto, o problema da analogia é da mudança substancial. Quando a analogia diz que "embriões humanos são seres humanos em potencial", o que ele está escondendo é que assim como "bolota de carvalho é um carvalho *adulto* em potencial, um embrião humano é um ser humano *adulto* em potencial". Suprimir a palavra "adulto" é uma excelente jogada retórica.

Se alguém cultiva carvalho e precisa plantar sementes de carvalho, a expectativa é de que bolotas de carvalho substancialmente façam crescer carvalhos. A semente germina; ao crescer, o broto vira uma muda; ao crescer mais um pouco, a muda vira arbusto; e ao crescer mais, o arbusto vira árvore. Embora haja inúmeras diferenças acidentais entre o broto e a árvore, não há qualquer diferença substancial entre eles. Ninguém planta semente de carvalho e espera nascer alpiste. A diferença substancial, portanto, seria entre bolotas de carvalho e uma mesa feita de carvalho. Há diferenças substanciais entre *ser carvalho* e *ser um móvel de carvalho*. Uma bolota de carvalho não tem potencial intrínseco ativo para se autodesenvolver como móvel de carvalho. Depende de agentes externos para imprimir a *forma mesa* na madeira de carvalho. Pode-se dizer que a bolota tem seu potencial passivo para virar uma mesa e potencial ativo para crescer como um carvalho. Um embrião humano tem potencial ativo para ser adulto, mas não tem potencial ativo para ser pianista. Assim como "ser mesa de carvalho" é propriedade acidental à bolota de carvalho, ser pianista é propriedade acidental ao embrião humano. Ser carvalho adulto é uma possibilidade substancial à bolota de carvalho, assim como ser pessoa adulta é uma possibilidade substancial ao embrião.

Embora haja diferenças entre recém-nascido, criança, adolescente, adulto e idoso, não há qualquer diferença do tipo substancial. Comentam Robert P. George e Patrick Lee, em um texto chamado "Bolotas e embriões": "Ser pessoa não é resultado de atributos acidentais adquiridos; *em vez disso, é ser um certo tipo de indivíduo, um indivíduo de natureza racional*. E os seres humanos são indivíduos com uma natureza racional em cada estágio de sua existência. Surgimos como indivíduos de natureza racional, e não deixamos de ser tais indivíduos até que deixemos de ser (morrendo). Não adquirimos uma natureza racional desenvolvendo imediatamente a função sensória ou a capacidade de exercitar indagação e deliberação racionais. Já somos indivíduos com natureza racional mesmo durante as fases inicias da infância, do bebê, do feto e das fases embrionárias de nossas vidas. Se somos pessoas *agora*, é porque já éramos pessoas. Nunca fomos 'seres humanos não humanos'" [os destaques são meus].[27]

Sobre o paradoxo sorites. O que se esconde sob a aparente engenhosidade desses argumentos pode ser demonstrado assim: se não há uma descontinuidade estrutural objetiva dada exatamente no momento da concepção de um novo ser humano, quem enfrenta o problema do paradoxo sorites é, justamente, quem afirma que o ser humano passa a ser pessoa gradativamente em um processo *continuum*. Se recém-concebidos de cães ainda não são cães, e recém-concebidos de gatos ainda não são gatos, quando serão? O mesmo se aplica ao recém-concebido de pessoas. Ou há um critério objetivo dado na concepção ou, então, definir quantos amontoados de células precisamos para termos um cão, um gato e uma pessoa é ato puramente arbitrário, já que estes processos biológicos se desenvolvem gradualmente. O erro aqui é se esquivar do fato de que um organismo biológico não é simplesmente "grãos amontoados", mas entidades altamente complexas estruturadas em um ponto de unidade chamado "pessoa" que se autodesenvolve para vida autoconsciente.

Para o gradualista, quantas células são necessárias para determinar o ponto exato de transição entre "não ser consciente" e por isso não ser respeitado como pessoa, e, de repente, "ser consciente", e, por isso, ser respeitado como pessoa? Embora não haja resposta determinada a essa pergunta, não se depreende disso que não exista diferença entre ser consciente e ter uma cabeça cheia de neurônios. Essa dificuldade deveria ser levada até suas últimas consequências, pois o mesmo tipo de "gradualismo de contínuo desenvolvimento celular" está presente entre um feto de 7 meses e um de 8, entre um de 8 e um de 9, entre um 9 e um recém-nascido, entre um recém-nascido e um bebê, entre um bebê e uma criança, e assim por diante. Por isso, é mais fácil pensar "células" como "bloquinhos de Lego" dispostos para a natureza jogar, mas não é desse jeito que a vida se desenvolve. Portanto, apelar para o paradoxo sorites é um verdadeiro tiro no pé do próprio ponto de vista gradualista que não aceita o argumento da descontinuidade. Além do mais, o ponto crucial está em se esquivar do fato de que mesmo durante as mudanças que podem estar ocorrendo em meu corpo biológico, eu sou um ser humano totalmente presente aqui escrevendo, e você, um ser humano presente lendo. Essa é uma dificuldade para os gradualistas, pois é verdade que "um ser humano está completamente presente em cada momento que ele existe", mesmo que mudanças biológicas ocorram o tempo todo no nosso corpo.[28]

Na sexual vida humana, que depende de homem e mulher, a concepção de um novo ser ocorre quando uma célula de esperma se une com um oócito. Essas células, por si mesmas, não têm potencial ativo de sozinhas gerarem uma nova vida. Elas precisam de um ato extrínseco a elas para se unirem. Células germinais humanas não voam como no processo de polinização anemófila de algumas plantas.

Quando o espermatozoide se une com um oócito, os dois deixam de ser o que eram para entrarem na composição de um organismo novo e distinto, que é chamado de zigoto em seu estágio unicelular original. Há uma importante mudança estrutural no "processo". Enquanto células germinativas, espermatozoide e oócito tinham apenas o potencial passivo para gerar um novo ser humano; depois da concepção, o novo organismo passa a ter potencial ativo. Este novo organismo começa a crescer pelo processo normal de divisão celular diferenciada em um embrião, repartindo-se em duas células, depois quatro, oito e assim por diante. Se suas células humanas constituem um organismo humano capaz de contribuir para um autodesenvolvimento regular, previsível e determinado para o estágio maduro de um ser humano, por que já não considerar este *ponto* como fundamental para determinar uma nova pessoa?

Como explicam Robert P. George e Patrick Lee: "O embrião humano possui dentro de si toda a informação interna necessária e a disposição ativa para desenvolver-se na fase madura de um organismo humano. Enquanto o embrião for razoavelmente saudável e não for negado ou privado de um ambiente adequado e de uma nutrição adequada, ele se desenvolverá ativamente ao longo da trajetória específica de desenvolvimento de espécies. Isso significa que o embrião tem a mesma natureza — em outras palavras, é o mesmo tipo de entidade — desde a fertilização em diante. Existe apenas uma diferença no grau de maturação, não em espécie, entre qualquer dos estágios, do embrião, do feto, do bebê e assim por diante. O que existe nos estágios iniciais de desenvolvimento não é um mero pacote de células homogêneas."[29] Isto é, um amontoado de células.

A esse processo interno de *autopoesis* — autocriação — podem-se atribuir pelo menos três propriedades fundamentais: *coordenação, continuidade* e *gradação*.[30]

No que diz respeito à *coordenação*, é verdade que em todo processo a partir da formação do zigoto, há uma sucessão de atividades moleculares e celulares *sob a guia da informação contida no genoma e sob o controle* de sinais originários de interação que se multiplicam incessantemente em todos os níveis, dentro do próprio embrião e entre este e seu ambiente. Não é o *acaso* que ordena o processo, mas informações contidas no próprio processo — informações de que células germinativas de gata e gato geram embrião gato; de cadela e cão, embrião cão; de mulher e homem (duas pessoas), embrião pessoa. Com o perdão da simplificação, é como se fosse possível pensar nas peças de Lego montando estruturas com informações contidas nos próprios bloquinhos, sem a necessidade de um agente extrínseco coordenando a montagem.

A *continuidade* se inicia com a fertilização. Todo o processo contém a capacidade de se autodesenvolver numa linha contínua de formação. Exige condições extrínsecas para a realização de cada evento, mas o processo em si mesmo da formação do organismo é contínuo. É sempre o mesmo indivíduo que vai adquirindo sua forma definitiva tanto como corpo-objeto quanto como corpo-sujeito.

A *gradação* é a lei intrínseca do processo de formação de um organismo pluricelular e pode ser definida como o fato de ele adquirir sua forma final mediante a passagem de formas mais simples a formas cada vez mais complexas. Esse princípio garante ao embrião, a partir do estado de célula, manter permanentemente sua própria identidade e individualidade.

Na explicação de Angelo Serra e Roberto Colombo, "a primeira característica é que o zigoto existe e opera a partir da singamia como um ser *ontologicamente uno* e com uma *identidade precisa*. A segunda é que o zigoto está *intrinsecamente orientado e determinado para um desenvolvimento definido*. Tanto a identidade quanto a orientação se devem essencialmente à informação genética de que está dotado. Essa transformação substancialmente invariante é, na verdade, a base da sua pertinência humana específica, de sua singularidade ou identidade individual, e traz consigo um programa plenamente codificado que o dota de enormes potencialidades morfogênicas que se concretizarão de maneira autônoma e gradual [...]. Essas potencialidades não significam meras 'possibilidades', mas sim *capacidades naturais intrínsecas* de um ser já existente para realizar, dadas as condições necessárias, a totalidade do plano codificado".[31]

Ao tentar criticar o argumento da descontinuidade, Lincoln Frias diz o seguinte: "O concepcionista está errado quando afirma que a fertilização é o começo da vida porque ela é um momento descontínuo, enquanto o restante é um processo contínuo." Na verdade, conclui: "A fertilização não é um evento; assim como a gestação, ela também é um processo, um conjunto de eventos moleculares coordenados, que podem ser descritos como regulações enzimáticas, diluições de membranas, movimentos de cromossomos e combinações não simultâneas de milhares de pares de citosinas, guaninas, timinas e adeninas. Um processo lento e gradual, pois só a fusão dos pronúcleos demora cerca de 12 horas." E ainda alega contra o concepcionista que "não existe o momento único e mágico imaginado pelo concepcionista, um acontecimento tão especial comparado aos outros".[32]

No entanto, quem defende um momento "mágico" para o aparecimento de uma nova pessoa é justamente o gradualista, ao afirmar que a concepção não é um momento de "quebra" em um processo biológico de reprodução marcado pelo encontro de células germinativas de homens e mulheres. Se não é esse o momento privilegiado de diferenciação entre dos tipos de entidades (células germinativas e zigoto), como ele mesmo explica, a *concepção* é mais um processo "lento e gradual". Ainda que o momento no qual é concebido um novo ser não fosse precisamente "o momento" em que um espermatozoide adentra no óvulo, esse "tempo biológico" descrito em minúcias pelo método empírico só dura algumas horas. Que fossem umas trinta horas. Para a mulher que teve relações sexuais, portanto, vive o tempo intencional da estrutura antropológica, trinta horas de processo lento e gradual é irrelevante; o fato é que houve um "momento" em que células germinativas da mulher recebeu células de homem.

Há duas dificuldades aqui: primeira, Lincoln Frias faz confundir o tempo biológico de um processo minucioso iniciado pelo encontro de duas células humanas que, caso não tivessem se encontrado, não iniciariam um novo processo, com o tempo antropológico da relação sexual entre seres humanos e toda a carga de expectativas psicológicas, sociais, culturais e pessoais que ela pode gerar. Segunda, como ele só "olha" processos através do método científico, nunca encontrará mesmo uma pessoa emergindo. Mas foram duas pessoas que tiveram relação sexual, e se fosse o caso de inseminação, algum agente extrínseco a essas duas células precisou "relacioná-las".

Para Frias, "o Argumento da Descontinuidade tem duas falhas: 1) não é preciso que exista descontinuidade para haver diferença e, ainda que fosse, 2) a fertilização não é um processo descontínuo. Ao que se pode acrescentar uma terceira: 3) o zigoto ainda não é diploide (o que significa que ele ainda não é humano)". De acordo com ele, "no final das contas não há diferença entre os gametas e o zigoto. Como vimos, é uma suposta descontinuidade que cria essa diferença. A tarefa do concepcionista é encontrar, em meio ao processo contínuo que é a fertilização, uma característica do zigoto que não estava presente nos gametas [...]. Uma candidata bastante popular é a individualidade genética".

Para responder a essas objeções, eu diria: 1) se não é preciso que exista descontinuidade para haver diferença, quem nega a descontinuidade estrutural humana precisa resolver o paradoxo sorites e responder, afinal, quando uma pessoa se tornará pessoa dentro de um processo contínuo, lento e gradual; 2) alegar que a fertilização não é um processo descontínuo é trabalhar com pelo menos dois sentidos da palavra "fertilização" — um tipo de falácia de ambiguidade. Ou a fertilização é *início* ou a fertilização é *processo*. Poderia chamar de "processo inicial", mas dizer que é um "processo lento e gradual" sem qualquer início — sem uma "causa eficiente", para usar uma expressão de Aristóteles — é tentar mascarar e não encarar o problema de haver, de fato, um início fundamental. No fundo ele acaba negando que não há descontinuidade no surgimento de um novo ser e, o pior, que os gametas são iguais aos zigotos. Igualdade, neste contexto semântico, é um termo complicado. Do ponto de vista de suas propriedades físico-biológicas podem ser parecidos, mas não há identidade estrutural ontológica. Estamos diante do pato-coelho de Wittgenstein, já que depende do modo como minha percepção, motivada pelas minhas crenças, direciona o olhar. Ou seja, posso ver gametas ou zigotos, posso ver processo ou início.

Se fosse levar a análise do processo do surgimento de um novo ser às últimas consequências de suas minúcias, por que não descrever a fertilização no nível atômico ou até subatômico e mergulhar tudo no fluxo contínuo da realidade. Para lembrar de Heráclito e a teoria do *perpétuo fluir*: "Nos mesmos rios entramos e não entramos, somos e não somos." Ou lembrar do paradoxo de Zenão e negar de uma vez por todas a possibilidade do movimento. Um dos paradoxos afirma que uma flecha, ao ser lançada, jamais atinge seu alvo, pois o espaço a ser percorrido em sua trajetória pode ser infinitamente divisível em segmentos menores, que por sua vez podem ser divididos em segmentos menores, o que implica que a flecha deve percorrer um percurso infinito e nunca alavancar o alvo. Substitua "flecha" por "espermatozoide" e "alvo" por "óvulo" e não haverá mais razões para dizer que existam humanos, já que não há mais razão para falar em processo e movimento.

Quanto à terceira objeção ("o zigoto ainda não é diploide, logo não é humano"): o que está em jogo aqui é a ideia de que entre o início do processo de fertilização até o processo de formação do zigoto não se pode falar *identidade genética* porque ainda não ocorreu a combinação do DNA. Segundo Frias, "no zigoto já existem os 46 cromossomos, mas eles estavam separados, pertenciam a núcleos diferentes". Para ele, é preciso apelar para um "candidato popular" como critério do surgimento de um novo ser: a individualidade genética. Por que candidato popular? Ele pretende atribuir aos defensores do aborto a falácia conhecida como *argumentum ad populum*. Esse tipo de argumento recorre a atitudes populares em vez de apresentar aquilo que é relevante. "Muitas pessoas acreditam na vida após a morte. Então existe vida após a morte." Porém, atribuir esse tipo de falácia ao crítico do aborto defensor de que na identidade genética há um novo indivíduo é espantalho.

Curioso, Lincoln Frias dedicou apenas três parágrafos de poucas linhas para justificar que a identidade genética é critério inaceitável. Ele propõe duas objeções. A primeira é a da possibilidade de gêmeos: "Como todos os pares (ou trio) de gêmeos humanos univitelinos têm o mesmo genoma, segundo esse critério apenas um (ou nenhum) dos gêmeos teria o direito à vida." A segunda diz que se fosse assim, "todo organismo vivo não gêmeo e originado de reprodução sexuada tem direito à vida, "seja vegetal ou animal, pois todos eles têm uma combinação genética inédita".

Começarei pela segunda. Para o opositor do aborto, "ter identidade genética não é razão necessária" para ter direito à vida, mas razão suficiente. A razão necessária é "ter identidade genética humana". Portanto, não se trata de "todo organismo vivo não gêmeo e originado de reprodução sexuada", mas só dos organismos humanos originados de reprodução sexuada ou inseminação artificial. A sentença "todos eles têm uma combinação genética inédita" — destaque para "inédita" — mostra que o crítico do argumento da identidade genética entregou o jogo. Então os organismos vivos originados de reprodução sexuada têm uma combinação genética inédita? Seres humanos são organismos vivos originados de reprodução sexuada. Segue que eles têm combinação genética inédita — mas a expressão "inédita" usada aqui gera ambiguidades causadas pela falta de esclarecimentos das noções de "indivíduo", "indiviso" e "identidade"; e, por isso, a suposição de que gêmeos univitelinos e clones são objeções para o argumento da identidade

A primeira objeção "todos os pares (ou trio) de gêmeos humanos univitelinos têm o mesmo genoma, segundo esse critério apenas um (ou nenhum) dos gêmeos teria o direito à vida". Essa sentença negligenciou uma possibilidade: a de todos os gêmeos terem direito à vida e não as duas opções: só um ou nenhum. Se num mundo possível cientistas tivessem produzido mil clones de você e depois destruído só você, não segue que as suas mil cópias (identidade genética) não têm direito à vida. Os possíveis constrangimentos afetivos por estar diante de mil clones não anulam o *status* pessoal e moral deles.

Além de incorrer em falso dilema, essa tentativa de invalidar o argumento da identidade genética humana não se sustenta. Por olhar o processo só do ponto de vista biológico e não antropológico, Frias confunde "ser biologicamente semelhante" com "ser numericamente idêntico". Há uma clara confusão entre o conceito biológico e o metafísico de identidade e singularidade. O primeiro vê processo, e não vê estruturas objetivas; vê os *fatos* biológicos, mas esquece de questões ontológicas e antropológicas de fundo. Como diz Robert P. George e Patrick Lee: "Se um novo organismo humano existe, é uma questão para a qual a resposta deve ser sim ou não — não há entre";[33] e esse é um postulado ontológico, não biológico. Ou é pessoa, ou não. Não faz sentido falar em "mais ou menos pessoa". E a pessoa não é o resultado do processo de autoconsciência, mas a possibilidade de desenvolver uma vida consciente nesse nível. O que os gradualistas exigem é que ser pessoa necessariamente significa ser pessoa desenvolvida e não ser apenas capaz de se autodesenvolver. Se os requisitos mínimos exigidos para ser uma pessoa é autonomia, liberdade e autoconsciência, raros são os seres humanos que poderiam ser considerados pessoas. O requisito para alguém tocar piano não é ser Mozart, mas saber se expressar musicalmente no piano. Assim como o requisito para ser físico não é ser Einstein. Análogo a isso, o requisito mínimo para ter relevância moral é ser pessoa, e não ser pessoa que alcançou a plenitude da autoconsciência.

Para resumir, como diz Elio Sgreccia, do ponto de vista genético, o *status* pessoal do recém-concebido pode ser pensado a partir da seguinte analogia: "Imaginemos que se trata de construir uma casa: é preciso haver o arquiteto que faz o desenho, o empresário que administra a construção, os operários que executam e o material necessário. No zigoto, essas diferentes funções: o projeto, a coordenação, a construção e o material de construção se encontram e se ativam por dentro. O zigoto é projetista, empresário, executor e construtor do material. Além disso, assim como a casa já revela o projeto desde sua base, desde o aparecimento dos primeiros fundamentos, assim o zigoto, ao se tornar embrião, mostra toda a estrutura do indivíduo: a mãe fornece apenas o ambiente de trabalho e o que é necessário para a construção do material. A diferença essencial está apenas em que o arquiteto, o empresário e os operários constroem um objeto alheio à própria pessoa, e o embrião, ao contrário, constrói a si mesmo."[34]

MePoupe!

Em 2013, a deputada do Distrito Federal Celine Leão (PPS-DF) criou um Projeto de Lei para que profissionais da área de saúde fossem orientados a mostrar imagens do desenvolvimento do feto a mulheres estupradas que procurassem o aborto — no Brasil, até o momento em que escrevo este livro, aborto é despenalizado nesse e em outros dois casos: risco de vida da mãe e anencefalia. Além disso, os agentes de saúde deveriam, segundo o projeto, mostrar ilustrações sobre o procedimento médico ao qual as mulheres seriam submetidas. Em uma palavra: a mulher fará o aborto, então precisa realmente saber do que se trata.

Porém, no dia 3 de julho de 2017, uma série de organizações feministas ligadas à rede "Mulheres Mobilizadas", inclusive com apoio do grupo Cfemea[35] — uma das maiores instituições feministas de apoio ao aborto no Brasil —, lançou uma campanha na internet chamada *#MePoupe*. Com objetivo muito simples: pressionar para que esse projeto fosse vetado pelo governador do Distrito Federal na Câmara Legislativa. O argumento: "A campanha *#MePoupe* foi articulada a partir do entendimento de que as propostas descritas no PL podem submeter as vítimas de estupro a mais um trauma, convertendo-se, na prática, em uma tortura psicológica muito antes de uma orientação."

Segundo o site criado para divulgar a campanha, foram mais de 6.622 e-mails enviados ao governador, que vetou o projeto por causa da "pressão das redes". Levando em consideração que só o Distrito Federal tem uma população de 3.013 milhões de habitantes em 2017, os 6.622 e-mails representam, em números relativos, apenas 0,22% da população. Como a campanha na internet não é limitada só a essa região, não dá para saber com precisão o quanto esses números representam de fato a "voz das mulheres". No Brasil há aproximadamente 103 milhões de mulheres em números absolutos. Como toda manifestação política é relativa aos interesses de seus representantes, o que 6.622 e-mails significam em números relativos? Que apenas 0,006% representa a "voz das mulheres". Isso é mais uma prova de que apenas uma minoria em posse das habilidades para manejar os meios de comunicação e persuasão conduz a democracia à luz dos próprios interesses.

Mesmo assim o site descreve o ato como "vitória" com as seguintes palavras: "Essa vitória foi mais uma prova de que a pressão popular não só funciona, como é essencial para o funcionamento da democracia. Políticos muitas vezes acham que a gente não está de olho no que eles fazem — mas não estamos só atentas: estamos mobilizadas para lutar pelos nossos direitos." Vale registrar: "lutar pelos direitos das feministas", que naquele ato representou só 0,006% das mulheres brasileiras. Junto a isso, não lutam pelos direitos do embrião, que também incluem mulheres. A pressão do grupo foi tão eficaz que a própria deputada autora do PL, Celina Leão, revisou sua posição. Ela disse que "mudou o pensamento e encaminhou ofício ao governador pedindo também o veto total ao projeto".[36]

Não se podem ter dúvidas de que o estupro é psicologicamente traumático, sobretudo seguido de gravidez. E como deve ser mais traumático para uma mulher, além de estuprada, saber que está prestes a esquartejar, triturar, desmembrar e jogar na lata do lixo hospitalar o próprio "filho" — uso aspas em filho pois reconheço a possibilidade de uma mulher não se sentir mãe de filho fruto de uma violação; mas a dificuldade aqui está na ideia de que ser alguém digno de relevância moral depende de a mulher aceitar o filho; caso ela o rejeite, ele não passa de um punhado irrelevante de resíduo biológico.

A pressão das feministas só se justifica em virtude de ser mais fácil relativizar a vida do embrião e manter distante da consciência a possibilidade de a mulher estuprada deixar de ser vítima aqui para ser algoz ali. A tortura psicológica por ter sido estuprada pode não ser nada comparada à de ter de lembrar que um dia, além de tudo, também foi responsável por perpetuar o mal no mundo. A mulher vítima do estupro não expurga seus traumas, os quais por si só já são pesados, e não reinstaura a ordem psíquica e cultural desestabilizada e o senso de justiça, sacrificando o embrião como bode expiatório. A violência desse ato não é sagrada ou reparadora de uma injustiça, mas é a pura manifestação de desprezo pela vida de um inocente reduzido a um punhado de lixo biológico só para não causar mais traumas na mulher e na sociedade.

Se um embrião tem dignidade intrínseca por causa de sua essência pessoal, ele não recebe esse valor em razão daquilo que uma mulher sente, mas em razão de sua própria realidade. Traumas psicológicos não são critérios suficientes para determinar o real valor de uma pessoa. E por mais traumáticos e dolorosos que possam ser, já que o valor de dignidade não se fundamenta nos distúrbios psíquicos de terceiros. A vida de um embrião não vale mais, por exemplo, porque uma mulher consegue com coragem, resistência e altivez enfrentar seus traumas gerados por um estupro. Assim como essa vida não valerá menos caso ela não consiga enfrentá-los.

Traumas dizem respeito à esfera psíquica de quem os sofre. Não dá para julgar o quanto uma pessoa é capaz de suportar os próprios traumas dado à dimensão subjetiva e pessoal de todo trauma — que pode ser partilhado *mediante* a compaixão, mas não pode ser vivido *diretamente* pelo outro. Dores físicas e psíquicas são vividas só em primeira pessoa. Assim como ninguém sente diretamente a minha dor de dente, eu também não posso sentir diretamente a dor de uma humilhação. Por isso, só quem toma decisões motivadas a partir de um complexo estado psíquico poderá avaliar o próprio estado psíquico. O qual, muitas vezes, no momento de se fazer a escolha, impede uma adequada autoavaliação e um julgamento correto do que deve ser objetivamente moral.

Vamos supor que psicólogos e cientistas desenvolvam um medidor de trauma, um "traumômetro", e cheguem à conclusão de que "é verdade que o estupro seguido de gravidez constitui o grau mais elevado de trauma psicológico e social pelo qual uma pessoa pode passar". Se o embrião for objetivamente pessoa inocente, o quanto é legítimo matá-lo porque uma mulher sofrerá um trauma? Estupro seguido de gravidez pode ser traumático e, ao mesmo tempo, pode ser uma lição de vida. Uma pessoa que sofre um trauma pode ensinar muita gente a superar traumas, visto poder servir de exemplo de superação e virtude. Não estou sugerindo com isso que a mulher deva ser obrigada a servir de exemplo ou ser obrigada a exercitar seu incondicional amor samaritano. O que estou alegando é que o valor objetivo da vida do embrião e de qualquer outra pessoa não depende da capacidade de lidar com traumas.

Não se pode medir o valor da vida de um embrião com o "traumômetro". Esse valor deve ser objetivo e não ser fruto da construção subjetiva fornecida pelas expectativas de outras pessoas. Porque uma pessoa está psicologicamente traumatizada por ter sido vítima de violência não muda em nada a relevância moral do nascituro. Uma tragédia não pode ser critério para legitimar outra violência em nome dos "direitos" e da "liberdade", quanto mais em nome de se preservar a integridade psicológica.

A experiência traumática configura-se muitas vezes como oportunidade para a comunidade próxima à pessoa traumatizada — pais, esposo, namorado, irmãos, tios, primos, filhos, amigos, vizinhos — restabelecer o vínculo de "comunidade moral". Não estou justificando o mal com isso. Apenas estou lembrando que o mal, por mais radical e repugnante, nunca é absoluto. A comunidade pode redescobrir o valor do acolhimento, da companhia e da compaixão. Partilhar tristezas, mas também esperanças. Mostrar que nas vicissitudes da vida, embora o mal, a violência e a barbárie aconteçam, o senso de bem e humanidade também pode florescer. Apesar de a perversidade objetiva de um caso de estupro ser extremamente condenável, essa experiência também pode ensinar alguma virtude: capacidade de superação, coragem, caridade, misericórdia e, principalmente, perdão. Olhar para um filho fruto de estupro é o tipo de experiência que não dá para ser medida pela expectativa e vivência dos outros. Porém ele não é menos alguém por isso. E não se tornará resíduo biológico só porque foi concebido a partir de um bestial e sempre condenável ato de violência.

Como essas experiências são sempre uma incógnita psicológica e moral para quem as vivencia, não faz sentido medir o valor objetivo da vida do embrião por essa incógnita. Se um dia a mulher que praticou o aborto, mesmo no caso de ter sido vítima de estupro, "mudar o pensamento" — como há inúmeros relatos de muitas mulheres que mudaram — sobre o ser humano concebido pela violência, não será a "vitória da democracia" conquistada pelo coro eficaz de feministas capaz de resolver a injustiça sofrida, por ter sido estuprada, e a injustiça praticada, por ter matado uma pessoa.

Se uma mulher tem o direito de abortar por ter sido estuprada, ela tem o dever e a obrigação de saber o que está prestes a fazer a uma pessoa — sobretudo a uma pessoa que, por mais que ela odeie a ideia, é seu filho.

> *— Tem um violinista doente aqui;*
> *chamem o Dexter!*

Muitos filósofos ao tentarem encontrar uma justificativa moral para o aborto, sobretudo em casos de estupro, apelam para falsas analogias sobre os nascituros e os comparam a alienígenas, assaltantes, violinistas doentes, parasitas e até aos próprios estupradores. O mais famoso é o argumento de Judith Jarvis Thomson, publicado em 1971, em um artigo que se tornou célebre na comunidade acadêmica, chamado *Uma defesa do aborto*. Ela resume o problema do aborto nos seguintes termos: "Imaginem isto. Você acorda de manhã e descobre que está na cama ao lado de um violinista inconsciente. Um violinista inconsciente famoso. Descobriu-se que ele sofria de uma doença renal fatal, e a Sociedade dos Amantes da Música vasculhou todos os prontuários médicos disponíveis e constatou que só você tem o tipo sanguíneo compatível para ajudá-lo. Assim sendo, a Sociedade a sequestrou e, na noite anterior, o sistema circulatório do violinista foi conectado ao seu, de forma que os seus rins pudessem ser usados para extrair o veneno do sangue dele e também do seu. O diretor do hospital agora lhe diz: 'Veja, lamentamos a Sociedade dos Amantes da Música ter feito isso com você — se tivéssemos sabido, nunca teríamos permitido. Mas o fato é que eles fizeram e o violinista agora está conectado com você. Desconectar você significaria matá-lo. Mas não se preocupe, é só por nove meses. No fim desse prazo estará recuperado e poderá ser desconectado de você com segurança.' Você é moralmente obrigada a aceitar essa situação?"[37] Respondo: Não.

Agora a pergunta mais importante é: a força dessa analogia corresponde a um embrião se desenvolvendo no útero de uma mulher? Não. Por mais forte e intuitiva que a analogia possa ser, ela falsifica pelo menos três dificuldades fundamentais: primeira, o *status* da relação entre violinista e mulher. A intuição está baseada em "estar compulsoriamente conectado ao corpo" como se a relação de dependência biológica fosse, à primeira vista, mais forte que qualquer outro tipo de dependência (social, econômica etc.); segunda, *status intencional* da vida de um violinista doente e o *status intencional* da vida de um embrião. Assim como um embrião, o violinista é um inocente, e por ser inocente não pode ser morto; e, por fim, o *status* do ato moral exigido para garantir a vida de um embrião como análogo ao *status* do ato para garantir a vida de um violinista.

Vou propor outra analogia que leve em consideração essas três dificuldades por viés menos intuitivo, mas que expõe os mesmos problemas. Imaginem isto. Você acorda no meio da madrugada e descobre que sua casa foi invadida por duas pessoas. Um homem extremamente violento acompanhado de uma jovem grávida de 7 meses — a gravidez é fruto de estupro. A grávida é viciada em drogas e está "chapada". Você não a reconhece, mas ela é sua filha que havia fugido com o namorado há uns dois anos e não tem mais autorização para entrar em sua casa. Eles lhe forçaram a ficar em silêncio em um canto qualquer da casa e estão ali só para passar a noite e aproveitar o conforto. O homem tem personalidade instável. Por alguma razão, a mulher grávida fala algo que ele não gosta. Ele se irrita e começa a agredi-la com socos na barriga. Ela começa a entrar em trabalho de parto. O homem coloca uma arma na sua cabeça e obriga que você ajude a mulher. No que você está ajudando, após dar à luz, a jovem desmaia. Você reconhece sua filha e se apavora. O recém-nascido está com vida. O homem coloca a moça em um carro, limpa tudo e foge, sem dar explicações. Sobrou você e o recém-nascido que, naquele momento, precisa de extremo cuidado para continuar com vida. Você aciona a ambulância, mas lhe informam que não há previsão para qualquer emergência por causa de um incêndio que provocou muitas vítimas e todos os hospitais da cidade estão ocupados. Você se vê completamente só nessa situação. Aquele recém-nascido *depende* de você para continuar vivo. Você é moralmente obrigado(a) a aceitar essa situação?

Quanto à primeira dificuldade, de fato o "estar compulsoriamente conectado" não tem sentido biológico, pois não se trata de uma "conexão ao corpo", mas há um tipo forte de "conexão". No exemplo do violinista, poderiam objetar, ele está conectado ao corpo — um tipo mais forte ainda de dependência. Ora, mas o recém-nascido *depende tanto de você* quanto se estivesse conectado ao seu corpo. O violinista no primeiro exemplo foi conectado ao rim e não se desenvolve dentro do útero. O bebê prematuro de 7 meses está dentro da sua casa, do mesmo modo ele é dependente dos seus cuidados para continuar vivo. E mais do que isso, ele é dependente do cuidado especial de terceiros, já que você por si só não dará conta. Fora o fato do possível vínculo afetivo de você ser "avô/avó" dele. A saúde do recém-nascido é grave e exigirá gastos elevadíssimos com hospitais, mobilização de médicos, enfermeiros etc. E você não conseguirá comparecer ao trabalho nos próximos dias e terá de se dedicar a cuidar dele. Se para "conexão biológica" há uma dependência apenas biológica, agora a "conexão social" exige muitas outras dependências, a mobilização de terceiros amplia o grau de dependência e não, como poderia ser sugerido, enfraquece. Por que ser obrigado(a) a cuidar dele? E se alguém simplesmente se recursar?

Quanto à segunda dificuldade, os responsáveis por terem conectado o violinista doente em uma pessoa eram membros da Sociedade dos Amantes da Música. Se não fosse pela *intenção deles*, o violinista teria, por razões naturais, morrido. Eles não foram obrigados a ser altruístas. Mas os membros dessa sociedade sequestraram uma pessoa e conectaram um doente ao corpo dela. Se ela exigir que o corpo dela seja desconectado, os responsáveis pela manutenção da vida do violinista não é ela. No caso do recém-nascido de 7 meses é diferente, porque ninguém teve a intenção de levá-lo até você, ninguém é responsável pela vida dele — lembrando que, segundo minha analogia, ele simplesmente foi deixado por pessoas irresponsáveis.

Quanto à terceira dificuldade, o violinista é tão inocente quanto o recém-nascido. E a força da intuição está aqui: é errado matar inocentes. Por isso, o ato moral exigido para garantir a vida de um recém-nascido *parece* e *exige* o mesmo tipo de disposição moral com ato para garantir a vida de um violinista doente.

Há uma diferença crucial de todos esses exemplos com o aborto. Desconectar-se do violinista não é o mesmo que a intenção de matar o violinista. Então você tem uma ideia. Você pensa: "Por que eu sou obrigado(a) a aceitar essa situação? Só quero voltar a dormir, lembrar que amanhã tenho que trabalhar. Esse recém-nascido está aqui, não para de chorar, eu não pedi por ele. Invadiram a minha propriedade. Ele provavelmente é fruto de uma aventura da minha filha. Nunca quis saber da minha filha. Não tenho obrigação de cuidar dele." E aí ao acionar a polícia você descobre que o caso será investigado e demorará pelo menos uns nove meses para o desfecho. Não há certezas de ser solucionado, o investigador responsável diz para você que o caso poderá levar nove anos. Os agentes das justiças não podem fazer nada enquanto não encontrarem alguém interessado e em condições de adotar a criança. Quais os limites do que pode ser feito? "Desconectar socialmente" a criança e ir viver a vida? Por que aceitar que sua vida sirva de "incubadora social" para ela? Só pelo fato de ser seu neto? Mas ele é fruto de um estupro, e você não tem nada a ver com isso. E todos os traumas que você viveu e essa criança viverá?

Roderick Long chega ao absurdo de dizer que uma "ameaça representada por um feto indesejado é suficientemente séria" e, por isso, "tem-se o direito de matar um feto indesejado em autodefesa". Por que um "feto indesejado" causa ameaça suficientemente séria e, de repente, um feto desejado não causa? A seriedade da ameaça é intrínseca ao feto ou ao sentimento de aceitação da mulher em ter a criança? Que ameaça real um feto no útero pode causar a uma mulher? Ele diz: "invasão injusta do corpo dela". Como um feto pode, por ele mesmo, ser responsável por uma injustiça se ele não tem capacidade de tomar e avaliar decisões morais? Para dar o efeito retórico preciso, Long chega a comparar o feto invasor ao próprio estuprador e diz "mesmo que alguém tenha sido involuntariamente hipnotizado a se tornar um verdadeiro estuprador, sua vítima ainda tem o direito de matá-lo em autodefesa", pois *"deixar seu corpo ser usado por um estuprador é uma obscenidade moral*; e o mesmo se mantém para a noção de uma obrigação executável de deixar seu *corpo ser usado como uma incubadora* por um feto" [os destaques são meus].

Christopher Kaczor formulou a objeção mais consistente contra a analogia do violinista e que se aplica a qualquer analogia dessa natureza. Abortar nunca é somente "desconectar-se", abortar nunca é somente "reagir contra uma invasão injusta", enfim, abortar nunca é um "ato de legítima defesa proporcional a ter tido o corpo invadido mesmo que por um inocente". Ele refaz a analogia e pede para imaginar a seguinte situação: "Imagine que para separar você do violinista ele seja envenenado, ou seu corpo seja atingido com uma machadinha ou seccionado membro por membro ou feito passar por um aparelho superpotente de sucção (semelhante à turbina de um jato, diga-se) que o deixará em pedações irreconhecíveis do outro lado. Não estamos simplesmente nos separando ou retirando um tubo que nos une ao violinista. Muito mais do que isso, estamos fazendo violência ao corpo do violinista, que, como nós, é uma pessoa [inocente] e tem integridade corporal — igual e a mesma."[38] Como fica claro, "se tais meios violentos são usados, a morte do violinista não ocorre devido a sua própria patologia subjacente". E pergunta: o aborto é mais um desligar ou destroçar?

Quando Long diz que "tem-se o direito de matar um feto indesejado em autodefesa", ele precisa levar em consideração o grau de violência subjacente à autodefesa. Ainda que a uma mulher seja legítima a autodefesa com relação ao estuprador, não é nada óbvio que isso implique legitimidade para esquartejá-lo, colocá-lo em uma sacola e jogá-lo no lixo — lembrando que, no caso do aborto, é esquartejar e jogar os pedaços do próprio filho, amando-o ou não. Nem todo sistema jurídico aceita os métodos de Dexter[39], o famoso serial killer que destroçava criminosos, como forma de combater e reparar as injustiças no mundo.

Quais os limites do que pode ser feito no caso de você se ver numa situação em que um recém-nascido impõe a você certos cuidados para se manter vivo? Decidir dilacerá-lo, cortá-lo em pedacinhos e jogar as partes no lixo para se livrar de um problema que não é seu não parece razão suficiente para justificar a legítima defesa contra um inocente. Alguém poderia objetar, mas e se o método para o aborto não for cruel? Para o exemplo do violinista talvez essa objeção funcione, já que se desconectar é um ato moral passivo e não com intenção de matá-lo. Para o embrião, não. Sempre haverá a intenção objetivamente imoral de matar o embrião. Todo aborto é uma ação intencional positiva. Não se trata só de "deixar morrer". É legítimo abandonar o recém-nascido para morrer só porque ele ultrapassou os limites de sua propriedade? Lobos não virão para salvá-lo, farão dele comida. Abandonar um recém-nascido é um ato cuja intenção de matar é intrínseca ao próprio ato, e comparar uma mulher grávida com uma "incubadora de feto" é, esse sim, o fundo do poço da obscenidade moral. Por fim, o direito irrestrito da mulher sobre o próprio corpo — que, no contexto semântico em que essa frase é usada, significa o direito de matar o embrião — é a expressão pura da justiça no sentido da conveniência do mais forte em relação ao mais fraco. Em poucas palavras, tudo aquilo que subverte a ordem objetiva do direito e legitima a tirania.

Como é ser um embrião? —
O nosso último compromisso

Objetivamente não é possível qualquer experiência acerca do mundo a partir da perspectiva de um embrião. O filósofo Thomas Nagel ajuda-nos a compreender as implicações deste instigante problema filosófico: o que significa descrever o mundo na perspectiva da primeira pessoa? Também é disso que se trata quando se defende a qualidade do embrião como pessoa ou como alguém, ele já é desde a concepção um sujeito de relações interpessoais e não um objeto de nossas pretensões científicas, econômicas, eugênicas, racistas e políticas.

A experiência intersubjetiva impõe limites para a descrição objetiva do mundo. Não serve a descrição objetiva da formação do sistema nervoso central para compreender o embrião enquanto sujeito. Simplesmente não é assim. Para o problema filosófico da subjetividade e do relacionamento interpessoal é preciso voltar um passo na experiência. Se o embrião é uma pessoa, ele mantém e impõe relações com as outras pessoas de uma maneira distinta das relações que as pessoas mantêm com o que habitualmente chamamos de coisas — por mais que possam gostar, um smartphone não é alguém, e lidar com *coisas* é ontologicamente diferente de lidar com *pessoas*. Você pode até ter uma relação extremamente afetiva com seus objetos no mundo — meu piano e meu cachorro têm valores inestimáveis para mim —, mas são apenas objetos-coisas. Podem ser muito preciosas, mas nada dessas coisas valem tanto quanto vale uma pessoa. Pessoas possuem dignidade em virtude de sua natureza racional. O valor das coisas é subjetivo, eu atribuo valores a elas. Uma pessoa alheia à música pode ver um piano apenas como um móvel antiquado. O valor de um cachorro para um coreano pode estar na qualidade da carne. Todos esses valores são extrínsecos e dependem da expectativa psicológica e cultural de terceiros. Pessoas têm valor objetivo por serem pessoas, uma substância individual de natureza racional, e não simplesmente por pertencerem à espécie *Homo sapiens*. É uma realidade intrínseca que não pode variar conforme o temperamento psicológico e o contexto cultural. Pessoas são relevantes moralmente por serem membros da comunidade moral do reino dos fins.

Filosoficamente é muito difícil justificar porque pessoas têm mais relevância moral do que qualquer outro objeto do mundo.

Mesmo quando mortos, o valor parece permanecer. Um exemplo disso é a mobilização para resgatar os mortos de um acidente aéreo em alto-mar ou de um desabamento onde há vítimas soterradas. A comoção social que esses eventos catastróficos despertam não é gratuita e revela nosso senso profundo de comunidade moral. Ninguém parece desejar abandonar os mortos. Por que simplesmente não deixar os restos mortais para que sirvam de alimentos a tubarões? Porque pessoas valem, mesmo depois mortas; e não valem como entidades biológicas. Precisamos da mediação simbólica para superar nossa mísera condição material. Para o método empírico, restos mortais serão apenas os estilhaços do corpo-objeto que sofrerão decomposição. A singularidade, a identidade, a individualidade e o fato de cada um ser "irrepetível" fazem da pessoa uma presença jamais substituída, mesmo depois de morta. Mesmo diante de um clone não há *alguém* que se repete no clone. Clones não reproduzem um duplo, reproduzem semelhanças físicas, biológicas e psicológicas, mas não a singularidade. Estar diante de alguém é estar diante de um *único* que é *sujeito* de sua própria narrativa.

O problema moral do aborto não se encerra na descrição científica de um organismo vivo e da descrição do processo de seu desenvolvimento. A controvérsia gira em torno da resposta para duas perguntas simples: *Quem eu sou? Quem você é? Quem é o embrião?* O fator decisivo para pensar nas respostas para essas perguntas é considerar as categorias filosóficas "entre" e "com". Essas categorias são responsáveis por configurar relações humanas interpessoais.

Só a partir de uma resposta a essas perguntas será possível pensar um critério moral minimamente aceitável para refletir a respeito da resposta para a pergunta: *o embrião já existe como pessoa?* Por "critério moral minimamente aceitável" quero dizer que todo problema do aborto precisa passar pelo reconhecimento de que as decisões humanas não podem pôr de lado o fato de que pessoas estão *entre* outras pessoas. Não faz sentido toda reflexão filosófica sobre moral, senso de dever, intencionalidade, vida em comunidade, escolha refletida, responsabilidade, cálculo de consequências, arrependimento, satisfação e culpa se não for para considerar que cada ação de uma pessoa afeta *diretamente* outra. O fato de que sempre se está lidando concretamente com pessoas singulares. O método empírico não "vê" singularidade, identidade, unidade, pessoalidade e não vê a relação *inter*pessoal do homem consigo, com outros e com o mundo.

A descrição da experiência interpessoal responsável por fornecer sentido à sentença "o embrião é também uma pessoa" precisa da mesma forma ser distinta em ordem e qualidade da descrição objetiva da ciência "este organismo vivo é um embrião", como procurei defender ao longo do livro. Essas ordens de expressões descritivas subsistem enquanto formas legítimas em virtude do entendimento de que pessoas têm suas próprias vidas, e não o contrário. Esses modos de compreensões da realidade, que sempre perturbaram os filósofos, não têm a ver com o problema da alma, de um lado, sujeito imaterial, e do outro, o corpo, objeto material. Essas diferenças podem ser expressas com as categorias de mundo "interno" e "externo". Não se trata de duas realidades substanciais coexistindo sabe-se lá como. As formas distintas de como vivencio a realidade são internas e externas, mas durante todo ato de conhecimento é a unidade interna o que importa para mim. Conhecer o mundo externo só é um problema porque há unidade interna permanente resistindo a todas as mudanças externas do meu corpo-objeto enquanto mudanças físicas, biológicas, psicológicas.

Como sintetiza Gabriel Ferreira, ao refletir o problema a partir das categorias do filósofo alemão Helmuth Plessner: "O homem não apenas coloca-se ora do ponto de vista 'interior', ora do ponto de vista 'exterior' aos limites físicos de seu corpo, em uma perspectiva necessariamente dupla, mas tem a capacidade de olhar sua própria posicionalidade, seu próprio centro, a partir de um 'fora' que não se identifica com o exterior físico; é o que Plessner chama de 'excentricidade' ou 'posicionalidade excêntrica'. Em outras palavras, o homem é um animal que simultaneamente 'é um corpo', 'tem um corpo' e que 'está fora de um corpo'."[40]

Do que se trata, então, essa diferença entre objetivo e subjetivo? Em *Visão a partir de lugar nenhum*, Thomas Nagel coloca algumas perguntas a respeito da descrição objetiva do mundo.

Ao dar descrição completa da realidade à luz de teorias físicas, químicas, biológicas, psicológicas e sociológicas, ou seja, a partir das teorias que fazem parte das formas de descrição externas, parece haver um fato decisivo que essas teorias nunca mencionam. Afinal, quais das coisas descritas e explicadas por todas elas eu posso dizer que *sou eu* e *você* pode dizer que *é tu*? Sou eu uma das coisas descritas pela descrição científica do mundo? A resposta é óbvia: não. É você uma das coisas descritas pelas observações científicas do mundo? A resposta óbvia é: não. Nunca sou o objeto da descrição científica que os cientistas ou eu mesmo, caso resolva fazer ciência, apresentam acerca do mundo. Jamais poderei encontrar "a mim mesmo" abrindo meu cérebro; e jamais encontrarei outra pessoa abrindo o cérebro dela. Para lembrar a lapidar sentença de Heráclito: "Limites de alma não os encontrarias, todo caminho percorrendo; tão profundo *logos* ela tem." Quanto mais procuramos os limites da subjetividade, mais a sua razão de ser nos escapa. E isso também serve para a relação intersubjetiva *eu-tu*. Com licença poética, retraduziria Heráclito assim ao pensar nas relações *entre* as pessoas: limites *eu-tu* não os encontrarias, todo caminho percorrendo; tão profundo *logos* essa relação tem. Lembrando que *logos* refere-se aqui ao princípio ordenador de inteligibilidade ou ao ponto de unidade da configuração estrutural dos objetos, o que possibilita o próprio sentido de *compreender, ser* e *estar no mundo*. O que pode ser dito, numa palavra, é que tanto o *logos* da subjetividade quanto o *logos* das relações humanas *inter*subjetivas nunca podem ser dados como "objetos" da descrição científica do mundo. E quanto mais se procura, mas ele escapa.

O "eu" a partir do qual descrevo o mundo das coisas ditas objetivas nunca é ele mesmo objeto da minha descrição, assim como o "tu" também nunca é. Eles sempre se dão como pressupostos no ato da descrição do mundo. Porém, "meu eu" não constitui nenhum objeto externo, tal como os outros objetos, no horizonte da minha percepção do mundo. O que chamo de "meu eu" constitui uma perspectiva em primeira pessoa. A perspectiva interna referente a um sujeito presente em todo ato descritivo e explicativo do conhecimento nunca é objeto externo possível no ato de descrever, mas está a todo momento implícita — e isso é simétrico ao *tu*.

A pretensão declarada da ciência moderna sempre foi desejar estabelecer um conhecimento seguro sobre o mundo que se sustente de forma objetiva. Em outros termos, que se sustente independente do observador. É louvável a busca por objetividade. E acredito na possibilidade de haver um "terceiro reino", para tomar a expressão de Frege, onde o pensamento objetivo está seguramente independente do observador. Entretanto, essa pretensão não escapa ao contrassenso de que todo conhecimento é, em última análise, conhecimento de alguém que busca saber algo sobre alguma coisa. E alguém não pode aplicar a própria pretensão de objetividade para descrever a si mesmo, porque o "si" não é objetivável tal como são objetiváveis as entidades físicas.

A presença de um ser autoconsciente não é uma conclusão a que se chegue por meio da própria investigação objetiva. Ninguém descobre a autoconsciência levando o cérebro a um laboratório e fazendo exames por mais sofisticados que esses exames possam ser. E é simplesmente fascinante pensar que em alguns procedimentos neurocirúrgicos o paciente precisa estar acordado enquanto o médico trabalha no cérebro. O médico nunca acessa o "eu" de alguém e curiosamente nem o dele próprio. Fato irrecusável de que a autoconsciência é presumida em todo ato de conhecimento desde o início e nunca é acessível para terceiros. Nenhum conhecimento que eu tenha acerca de mim mesmo é conhecimento do tipo descrito pelas ciências. Porque o conhecimento que tenho de mim mesmo não é mediado por teorias, mas vivenciado diretamente em um fluxo constante da minha presença consciente em todo ato de conhecer. Ele será mediado depois por símbolos culturais, que expressam a *interioridade* da vida comungada com outras pessoas não só *aqui* ou *agora*, mas em toda extensão da história (senso de pertencer a uma determinada tradição cultural e não a outra, por exemplo). E isso vale igualmente para o tipo de conhecimento que eu tenho das outras pessoas e da relação que estabeleço com elas. Eu sei que os outros existem não por um ato de descrição objetivo dado pelas ciências naturais. Não estabeleço relações de amizade só depois de checar os resultados de exames médicos. Claro que eu posso conhecer alguns aspectos dos seres humanos com extrema precisão objetiva a partir desses dados, caso contrário não haveria possibilidade sequer da medicina, da nutrição e de tantas outras áreas que envolvem o homem como objeto de investigação empírica. Porém, eu não posso ultrapassar meu horizonte de experiência subjetiva para ter uma experiência subjetiva partilhada com outra pessoa. Lealdade não é virtude do corpo biológico. Posso compreender, do ponto de vista empírico, alguém como "objeto", mas o conhecimento da subjetividade de outra pessoa não é um dado para o qual o método empírico tem a chave de acesso. É dado, portanto, a partir dessa categoria fundamental denominada por alguns filósofos de "entre".

A experiência que eu tenho da subjetividade de outra pessoa precisa ser postulada como ponto de partida e não a conclusão inferida de análises empíricas demarcadas pelo método da ciência. Como vai mostrar Roger Scruton em *O rosto de Deus*: "O sujeito é um princípio inobservável pela ciência, não porque ele exista em outro domínio, mas porque ele não é parte do mundo empírico. Ele está à margem das coisas, como um horizonte, e nunca poderia ser aprendido 'do outro lado', o lado da subjetividade." Em síntese, o *meu eu* e o *teu tu*, em nenhum momento se apresentam como uma "coisa" que possa ser examinada pela observação de terceiros.

E isso fica claro quando consideramos o fato de que desde os primeiros instantes da nossa existência já estamos em uma relação intersubjetiva: temos pelo menos um pai, uma mãe, dois avôs, duas avós, quatro bisavôs, quatro bisavós etc. E mesmo que a memória e a mísera vida não acompanhem nossos antepassados, todos nós deixamos vestígios de uma vida vivida *entre* pessoas. Muito provavelmente há um ou mais tios, uma ou mais tias, um ou mais irmãos. A não ser a escolha de um ermitão, haverá sempre um ou mais vizinhos. E mesmo a um ermitão, sempre há um distante vilarejo. Não há o que fazer: existir como pessoa é sempre estar em algum lugar habitado por outras e ter de viver *entre* elas mesmo não estando diretamente em contato *com* elas.

Pode parecer um mero truque de linguagem da minha parte, mas, visto da nossa perspectiva pessoal, a referência ao embrião como *outro* não é feita em terceira pessoa, mas em segunda. Ele vive *entre* nós. Médicos podem se dirigir ao embrião com um "isto" na qualidade de examinador das condições biológicas daquele novo ser vivo. Contudo, *entre* pessoas, o embrião é *tu* e não *isto*.

A ciência só descreve objetos em terceira pessoa a fim de buscar as causas disto e daquilo e explicar as relações espaço-temporais entre isto e aquilo. Não tem como descrever a experiência das relações entre sujeitos, conhecida como *relações intersubjetivas* e estruturadas pela categoria *entre*. *Eu* e *tu* — e todas as outras categorias que derivam dessa posição privilegiada de *ser-aí-no-mundo-entre-pessoas* (perdão pelos hifens), como senso de dever, autointeresse, intenção, liberdade, autoconsciência etc. — não são dados e visíveis para os cinco sentidos. Tu e eu estamos à margem das percepções sensórias.

Vale enfatizar: a ciência visa objetividade empírica e não objetividade ontológica. As relações entre pessoas são construídas a partir de experiências intersubjetivas. Subjetivas aqui não significa psicológicas, mas *intencionais*. Direcionadas para um significado *inter*comungado. E sob a perspectiva intencional das relações interpessoais, o embrião é considerado pessoa e, portanto, não pode deixar de ser incluído como membro da comunidade moral. Ele já é um de nós.

Desse ponto de vista filosófico, que busca descrever a experiência intencional, a vida humana por nascer deve ser compreendida com um grau razoável de *familiaridade* e *afetividade*.

Devido à condição pré-natal, talvez não haja o sentimento de afetividade das pessoas com relação à nova pessoa em seus estágios iniciais de existência. Porém uma coisa é não sentir afeto por alguém, outra, completamente distinta, é negar a qualidade de pessoa só por causa de uma relativa distância acidental. Um estrangeiro não é menos pessoa por ser estrangeiro, só não tem intimidade com o meu modo de vida. O embrião é um estrangeiro de primeira viagem. Quem já teve filhos sabe exatamente do que estou falando. Esse estranhamento causado pela distância imposta entre a vida adulta consciente e a vida intrauterina que ainda não desenvolveu consciência não é razão suficiente para negligenciar valor de dignidade a esse primeiro estágio de vida. Pense na gravidez não planejada, fruto de sexo casual. Ainda que a mulher deteste a ideia de ter aquele filho, o que isso mudará o fato de ele ser quem é? Por esse motivo, considero a relação de afetividade acidental e dependente dos estados psíquicos e sociais. Arrependimento, ódio, nojo da ideia, repulsa, medo, insegurança, carinho, amor, satisfação ou alegria não mudam a realidade, mudam o grau de afetividade com alguém.

Por outro lado, a relação que se estabelece com uma pessoa em estado embrionário constitui também uma relação familiar recíproca do tipo *eu-tu*. Que tipo de relação recíproca um ser como o embrião, que ainda não desenvolveu consciência e linguagem, pode estabelecer com outras pessoas? Acredito que as respostas a essas perguntas determinam se devemos ou não impor obrigações morais na defesa da vida de uma pessoa nessas condições iniciais.

Para entender o que quero dizer com relação de familiaridade, pense no exemplo a seguir. Quando uma mulher descobre estar grávida, incontestavelmente grávida de embrião, não faz sentido ela dizer para si mesma: "Estou grávida de um embrião e ele é embrião da espécie humana." Quando ela toma consciência de sua gravidez e diz a si "estou grávida", segue disso *objetivamente* a experiência de "estar grávida de um alguém" sem correr qualquer risco de estar grávida de um repolho, um ornitorrinco ou um parasita. A constatação da gravidez, portanto, surge de uma experiência humana imediata, familiar à sua condição humana, sem quaisquer mediações teóricas — nenhum médico precisa dizer para uma mulher "fica tranquila, olhe aqui no ultrassom, você não está grávida do *Alien*"; sem quaisquer mediações psicológicas — o fato de uma mulher se angustiar ou alegrar com a gravidez não altera o estado *objetivo* de estar grávida; sem quaisquer mediações sociais — indiferente de ser filho de pequeno-burguês, operário, aristocrata, monarquista ou republicano, exceto, talvez, de feminista; e, por fim, sem quaisquer mediações econômicas — ser filha de pobre, rico ou de Donald Trump.

A relação "mãe-filho", ainda não tão desenvolvida afetivamente e cujos laços psicológicos não se fortaleceram em virtude do pouco tempo de contato, marca um tipo de *familiaridade interpessoal direta*, que permite desenvolver a relação de afetividade acidental posterior: amor maternal, frustração, rejeição, insegurança, ciúmes, esperança, confiança, decepções, expectativas etc. A relação de familiaridade é determinada pela categoria *entre*; a relação de afetividade, pela categoria *com*. Hoje, eu não moro mais *com* a minha mãe. Enquanto escrevo este livro, deixei meus filhos *com* a minha sogra. No entanto, a relação que me faz ser filho de alguém é *entre*. A relação *entre* é estrutural, a relação *com* é acidental.

Essas são experiências humanas completamente fora do escopo das experiências descritas por teorias, qualquer que seja a abordagem. Por isso ao marido ou companheiro a mulher poderá dizer: "Você será pai." Também pode dizer para a mãe dela: "Você será avó." Se já tiver um filho: "Você terá um irmão." A irmã dela poderá pensar: "Serei tia." O verbo no futuro marca aqui a relação de "afetividade" que demanda tempo psicológico e social para se fortalecer o afeto. Assim, familiaridade interpessoal direta fornece as condições para um homem ver no ultrassom que ele "já é pai", que o irmão "já é irmão", que a avó "já é avó" e que a mãe "já é mãe". Ou seja, de que o embrião já está *entre* nós, embora não esteja socialmente *conosco*. Quando o médico mostra no ultrassom a gravidez e checa se está biologicamente tudo bem com o "bebê", ele não precisa constatar empiricamente ser uma pessoa. Quando pais se emocionam com o "som do coração", não fazem como médicos constatando o funcionamento de um órgão, fazem como pessoas que reconhecem a imediata presença viva de outras. O embrião não se apresenta ao mundo das relações interpessoais simplesmente como um organismo vivo; pelo contrário, e mais do que isso, ele se apresenta ao mundo como um novo membro de uma comunidade moral de interesses humanos — e o aborto diz respeito a um tipo de interesse humano peculiar que é a legitimidade em matar uma pessoa já membro por direito dessa comunidade.

Essas não são meras experiências psicológicas, mas intencionais e estruturais. Tomar consciência de que se está grávida é criar uma série de expectativas com relação à vida do *outro*, e é por isso o peso da responsabilidade — e, muitas vezes, da culpa. Ter um filho não é como ter um câncer que convida a mulher à morte. A consciência de um filho, por mais trabalho que dê, muda o *status* de nossa relação interpessoal no mundo. Antes você era filha ou filho, ao tomar consciência da gravidez, as expectativas são a de ser mãe ou pai, fora a responsabilidade diante dos avós, tios, primos e amigos. Por isso gravidez pode assustar e às vezes é simplesmente mais fácil pegar um atalho, que é o caso do aborto. A gravidez convida os envolvidos não à manutenção da espécie biológica — seria pobre demais reduzir a mulher a uma mera reprodutora.

A relação das pessoas com uma pessoa em condição embrionária deve ser construída a partir de expectativas humanas reais diretas e não mediadas por abstrações teóricas, científicas, disposições psicológicas e condições sociais e econômicas.

A matéria-prima dessas relações interpessoais com aquela pessoa em seu primeiro estágio de existência é a *relação de familiaridade*. Relações recíprocas do tipo *eu-tu* distinguem e, ao mesmo tempo, constituem as pessoas. A relação mãe-filho, por exemplo, distingue duas pessoas: a mãe do filho. Distingue duas pessoas ao mesmo tempo que as constitui: ser mãe depende da existência do filho e de que ser filho depende da existência da mãe. E essa relação diferenciadora e constitutiva da nossa pessoalidade supera inclusive a morte, já que mantemos certo nível de experiência afetiva e pessoal com os mortos. A morte física não implica a perda dessa qualidade fundamental para definir o que os seres humanos são, e a esperança de imortalidade é tão possível quanto a completa ausência de esperança na mortalidade. Respeitamos, *em memória*, os mortos; e podemos respeitá-los — por que não? — *na esperança* de vida eterna. Os mortos também nos diferenciam e nos constituem como pessoas. Tal como os nossos antepassados foram para nós, também seremos um ponto de transição essencial para as gerações futuras.

Muito mais do que isso, mãe e pai são responsáveis por guiar a nova pessoa no interior da comunidade moral do reino dos fins onde vive a esperança dos indivíduos de natureza racional. Como Beatriz a guiar Dante ao Paraíso:

> *"Ali vê cada uma alta criatura*
> *Do Poder Sumo, bem ao claro, o selo,*
> *Alvo sublime, que essa lei procura*

Cada um entre na ordem, que eu revelo,
Se vai por modos vários inclinando,
Mais ou menos, ao seu princípio belo."

Postular o tratamento do outro por *tu* estabelece o nosso lugar na rede de relações pessoais. Pois é assim — como Dante descobre o Paraíso na Divina Comédia — que "cada um entra na ordem", que só o amor de uma família pode revelar. Nesse sentido, a resposta para todas essas perguntas *O que eu sou? O que você é? Como é ser um embrião?* só pode ser uma: *pessoas.*

Como pensar em mim como pessoa significa pensar em mim como membro de uma rede de relações intersubjetivas *entre* os vivos (nascidos e não nascidos) *e* os mortos *e* os não concebidos: sou filho *e* neto *e* sobrinho *e* primo *e* tio *e* pai *e* esposo *e* amigo *e* inimigo etc. Assim, ao participar da rede de relações *eu-tu*, os mortos, os vivos e os não concebidos devem se comprometer, como membros e cofundadores, a cuidar da comunidade moral de um reino que não se limita a este mundo. Esse é o último e o mais precioso de todos os compromissos. Mas falo de *memória* e *esperança*, e por isso gostaria de evocar Sócrates, que no discurso final de sua defesa contra a degeneração democrática ironizou os juízes e os sofistas responsáveis por sua condenação à morte dizendo: "Qual de nós irá para a melhor? Isso não é conhecido por ninguém..."

Notas

Introdução

1. Cf. Daniela Macedo. "Para milhões de americanos, vacas marrons produzem leite achocolatado". *Veja*, 16 jun. 2017. Disponível em: <http://veja.abril.com.br/mundo/para-milhoes-de-americanos-vacas-marrons-produzem-achocolatado>.
2. Galton, F. *Essay in eugenics.* Londres: The Eugenics Education Society, 1909, p. 42.
3. Cf. Brendan Wolfe. *Buck v. Bell* (1927). *Encyclopedia Virginia.* Disponível em: <https://www.encyclopediavirginia.org/Buck_v_Bell_1927>
4. Michael J. Sandel. *Contra a perfeição.* Rio de Janeiro: Record, 2013, p. 79-80.
5. Entrevista com Elba Ramalho pode ser conferida neste link: <http://www.acidigital.com/noticias/elba-ramalho-fala-sobre-sua-fe-e-trabalho-pro-vida-nao-e-possivel-ser-catolico-e-nao-ser-praticante-11717/>.
6. Marcus Sacrini. *Introdução à análise argumentativa. Teoria e prática.* São Paulo: Paulus. 2016, p. 16.

1. Como o aborto deve ser debatido — e combatido

1. Congregação Para Doutrina da Fé. *Instrução Dignitas Personae*, 2008. Disponível em: <http://www.vatican.va/roman_curia/congregations/

cfaith/documents/rc_con_cfaith_doc_20081208_dignitas-personae_po.html>.
2. Esse argumento foi inspirado no artigo escrito por Gabriel Ferreira, "As 'escolhas filosóficas' e o aborto". Estado da Arte, Blog do *Estadão*, 6 dez. 2016. Disponível em: <http://cultura.estadao.com.br/blogs/estado-da-arte/as-escolhas-filosoficas-e-o-aborto/>.
3. A famosa passagem de Edmund Burke em *Reflexões sobre a Revolução na França* é: "A sociedade é, de fato, um contrato. Contratos subordinados a objetos de interesse meramente ocasional podem ser dissolvidos à vontade — mas o Estado não deve ser considerado nada melhor do que um acordo de parceria num negócio de pimenta e café, algodão ou tabaco, ou algum outro de tais interesses inferiores, a ser assumido por um lucro pouco duradouro e a ser dissolvido ao gosto das partes. Deve ser encarado com outra reverência, porque não se trata de uma parceria em coisas subservientes apenas à existência animal bruta de uma natureza temporária e perecível. É uma parceria em toda ciência, uma parceria em toda arte, uma parceria em cada virtude e em toda perfeição. Como os fins de uma tal parceria não podem ser obtidos em muitas gerações, ele se torna uma parceria não apenas entre aqueles que estão vivendo, mas entre aqueles que estão vivendo, aqueles que estão mortos e aqueles que irão nascer."

2. Primeiro precisamos falar destas coisas: filosofia, retórica, democracia e violência

1. Jacob Rogozinski. *O Dom da Lei: Kant e o enigma da ética*. São Paulo: Paulus, 2008, p. 58.
2. Projeto GAP. "Ato na Espanha: 'Projeto Grandes Primatas, Oito Anos Depois'". Disponível em: <http://www.projetogap.org.br/noticia/ato-na-espanha-projeto-grandes-primates-oito-anos-depois/>.
3. Peter Singer. "Ética não é só sobre o que fazemos, é também sobre o que não fazemos". *Fórum*, 26 jul. 2013. Disponível em: <https://www.revistaforum.com.br/2013/07/26/peter-singer-etica-nao-e-so-sobre-o-que-fazemos-e-tambem-sobre-o-que-nao-fazemos/>

4. Abelardo Lobato Casado. "Os novos direitos dos humanos". In: Pontifício Conselho para a Família, *Lexicon: termos ambíguos e discutidos sobre família, vida e questões éticas*. São Paulo: Escolas Profissionais Salesianas, 2007, p. 739.
5. Bento XVI. *Discurso*. Palácio Reichstag de Berlim, 22 set. 2011. Disponível em: <https://w2.vatican.va/content/benedict-xvi/pt/speeches/2011/september/documents/hf_ben-xvi_spe_20110922_reichstag-berlin.html>.
6. Gabriel Ferreira. "O declínio da expertise e a ascensão da bullshit". Estado da Arte, Blog do *Estadão*, 27 mar. 2017. Disponível em: <http://cultura.estadao.com.br/blogs/estado-da-arte/o-declinio-da-expertise-e-a-ascensao-da-bullshit/>.
7. Timothy Snyder. *Sobre a tirania: vinte lições do século XX para o presente*. São Paulo: Companhia das Letras, 2017, p. 14.
8. Peter Singer. "Governo algum tem o direito de ditar quanto vivemos". *Época*, 8 set. 2013. Disponível em: <http://epoca.globo.com/ideias/noticia/2013/09/bpeter-singerb-governo-algum-tem-o-direito-de-ditar-quanto-vivemos.html>.

3. Imposturas intelectuais e políticas: a propaganda pró-aborto

1. Ayn Rand. *Lexicon*. Disponível em: <http://aynrandlexicon.com/lexicon/abortion.html>.
2. ONU Mulheres. "ONU alerta para os custos da violência contra as mulheres no mundo. 24 de maio de 2017". Disponível em: <http://www.onumulheres.org.br/noticias/onu-alerta-para-os-custos-da-violencia-contra-as-mulheres-no-mundo/>.
3. Camille Paglia. "Feminists have abortion wrong, Trump and Hillary miscues highlight a frozen national debate". *Salon*, 7 abr. 2016. Disponível em: <http://www.salon.com/2016/04/07/camille_paglia_feminists_have_abortion_wrong_trump_and_hillary_miscues_highlight_a_frozen_national_debate>.

4. Cf. Silvia Pimentel. "Aborto: um direito da mulher". *Lua Nova: Revista de Cultura e Política*. vol. 2, n.2, set. 1985. Disponível em: < http://dx.doi.org/10.1590/S0102-64451985000300005>.
5. Marcia Tiburi. *Como conversar com um fascista: reflexões sobre o cotidiano autoritário do brasileiro*. Rio de Janeiro: Record, 2015, p. 116.
6. Razib Khan. "The Abortion Stereotype". *The New York Times*, 3 jan. 2015. Disponível em: <https://www.nytimes.com/2015/01/03/opinion/the-abortion-stereotype.html?_r=0>.
7. Cf. Brian Clowes. "Mulheres católicas pelo direito de decidir". In: Pontifício Conselho para a Família. *Lexicon: termos ambíguos e discutidos sobre família, vida e questões éticas*. São Paulo: Escolas Profissionais Salesianas, 2007, p. 659-668.
8. Brian Clowes. *Catholics for a Free Choice Exposed*. Virginia: Human Life International, 2001.
9. Catholics for Choice. Programa disponível em: <http://www.catholicsforchoice.org/about-us/>.
10. Kissling, Frances. Interview by Rebecca Sharpless. Audio recording, September 13-14, 2002. Population and Reproductive Health Oral History Project, Sophia Smith Collection. Disponível em: <http://www.smith.edu/libraries/libs/ssc/prh/transcripts/kissling-trans.html>. Versão resumida e traduzida para o português disponível em: <http://www.pesquisaedocumentos.com.br/Kissling.doc>;
11. Kaíke Nanne e Mônica Bergamo. "Entrevista com Ivone Gebara: Aborto não é pecado". *Veja*, 6 out. 1993.
12. Cf. Maria José Rosado-Nunes. "Aborto, maternidade e a dignidade da vida das mulheres". In: Alcilene Cavalcante e Dulce Xavier. *Em defesa da vida: aborto e direitos humanos*. São Paulo: Católicas pelo Direito de Decidir, 2006, p. 28.
13. Silvia Pimentel, *Op. cit.*
14. Católicas pelo Direito de Decidir, disponível em: <http://catolicas.org.br/institucional-2/historico/>.
15. Cf. Luiz Carlos Lodi da Cruz. "Católicas pelo Direito de Decidir". Pró-Vida de Anápolis, 4 jan. 2008. Disponível em: <http://www.providaanapolis.org.br/index.php/todos-os-artigos/item/146--cat%C3%B3licas-pelo-direito-de-decidir>.

16. Os objetivos do GEA podem ser lidos no próprio site: < http://www.geasite.com.br/wp/objetivos/>.
17. Cf. Malu Gaspar. "Aborto em SP custa de R$ 150 a R$ 2.000". *Folha de S.Paulo*. São Paulo, 29 ago. 1997. Disponível em: <http://www1.folha.uol.com.br/fsp/cotidian/ff290801.htm>.
18. Alberto Silva Franco. *Anencefalia. Breves considerações médicas, bioéticas, jurídicas e jurídico-penais*. a. 94, v. 833. São Paulo: Revista dos Tribunais, 2005.
19. Thomaz Rafael Gollop, Helena Bonciani Nader & Rute Maria Gonçalves de Andrade. "Futuro do Grupo de Estudos sobre o Aborto — GEA — e Anencefalia". *Ciência e Cultura*, vol. 64, n. 2, abr.-jun. 2012. Disponível em: <http://dx.doi.org/10.21800/S0009-67252012000200009>.
20. Ricardo Lewandowski. Voto ADPF 54/DF. Inteiro Teor do Acórdão, p. 242-433.
21. Pesquisa Nacional de Aborto 2016. Disponível em: <http://www.scielo.br/pdf/csc/v22n2/1413-8123-csc-22-02-0653.pdf>.
22. Isabella Mantovani Gomes Dias de Oliveira. Disponível em: <https://www.youtube.com/watch?v=Bz5zZxL7Krk>.
23. Cf. Renan Barbosa. "Números sobre aborto mostram pontos fracos da legalização como alternativa". *Gazeta do Povo*, 14 jul. 2017. Disponível em: <http://www.gazetadopovo.com.br/justica/numeros-sobre-aborto-mostram-pontos-fracos-da-legalizacao-como-alternativa-2wdnml0h3b2ldtg1n413ogje7>.
24. Nilcéa Freire. "Aborto seguro: um direito das mulheres?". *Ciência e cultura*, vol. 64, n. 2, abr.-jun. 2012. Disponível: <http://dx.doi.org/10.21800/S0009-67252012000200013>.
25. José Gomes Temporão. "Direitos sexuais e reprodutivos das mulheres no Brasil: conquistas recentes e desafios prementes". *Ciência e Cultura*, vol. 64, n. 2, abr.-jun. 2012.
26. Conselho Federal de Medicina. "Conselhos de Medicina se posicionam a favor da autonomia da mulher em caso de interrupção da gestação". 21 mar. 2013. <http://portal.cfm.org.br/index.php?option=com_content&view=article&id=23661>.

27. Cristiane S. Cabral. "Como o Aborto é Discutido em Nossas Entidades?" GEA – Grupo de Estudos sobre o Aborto. São Paulo, 16 ago. 2014. Disponível em: <http://www.geasite.com.br/wp/wp-content/uploads/2014/10/Resumo2014_Cristiane_Cabral.pdf>.
28. Olímpio Moraes. Relatório para o Seminário GEA, 2014. Disponível em: <http://www.geasite.com.br/wp/wp-content/uploads/2014/10/Resumo2014_Olimpio_Moraes.pdf>.
29. Cf. Renan Barbosa. *Op. cit.*
30. Elio Sgreccia. *Manual de Bioética I*. São Paulo: Loyola, 2009, p. 448.
31. Cf. Revista *TPM* sobre a campanha Precisamos Falar do Aborto: <http://revistatrip.uol.com.br/tpm/precisamos-falar-sobre-aborto>.
32. Cf. Revista *AzMina*. Disponível em: <http://azmina.com.br/2016/09/precisamosfalarsobreaborto-debate-com-jout-jout-discute-a-urgencia-da-descriminalizacao>.
33. Documento da ONU sobre direitos reprodutivos, disponível em: <https://nacoesunidas.org/saude-sexual-e-reprodutiva-e-inseparavel-dos-outros-direitos-humanos-destacam-especialistas-da-onu/>.
34. Cf. Planned Parenthood. Disponível em: <https://www.plannedparenthood.org/uploads/filer_public/18/40/1840b04b-55d3-4c00-959d-11817023ffc8/20170526_annualreport_p02_singles.pdf>.
35. Cf. Fausto Carneiro. "Lição de 'Freakonomics' serve para o Brasil". São Paulo: G1, 29 out. 2007. Disponível em: <http://g1.globo.com/Noticias/Politica/0,,MUL162191-5601,00-LICAO+DE+FREAKONOMICS+SERVE+PARA+O+BRASIL+DIZ+AUTOR+DO+LIVRO.html>.
36. Cf. Aluizio Freire. "Cabral defende aborto contra violência no Rio de Janeiro". Rio de janeiro: G1, 24 out. 2007. Disponível em: <http://g1.globo.com/Noticias/Politica/0,,MUL155710-5601,00-CABRAL+DEFENDE+ABORTO+CONTRA+VIOLENCIA+NO+RIO+DE+JANEIRO.html>.
37. Cf. Mais informações no próprio site da Planned Parenthood: <https://www.plannedparenthood.org/esp/sobre-nosotros/planned-parenthood-global#sthash.sQnK6sH0.dpuf>.
38. The Center Medical Progress. "Planned Parenthood Abortionist: 'Pay Attention To Who's In The Room' To Deal With Infants Born Alive".

Disponível em: <http://www.centerformedicalprogress.org/2017/03/planned-parenthood-abortionist-pay-attention-to-whos-in-the-room-to-deal-with-infants-born-alive/>.

39. Cf. Center for Medical Progress. *Planned Parenthood Abortionist: "Pay Attention To Who's In The Room" To Deal With Infants Born Alive.* Mar. 2017. Disponível em: <http://www.centerformedicalprogress.org/2017/03/planned-parenthood-abortionist-pay-attention-to-whos-in-the-room-to-deal-with-infants-born-alive/>.

40. Cf. Sandhya Somashekhar. "Meet the millennial who infiltrated the guarded world of abortion providers". *Washington Post*, 14 out. 2015. Disponível em: <https://www.washingtonpost.com/national/meet-the-millennial-who-infiltrated-the-guarded-world-of-abortion-providers/2015/10/14/25aaf862-678b-11e5-9223-70cb36460919_story.html?utm_term=.a2f8fcd89a35>.

41. Cf. Valerie Richardson. "Planned Parenthood defector says loophole lets clinics profit from fetal organ sales". *The Washington Times*, 19 jul. 2015. Disponível em: <http://www.washingtontimes.com/news/2015/jul/19/abby-johnson-planned-parenthood-defector-loophole-/>.

42. Abby Johnson. *Unplanned: The Dramatic True Story of a Former Planned Parenthood Leader's Eye-Opening Journey Across the Life Line.* Ignatius Press, 2010, p. 20.

43. Cf. Ricardo Senra. "Voz da ONU sobre aborto é mais alta que a de milhares de mulheres". *BBC Brasil*, São Paulo, 5 fev. 2016. Disponível em: < http://www.bbc.com/portuguese/noticias/2016/02/160205_aborto_onu_efeitos_brasil_rs>.

44. Cf. "Chefe de Direitos Humanos da ONU defende direito de aborto em gravidez com Zika". *Reuters*, 5 fev. 2016. Disponível em: <http://br.reuters.com/article/topNews/idBRKCN0VE17Y>.

45. Cf. Nações Unidas. Declaração Universal dos Direitos Humanos. Disponível em: < https://nacoesunidas.org/direitoshumanos/declaracao/>.

46. Cf. ONU. *Peru compensates woman in historic UN Human Rights abortion case.* Disponível em: <http://www.ohchr.org/EN/NewsEvents/Pages/PeruAbortionCompensation.aspx>.

47. Cf. Camilla Costa. "'Aborto por microcefalia é complicado, mas é direito da mulher', diz médico excomungado por aborto legal". *BBC Brasil*, 19 fev. 2016. Disponível em: <http://www.bbc.com/portuguese/noticias/2016/02/160218_entrevista_olimpio_moraes_cc>.
48. Eliane Brum. "Sobre aborto, deficiência e limites". *El País*, 15 fev. 2016. Disponível em: < https://brasil.elpais.com/brasil/2016/02/15/opinion/1455540965_851244.html>.
49. Cf. Site do GEA. "Pesquisa aponta que 20% das brasileiras já interromperam uma gravidez". 16 mar. 2016. Disponível em: <http://www.geasite.com.br/wp/pesquisa-aponta-que-20-das-brasileiras-ja-interromperam-uma-gravidez/>. Também é interessante acompanhar a entrevista dele no canal da *Veja*: "Zika: 'Vivemos momento semelhante à epidemia de aids', diz infectologista Artur Timerman". Disponível em: < https://www.youtube.com/watch?v=e7CpUXnlSM4>.
50. Luís Roberto Barroso. Voto-Vista. Habeas Corpus 124.306, março de 2016.
51. Cf. Renan Barbosa. "É proporcional descriminalizar o aborto?" *Gazeta do Povo*, 7 jul. 2017. Disponível em: <http://www.gazetadopovo.com.br/justica/e-proporcional-descriminalizar-o-aborto-dalzqp59cv5yi-jt0l59faaqoj>.
52. Cf. Pacto Internacional de Direitos Civis e Políticos. Disponível em:<http://www.planalto.gov.br/ccivil_03/decreto/1990-1994/d0592.htm>.
53. Cf. Convenção Americana Sobre Direitos Humanos. Pacto de San José. Costa Rica, 22 nov. 1969. Disponível em: <http://www.cidh.org/Basicos/Portugues/c.Convencao_Americana.htm>.
54. Cf. Timothy Snyder. *Op. cit*, p. 63-64.

4. Contra o aborto

1. Naomi Wolf. "Our Bodies, Our Souls". *NewStatesman*, 27 jan. 2013. Disponível em: <http://www.newstatesman.com/politics/politics/2013/01/naomi-wolf-abortion-our-bodies-our-souls>. O título do

artigo de Naomi Wolf faz menção ao famoso panfleto "Nossos corpos, nós mesmas", que trata da saúde sexual feminina e ajuda "as mulheres a reivindicarem a sua sexualidade para seu próprio prazer", além de trazer "capítulos sobre saúde, direitos reprodutivos e sexualidade lésbica e independente". Esse panfleto sobre liberdades sexuais das mulheres foi publicado em 1971 e se tornou um best-seller traduzido para mais de 29 idiomas. Hoje a Our Bodies Ourselves (OBOS) é uma ONG, com sede em Boston, que desenvolve e promove informações sobre a saúde reprodutiva e a sexualidade das meninas e das mulheres. Cf. Maiores informações sobre Our Bodies Ourselves no próprio site do grupo: <http://www.ourbodiesourselves.org/about/>.

2. H. Tristram Engelhardt Jr. *Os fundamentos da bioética*. São Paulo: Edições Loyola, 1998.
3. Peter Singer. *Practical Ethics*. Cambridge University Press, 2011, p. 102.
4. Antonio Cicero. "A questão do aborto 2". *Folha de S.Paulo*, São Paulo, 30 out. 2010. Disponível em: <http://www1.folha.uol.com.br/fsp/ilustrad/fq3010201033.htm>.
5. Roderick T. Long. "Aborto, Abandono e Direitos Positivos". Social Philosophy & Policy 10, n. 1, 1993, p. 166-191. Tradução de Uriel Alexis Farizeli Fiori; Revisão e edição de Giácomo de Pellegrini. Disponível em: <http://rodericklong.com.br/aborto-abandono-e-direitos--positivos-os-limites-do-altruismo-compulsorio/>.
6. Gustavo Nogy. *Saudades dos cigarros que nunca fumarei*. Rio de Janeiro: Record, 2017, p. 59.
7. Lincoln Frias. *A ética do uso e da seleção de embriões*. Florianópolis: UFSC, 2012, p. 50.
8. Ibidem, p. 19.
9. Jeff McMahan. *A ética no ato de matar*. Porto Alegre: Artmed, 2011, p. 282.
10. Ibidem, p. 283.
11. Para uma crítica específica ao fisicalismo, remeto o leitor a Thomas Nagel e David Chalmers.
12. F. Javier Herrero. "O desafio que a teoria sistemático-estrutural de Puntel coloca à filosofia atual". Belo Horizonte: *Kriterion*, vol. 53, n. 125, 2012. Disponível em: <http://dx.doi.org/10.1590/S0100-512X2012000100001>.

13. Manfredo Araújo de Oliveira. *Antropologia Filósofo Contemporânea*. São Paulo: Paulus, 2012, p. 146.
14. F. Javier Herrero. *Op. cit.*
15. Cf. Manfredo Araújo de Oliveira. *Op. cit.*, p. 175.
16. Lorenz B. Puntel. *Estrutura e Ser*. Rio Grande do Sul: UNISINOS, 2010, p. 367.
17. Henrique Claudio de Lima Vaz. *Antropologia Filosófica*. São Paulo: Loyola, 2006, p. 159.
18. Ibidem.
19. Roger Scruton. *A alma do mundo*. Rio de Janeiro: Record, 2017, p. 81-82.
20. Pedro Galvão, *Aborto*. Disponível em: < http://pedrogalvao.weebly.com/uploads/6/6/5/5/6655805/pgaborto.pdf>.
21. Lincoln Frias. *Op. cit*, p. 42.
22. Juan Manuel Burgos. *Op. cit.*
23. Vittorio Possanti. *O novo princípio pessoa*. São Paulo: Loyola, 2016, p. 201-202.
24. Judith J. Thomson. "Uma defesa do aborto". Brasília: *Revista Brasileira de Ciência Política*. n. 7, jan.-abr. 2012.
25. Michael J. Sandel. *Contra a perfeição*, p. 124
26. Michael J. Sandel. *Op. cit.*, p. 125-126.
27. Robert P. George e Patrick Lee. "Acorns and Embryos". *The New Atlantis*, n. 7, outono 2004/inverno 2005, p. 90-100.
28. Robert P. Georg e Patrick Lee. "Embryonic human persons". *Journal List*. EMBO Repv.10(4); 2009. Disponível em: <https://www.ncbi.nlm.nih.gov/pmc/articles/PMC2672893/>.
29. Ibidem.
30. Recorro aqui à excelente exposição feita por Angelo Serra, citado por Elio Sgreccia em *Manual de Bioética I*, p. 437.
31. Angelo Serra e Roberto Colombo. "Identidade e estatuto do embrião humano". In: Juan de Dios Vial Correa e Elio Sgreccia. *Identidade e estatuto do embrião humano*. Bauru: Edusc/Belém: CCFCAB, 2007, p. 181.
32. Lincon Frias. *Op. cit.*

33. Robert P. Georg e Patrick Lee. *Op. cit.*
34. Elio Sgreccia. *Manual da Bioética I*, p. 445-446.
35. Cf. Maiores informações sobre Cfemea no próprio site do grupo: <http://www.cfemea.org.br/index.php/dialogos-e-mobilizacoes/4653-mepoupe>.
36. Cf. MePoupe, campanha: <https://www.mepoupe.mulheresmobilizadas.org/#block-5191>.
37. Judith Thomson. *Op. cit.* Disponível em: <http://dx.doi.org/10.1590/S0103-33522012000100008>.
38. Christopher Kaczor. *A ética do aborto*. São Paulo: Loyola, 2014, p. 142-143.
39. Dexter Morgan é personagem de ficção que aparece na série de livros criada por Jeff Lindsay e adaptados para o seriado de TV *Dexter*. O protagonista é um analista forense de padrões de sangue que trabalha para o Departamento da Polícia Metropolitana de Miami. Nas horas vagas, é um assassino em série cujos alvos são criminosos que conseguiram escapar do sistema judiciário. Em seu "código de ética", ele só pode matar pessoas depois encontrar provas de que são criminosas. Seu método consiste em preparar um local para matar suas vítimas usando um conjunto de ferramentas como facas, martelo, furadeira, serra elétrica. Depois de mortas, ele desmembra os corpos em várias partes e embrulha-os em sacos do lixo biodegradáveis. Tudo com extremo rigor e limpeza.
40. Gabriel Ferreira. *O homem como problema e o problema de uma Antropologia Filosófica II – Um Ensaio*. Estado da Arte, blog do *Estadão*. 25 jul. 2017. Disponível em: <http://cultura.estadao.com.br/blogs/estado-da-arte/o-homem-como-problema-e-o-problema-de-uma-antropologia-filosofica-ii-um-ensaio/>.

Este livro foi composto na tipografia Bell
MT Std, em corpo 12/17, e impresso em
papel off-white no Sistema Cameron da
Divisão Gráfica da Distribuidora Record.